# 清史稿

趙爾巽等撰

第四〇册

卷四一五至卷四三五（傳）

中華書局

# 清史稿卷四百十五

## 列傳二百二

黃翼升 丁義方 王吉 吳家榜 李成謀
李朝斌 江福山 劉培元

黃翼升，字昌岐，湖南長沙人。少孤，育於鄧氏，冒其姓，入長沙協標充隊長。咸豐初，從征廣西，曾國藩創水師，調爲哨長。四年，從楊岳斌下岳州，敍千總。戰於城陵磯，賊以十餘舟來誘，翼升知其詐，追至擂鼓臺、荆河腦，伏賊突出，翼升駕舢板奮擊，後隊繼之，賊大敗。轉戰至金口，値賊下游被圍，力戰卻之。積功擢守備。克武漢後，進攻蘄州，翼升自蒜花墩出戰敗賊，焚其舟，擢都司。復蘄州，拔充營官。

攻湖口，燬賊船十餘艘。衝入內湖，賊塞隘口不得退，泊姑塘，迭戰於都昌縣河、雞公湖，焚賊舟。時水師在內湖者無大船，既與外江阻絕，曾國藩令添造，並撥江西長龍、快蟹諸船，以翼升及蕭捷三分領之，各爲一軍。五年，屢會諸軍攻湖口，未克，蕭捷三戰死，翼升大憤，衝入賊卡，盡燬下鐘巖賊船。夜出奇兵數驚賊，賊不出，仍駐軍姑塘。

六年，賊犯撫州，南昌戒嚴，翼升奉檄泊吳城鎭，衞省城。湖口之賊尾至，結土匪窺吳城，翼升分兵由前河包鈔，自赴後河擊陸路之賊，走之。會彭玉麐至軍，令翼升專攻陸路，敗賊於涂家埠，毀浮橋二、船百餘。賊復冒民船來犯，翼升合軍圍擊，敗之。追至德河口，遂會攻南康，直薄城下，火賊船，城賊遁走。

七年，授直隸提標左營游擊。楊岳斌師至九江，彭玉麐與約夾攻湖口，軍分六隊，翼升率內湖右營當其衝，轉鬭而前。礮丸冒船過，他營失利，賊逐之，翼升待其還，縱擊，斬殺過當。賊復乘夜劫營，滅炬待之，殲賊無算，盡燬梅家洲賊船。東岸諸軍亦斷湖口鐵鎖，遂克湖口，內外水師復合。越日，進奪彭澤賊舟，破小孤山，擢副將。

九年，池州守城賊韋志俊投誠，彭玉麐令翼升往受降，賊酋古隆賢、楊輔清等來爭，擊卻之。旋有奸人內應，池州復陷。

十年，曾國藩規江南，奏設淮陽水師，薦翼升領之，卽授淮陽鎭總兵。十一年，破賊於黃盆鎭，又敗之方村。進攻銅陵，決城東北隄，從決口入據之。又進攻無爲州，毀泥汊口、神塘河賊壘，無爲、銅陵同復，賜號剛勇巴圖魯。偕王明山循沿江郡縣，克池州，銅陵亦失而復得。運漕鎮濱江通湖，賊踞之以通接濟。翼升進擊，諸軍乘之，焚賊舟，賊遁銅城牐。又偕陳湜攻東關，克之，加提督銜。

同治元年，追賊入巢湖，賊聚湖口以遏歸路，翼升掘隄岸引船出，反拊賊背夾擊，大敗之，城賊遁。進克含山、和州。四月，會攻金柱關，李朝斌臨上游，翼升等遏下游，賊牽於水師，不暇內顧。曾國荃襲克太平，並趨金柱關合攻。翼升夜督隊踰壕，縱火焚西門，賊突出，揮士卒登岸短兵接，立克金柱關。襲東梁山，一鼓下之。移師攻蕪湖，賊棄城走。又擊賊清水河，俘馘千計，以提督記名。

五月，克秣陵關、江心洲諸隘，血戰奪九洑洲，軍聲大振。時李鴻章至上海，規蘇、常，翼升移師會剿，詔署江南水師提督，松江、上海諸水軍悉歸節制。翼升所部十營，分二營駐浦口，四營駐揚州，親率四營，六月，抵松江，就上海增造舢板、飛划諸船，移守青浦。賊酋譚紹光合嘉、湖、蘇、崑諸賊圖犯上海，屢撲青浦，翼升與陸軍合擊走之。賊繞犯北新涇大營，又走吳淞，翼升馳往，相持至夜，燬賊營七。賊犯嘉定及青浦、張堰，分隊往援，且戰且進，至白鶴江，毀橋而還。翼升兵少，調揚州駐營來會剿。鴻章約合攻黃渡，翼升由趙屯橋截擊，追至三江口，盡平沿岸橋、壘。

十月，破賊蘆墟、尤家莊、汾湖、三官塘，進距蘇州三十里。常熟守賊駱國忠以城降，譚紹光來爭，陷福山，翼升赴援，進攻河西、白茅、徐六涇諸口。二年正月，翼升會常勝軍克福山，駱國忠見西山火起，突圍出，圍乃解。楊舍汛爲沿江衝要，賊守之以蔽江陰，翼升沿江兜勦，迭破援賊，克之。乃會攻江陰，迭破蠡口、陳市。賊酋陳坤書來援，翼升扼江干誘賊出戰，與郭松林、劉銘傳合擊，大破之。克江陰，賜黃馬褂。九月，由無錫進攻蘇州，詔翼升赴臨淮會勦苗沛霖，鴻章疏留勿遣。諸軍合圍蘇州，薄城下，當齊門、閶門之間，截賊竄路，城賊乞降，予雲騎尉世職。是年冬，再克無錫，率五營赴臨淮，苗沛霖尋走死，餘黨瓦解，翼升仍回江蘇。

三年，陳坤書犯常熟，偕郭松林等合擊，賊敗走。遣部將王東華等助攻常州，克之，被優敍，詔授江南水師提督。曾國藩奏：「江南額設提督一員，兼轄水陸。翼升所授，當是新設，請敕部鑄頒新印。」從之。會楊岳斌督師江西，翼升接統外江水師。江寧復，加一等輕車都尉世職。

四年，詔翼升赴清江浦防捻匪，至則賊已敗竄山東，進駐邳、宿之間。會僧格林沁戰歿，捻氛益熾，犯雉河，翼升馳援，賊又走。五年，回駐江寧。六年，調守清江，東捻賴文光敗竄淮安，翼升督諸軍追擊，文光爲道員吳毓蘭所擒。東捻平，論功，被珍賚。七年，西捻張總愚竄畿輔，諸軍爲長圍困之，鴻章調翼升率師船入運河設防。六月，乘伏汛入張秋口，至德州。張總愚奔至，冒官軍喚渡，翼升部將徐道奎察其僞，轟擊之，大軍環集，總愚溺水死。西捻平，加雲騎尉世職，合併爲三等男爵。

長江水師營制定，仍以翼升爲提督。彭玉麐終制回籍，長江事宜悉付翼升主之。十一年，詔起玉麐巡閱，劾不職將弁百餘人。翼升以傷病請代奏乞退，詔斥馭軍不嚴，濫收候補將弁二百餘人之多，念前功，從寬免議，許其開缺回籍養痾。光緒十五年，皇太后歸政，以翼升舊勳，予議敍，繪像紫光閣。十八年，復授長江水師提督，入覲，賜紫禁城騎馬。二十年，皇太后萬壽慶典，加尙書銜。日本兵事起，翼升由岳州赴江寧籌江防，卒於軍，賜卹，諡武靖，立功地建專祠。子宗炎，襲男爵，官廣西桂平梧鹽法道。

丁義方，湖南益陽人。入水師，隸彭玉麐部下，積功至守備。咸豐八年，克九江，擢都司。十年，克建德，賜花翎。尋建德復陷，賊數萬上犯湖口，勢甚張。義方收建德潰兵，簡精壯五百人，分布守禦，自率水師駐西北門。賊乘銳攻城，義方登陴躬自搏戰，會副將成發翔來援，賊引去。曾國藩疏言義方膽識過人，部署迅速，詔超擢參將，加副將銜。十一年，駐防小池口，賊自興國來犯，擊卻之。馳援都昌，解其圍。同治元年，從彭玉麐迭克沿江諸隘，擢副將。二年，要擊都昌敗賊，毀其舟，尋解靑陽圍，以總兵記名，賜號壯勇巴圖魯。七年，授湖口鎭總兵。光緒十九年，卒官。

王吉，湖南衡陽人。由馬兵累擢守備。咸豐九年，入水師，隸彭玉麐部下。從屯黃石磯，擊蕪湖賊，戰蟂磯、殷家匯、樅陽，皆有功，擢都司。十一年，從克孝感，戰最力，擢游擊，賜號猛勇巴圖魯。克德安、黃州，累擢副將。同治元年，金柱關之戰，吉率隊蛇行而進，躍上隄埂，破賊壘，以總兵記名。尋賊復由太平來犯，多方窺伺，吉駕飛划入湖迎擊，又登岸馳逐。經月餘，賊蹤始淨。援無爲州，率水勇登陸，會諸軍夾擊敗賊。破銅城牐水卡，結小划船爲橋以濟陸師。復破陶家嘴、大甲村、岷山岡賊壘。二年，曾國藩、彭玉麐合疏薦吉勇敢誠樸，堪勝總兵之任，授狼山鎭總兵。從克江浦、浦口，奪下關、草鞋峽、燕子磯諸隘，進拔九洑洲，以提督記名。八年，水師凱撤，乞假修墓，乃赴狼山鎭任。光緒七年，卒，賜卹。

吳家榜，湖南益陽人。入水師，初隸楊岳斌營。咸豐十年，從黃翼升破賊殷家匯、樅陽，遂歸其部下。蔆湖、銅陵、泥汊口、運漕鎭、東關諸戰，皆有功，累擢守備。同治元年，從攻金柱關、東梁山、蕪湖，擢都司。從黃翼升援上海，迭破賊北新涇、四江口，敗援賊於江陰，賜號敢勇巴圖魯。領淮陽水師前營，克無錫，擢副將。三年，江寧復，錄功，以總兵記名。四年，追敍克宜興、荆溪、溧陽功，以提督記名。七年，從黃翼升赴直隸防運河。捻匪平，晉號訥恩登額巴圖魯，授瓜洲鎭總兵。光緒二年，兼署長江水師提督。十八年，卒，附祀彭玉麐祠。

李成謀，字與吾，湖南芷江人。咸豐四年，投効水師充哨長。從楊岳斌克湘潭、岳州，敍千總。轉戰湖北，敗賊於倒口，拔沿江木柵，燬鹽關賊船。克武漢，擢守備。從克田家鎭，成謀追賊，上至武穴，下至龍坪，往來擊賊，殲斃甚衆，擢都司。五年，從戰塘角，焚賊舟二百餘，乘風夜抵武昌城下，礮擊賊船，擢游擊。攻金口，循北岸進拔賊壘。又連破賊於壇角、鮎魚套，擢參將，賜號銳勇巴圖魯。

成謀身長八尺，力能一手豎大桅，素爲胡林翼所器重。至是薦其每戰衝鋒，廉明愛士，堪勝水陸方鎭之任，詔記名，俟軍事稍閒，送部引見。

六年，扼沙口，斷賊糧道，破賊小河口、青山，燔其輜重。轉戰蘄州、黄州、廣濟、武穴，下至九江，燬賊舟數百，獲糧械以資軍用。武漢復，擢副將。七年，會攻九江，追賊至湖口，前隊銳進失利，成謀突入陣中，奪回所失四艘。尋授江蘇太湖協副將。旣克湖口，從楊岳斌順流而下，登陸克望江、東流，疾趨安慶，復銅陵，會江南水師於峽口。紅單船方攻泥汊賊壘不能下，岳斌令成謀急櫂薄壘，擲火焚其火藥庫，賊遁走，獲其糧械船艦。胡林翼奏「肅清江面，成謀之功爲最，平日事親孝」，特給二品封典。八年，擢福建漳州鎭總兵。

十年，進攻池州，拔殷家匯，毀城外賊壘，破樅陽僞城，加提督銜。十一年，陳玉成圍樅陽，擊卻之。同治元年，會陸師拔巢縣、雍家鎮，薄西梁山，斷橫江鐵鎖，奪回要隘，以提督記名。破賊於魯港、采石磯，克金柱關、蕪湖，賜黃馬褂。三年，援湖北，破捻匪於羅田。五年，署福建水師提督，尋實授。

時軍事漸定，整頓營制，會奏裁金門鎮總兵，改爲水師副將。裁左營游擊，移右營駐湄州，歸提標統轄。徙前營游擊駐谿口，後營游擊駐鎦門。變通巡哨章程。十一年，彭玉麐整頓長江水師，罷提督黃翼升，薦成謀樸誠堪膺重任，即以代之。光緒二年，丁母憂，奪情留任。兩江總督曾國荃奏請江南兵輪悉歸成謀統轄。十六年，萬壽推恩，加太子少保。十八年，以病乞歸，尋卒。詔嘉其在任十餘年，馭軍有法，江面乂安。賜卹，建專祠，謚勇恪。

李朝斌，字質堂，湖南善化人。由行伍隸長沙協標。咸豐四年，曾國藩調充水師中營哨官，從楊岳斌克武昌、田家鎮各城隘，累功擢至參將。六年，會內湖水師攻克湖口及梅家洲，從楊岳斌乘勝循下游，埽蕩江面，擢副將。八年，會攻九江，朝斌以水師登陸助戰，克之。復從楊岳斌進攻安慶，拔樅陽、銅陵賊壘，賜號固勇巴圖魯。十年冬，間道援南陵，回軍攻克東流。十一年，下茯苓洲、白茅嘴賊壘，會陸軍克無爲州，以總兵記名。再復銅陵，迭克泥汊、神塘河、運漕鎮、東關，加提督銜，授湖北竹山協副將。同治元年，擢浙江處州鎮總兵。

彭玉麐督水師會陸軍進規沿江要隘，令朝斌率所部游奕上下游，兜剿環攻，連克金柱關、蕪湖、東梁山，以提督記名。曾國藩奏設太湖水師，以朝斌將，令赴湖南造船募勇。二年，成軍東下，會諸軍克江浦、浦口，連破草鞋峽、燕子磯賊屯，戰九洑洲，功最，賜黃馬褂。

朝斌一師，原爲規復江、浙而設，九洑洲既克，會黃翼升淮揚水師同援上海，由長江直下，與總兵程學啓會師夾浦，督水師百艘攻沿湖賊壘，下之，進破澹臺湖賊壘；直逼蘇州，破盤門外賊壘。賊酋李秀成率衆七八萬奪寶帶橋，朝斌會陸師合擊，血戰挫之，賊始退。破援賊於葉澤湖，截竄賊於覓渡橋。會克五龍橋賊壘，分攻葑門、閶門，晝夜轟擊，李秀成先逸，餘黨以城降。李鴻章奏捷，言朝斌迭次苦戰，謀勇兼優，予雲騎尉世職。

是年冬，會陸師剿賊江、浙之交，克平望鎮，又破賊九里橋，署江南提督。三年，偕程學啓會攻嘉興，朝斌水師由官塘進，破其七壘。湖州援賊圖竄盛澤以牽圍師，爲朝斌所扼，不得逞，遂克嘉興，實授江南提督。進規湖州，由夾浦逼長興，賊衆數萬，依山築壘，楊鼎勳、劉士奇等與之相持，朝斌督水師登陸襲賊後，夾擊之，盡燬西北沿水賊壘。乘勝克長興，復湖州，被珍賚。

五年，移駐蘇州。軍事甫平，江、浙湖蕩盜多出沒，捕著匪卜小二誅之，轄境晏然。八年，請設經制水師，著爲成例，移駐松江。光緒四年，兩江總督沈葆楨疏請以外洋兵輪統歸朝斌節制，允之。十二年，以病乞歸。二十年，卒於家，賜卹，建專祠。

朝斌本姓王氏，父正儒，生子四，朝斌最幼，襁褓育於李氏。朝斌官江南提督時，牒請歸宗，曾國藩引金史張詩事，謂：「朝斌所處相同，定例出嗣之子，亦視所繼父母有無子嗣爲斷。今若準歸宗，王氏不過於三子外又增一子，李氏竟至斬焉不祀。參考古禮今律，朝斌應於李氏別立一宗，於王氏不通婚姻。一以報顧復之恩，一以別族屬之義。王氏本生父母由朝斌奉養殘年，庶爲兩全之道。」詔如議行。

江福山，湖南清泉人。咸豐五年，應募入水師，積功敍把總。十一年，克赤岡嶺、菱湖賊壘。安慶復，累擢游擊。同治元年，改隸太湖水師，從李朝斌回籍造船，領前營。浦口、下關、草鞋峽、燕子磯、九洑洲諸戰皆有功，擢參將。從援上海，破賊於楓涇、烏涇塘。蘇州復，擢副將，賜號强勇巴圖魯。三年，從攻嘉興，礟穿左臂，裹創而進，克郡城，擒賊酋，以總兵記名。攻太湖夾浦鎮，礟斷左手指，奮擊破之。進攻湖州久不下，郡東晟舍賊壘最堅，請以偏師往攻，使賊互救，然後大軍乘之。福山首先躍壕而入，諸軍繼進，悉燬賊壘。援賊大至，福山摧鋒直前，中礟洞腹，歿於陣。事聞，詔視提督例賜卹，死事地建專祠，入祀京師昭忠祠，予騎都尉兼雲騎尉世職，謚武烈。

劉培元，湖南長沙人。咸豐初，以武生入水師，從克湘潭、岳州，敍千總。戰金口，沉賊船，登岸縱擊，斬賊酋一人。克嘉魚、蒲圻，擢守備。戰田家鎮，培元率十舟窮追四十餘里，燬賊船，擢都司。會攻湖口，斧斷鎖筏，燬湖口賊船。五年，回援武漢，擊賊鮎魚套，又會鮑超攻小河口，毁賊舟二百有奇。

六年，改陸軍，領長字營，從劉長佑援江西。由瀏陽攻萬載，破賊荆樹鋪、栗樹坳，駐大橋。賊潛來襲，培元出奇兵擊之，斬級八百。又破援賊於高城、竹埠。克萬載，營西門外，賊數路來爭，多於官軍數倍。培元開壁大戰，斬級千計，擢游擊。進攻袁州，破南門嶺上賊壘，會蕭啓江破吉安臨江援賊，城賊遁走。克袁州，以參將留湖南補用。七年，會攻吉安，偕曾國荃迎擊援賊於三曲灘，追至朱山槽，賊援復集，夾擊破之，擢副將。八年，水陸合攻吉安，賊結大筏衝官軍浮橋，培元督師船截擊，礮傷胸，裹創血戰，盡毁其筏。尋克吉安，以總兵記名。是年冬，軍中大疫，培元病，回籍。

九年，石達開犯湖南，培元率千人扼桂陽，衆寡不敵，桂陽遂陷。尋率師船湖資水進援寶慶，會諸軍扼河而戰，數破賊，寶慶圍解，授浙江處州鎮總兵，仍留湖南領水師。

十一年，左宗棠進規浙江，立衢州水師，疏薦培元熟諳水陸軍事，請以署衢州鎮，募勇三千赴浙。同治元年，培元率安武水陸全軍駐常山，控衢州北路，進江山，破大洲賊營。賊竄龍游，會攻之，賊酋李侍賢大股來援，培元與諸軍合擊，賊敗走。二年，克湯溪、龍游，斃賊酋陳廷秀，加提督銜，賜號銳勇巴圖魯。迭克桐廬、富陽，會攻杭州，破賊於萬松嶺，攻清泰門外觀音堂，平其壘。城賊出戰，敗之。舁舢板入西湖，礮擊杭城。左宗棠以衢州後路要衝，令培元返鎮，其所部水師留攻杭州。三年，杭州復。培元丁母憂歸，遂不出。光緒十七年，卒。湖南巡撫陳寶箴疏陳培元戰績，賜卹。

論曰：自湘軍水師興，而後得平寇要領。後又設淮揚、太湖兩水師，平吳及浙西賴其力。黃翼升、李朝斌當其任。其後設長江水師爲經制，翼升與李成謀迭相更代，爲東南重鎭。平浙東專在陸師，故水師僅有衢州一軍。劉培元亦彭、楊舊部，戰績可稱，用並列之。

# 清史稿卷四百十六

## 列傳二百三

程學啓 何安泰 鄭國魁 劉銘傳 張樹珊 弟樹屏 周盛波 周盛傳 潘鼎新 吳長慶

程學啓，字方忠，安徽桐城人。初陷賊中，陳玉成奇其勇，使佐葉芸來守安慶。咸豐十一年，率三百人自拔來歸。曾國荃使領一營，戰輒請先。安慶北門石壘三最堅，學啓力攻拔之，絕賊糧道。未幾，遂克安慶，學啓功最，擢游擊，賜花翎。從國荃克無爲、銅陵諸城，擢參將。

同治元年，李鴻章率淮軍規江蘇，請於曾國藩，以學啓隸麾下。瀕行，國藩勉之曰：「江南人譽張國樑不去口，汝好爲之，亦一國樑也！」三月，抵上海，立開字營，凡千人，最爲勁旅。屯虹橋，賊猝至，敗之。次日又至，擊退，追至七里堡，大破之，會諸軍克南鎭橋。五月，從鴻章援松江，軍於泗涇，賊酋陳炳文糾悍黨突營，分股繞攻上海，學啓營被圍，力禦，斃賊無算，仍不退。學啓開壁衝突，賊披靡，與諸軍夾攻，乃大潰。松江圍解，擢副將，賜號勃勇巴圖魯。進破賊於青浦東北，復其城。八月，賊酋譚紹光由蘇州來犯，敗之七寶鎭，進戰北新涇，平其壘數十，以總兵記名。

九月，紹光復大舉窺上海，圍水陸各營於四江口，學啓會諸軍進擊，賊扼橋布陣。學啓陷陣，截斷賊隊，胸受礮傷，裹創疾鬭，賊卻走，未渡河者悉殲之。三路圍擊，殲斃落水者數萬，盡毀賊營，以總兵記名加提督銜，授江西南贛鎭總兵。自虹橋、泗涇、四江口三捷，皆以少擊衆，於是增軍至三千人。

二年，進規蘇州，偕鴻章弟鶴章及英將戈登克太倉，賊酋蔡元隆詐降，擊殲之。鴻章令學啓總統諸軍，學啓曰：「崑山三面阻水，一面陸路達蘇州，先斷其陸，乃可克。」偕郭松林破蘇州援賊於正儀鎭，遂克崑山，以提督記名，予一品封典。連拔花涇、同里，克吳江。賊憑太湖結寨，學啓扼飛虹橋，殲其酋徐尙友，乘勝破湖賊，悉平洞庭東山諸壘。

七月，直抵蘇州婁門外永定橋駐軍。蘇州城大，四面阻水，寶帶橋爲太湖鎖鑰，賊死力爭拒，合水陸軍大破之，平其壘，親督軍扼守。李秀成自江寧率衆來援，大戰竟日，擊走之。城賊數萬復來爭，亦擊退。進破五龍橋賊壘，留營駐守，分兵破嘉、湖援賊於百龍橋、八坼，逐北至平望。

十月，李秀成糾李侍賢同踞無錫以爲援，爲劉銘傳、李鶴章所綴，學啓督戰益急，連破賊於蠡口、黃埭，攻破滸墅關及十里亭、虎丘賊壘，於是蘇州之圍遂合。賊自盤門至婁門連壘十餘里，號曰「長城」，亦悉破。秀成知不可爲，又江寧被圍急，遂以城守付其黨譚紹光，自出走。

賊酋部雲官與副將鄭國魁舊識，密介通款，學啓與國魁及戈登單舸見雲官於洋澄湖，令斬紹光爲信。秀成行三日，紹光會諸酋議事，雲官卽座上殺之，開齊門降。明日，學啓入城，賊酋列名者八人，雲官外，曰伍貴文、汪安均、周文佳、范啓發、張大洲、汪懷武、汪有爲，皆歃血爲誓，然未薙髮，乞總兵副將官職，署其衆爲二十營，劃半城爲屯。學啓佯許，密請李鴻章誅之。鴻章謂殺降不祥，且堅他賊死拒心，未決。學啓曰：「今賊衆尚不下二十萬，多吾軍數倍，徒以戰敗畏死乞降，心故未服。分城而處，變在肘腋，何以善其後？」鴻章乃許之。次日，諸酋出城謁鴻章，留宴軍中。酒半，健卒百餘挺矛入，刺八人皆死。學啓嚴陣入城，以雲官等首示衆曰：「八人反側，已伏誅矣！」賊黨驚擾，殺其悍者數百人，餘不問，分別遣留，皆帖服，蘇州平。乘勝偕李朝斌水師克平望，復嘉善。

三年春，進規嘉興，薄城下，破西門、北門賊壘七，分兵克秋涇、吳涇、合歡橋諸賊壘，逼賊築礮臺。賊自盛澤、新塍來援，皆擊走之，圍攻帀月，毀賊礮臺二十餘。發地雷，裂城百丈，揮軍肉薄而登，忽中槍貫腦，踣而復起，部將劉士奇繼之，遂克嘉興。捷聞，詔嘉其身受重傷，攻拔堅城，命安心醫治，頒賞珍品。尋以創重卒於軍。李鴻章疏陳其兩年之間，復江、浙名城十數，克蘇州爲東南第一戰功。優詔賜卹，稱其謀勇兼優，贈太子太保，特遣員賜祭一壇，安慶、蘇州、嘉興建專祠，諡忠烈，予騎都尉兼雲騎尉世職，又加恩予三等輕車都尉世職，併爲三等男爵。初學啓投誠時，妻子皆爲賊殺，以弟子建勳嗣，襲爵。

何安泰，安徽舒城人。少爲傭，陷賊，從學啓來歸，轉戰，無役不從。積功至記名總兵，加提督銜。從攻嘉興，履冰薄城，躍登中槍，死之，贈太子少保，予騎都尉世職。嘉興人哀之，爲祠以祀。

鄭國魁，安徽合肥人。咸豐十年，兩江總督何桂淸令募勇屯無錫高橋，桂淸棄軍走，國魁從提督曾秉忠於上海。初李鴻章督師江蘇，檄領親兵水師後營，四江口、崑山、寶帶橋諸戰，功皆最，累擢至副將。蘇州旣合圍，郜雲官與譚紹光不協，國魁遣人說之降，從程學啓會雲官，許雲官等二品武職，折箭誓不殺降，雲官如約獻城。國魁先往宣諭，次日，大軍始入。旣而雲官等駢誅，國魁涕泣不食，自謂負約，辭不居功，仍以總兵記名，賜號勃勇巴圖魯。從克嘉興、江陰、常州，予一品封典。同治五年，從剿東捻，駐防山東嶧縣。捻平，以提督記名。光緒中，署天津鎮總兵。卒，附祀學啓專祠，蘇州士民思其功，建祠祀之。

劉銘傳，字省三，安徽合肥人。少有大志。咸豐四年，粵匪陷廬州，鄉團築堡自衞。其父惠世爲他堡豪者所辱，銘傳年十八，追數里殺之，自是爲諸團所推重。從官軍克六安，援壽州，奬敍千總。

同治元年，李鴻章募淮軍援江蘇，銘傳率練勇從至上海，號銘字營。招撫南匯降賊吳建瀛、劉玉林衆四千人，簡精銳隸其軍。賊由川沙來犯，擊敗之，連克奉賢、金山衞，累功擢參將，賜號驃勇巴圖魯。又破賊野雞墩、四江口，擢副將。常熟守賊以城降，被圍。二年春，銘傳會諸軍克福山，大破賊，解常熟圍，以總兵記名。進規江陰，楊厙爲沿江要衝，悍賊堅守，銘傳會黃翼升水師進攻，賊由無錫、江陰兩路來援，迭受創退。李秀成糾衆十餘萬分水陸復來援，銘傳力戰敗之。七月，乘勝攻江陰，擒斬二萬，克其城，以提督記名。尋復無錫，加頭品頂戴。是年冬，進攻常州，敗賊於奔牛鎮。賊目邵小雙降，令扼丹陽。援賊以輪舟至，犯奔牛，以掣圍城之師，奮擊，破三十餘壘，毀其舟。三年春，合圍，破闔而入，擒斬賊首陳坤書，克常州，賜黃馬褂。進屯句容，江寧尋下，餘黨擁洪福瑱踞廣德，會諸軍擊走之。

四年，曾國藩督師剿捻匪，主用淮軍。淮軍自程學啓歿後，銘傳爲諸將冠。調駐濟寧，尋分重兵爲四鎭。銘傳移駐周家口，迭破賊瓦店、南頓、扶溝，改爲移擊之師，擢直隸提督。援湖北，克黃陂，追賊至潁州，大敗之。銘傳建議平原追賊不能制其死命，乃築長隄，自河南至山東運河，驅賊沙河以南蹙之。工甫竣，豫軍防地爲賊所破，乃分軍追剿，破之於鉅野。捻酋張總愚竄陝西，任柱、賴文光留山東，自此分爲東西。

李鴻章代國藩督師，銘傳專剿東捻，東至鄆城，西至京山，大小數十戰。六年春，賊走尹隆河，與鮑超約期會擊。銘傳先期至，戰失利，部將唐殿魁死之。休屯信陽，整軍復進，追賊至山東。復議自運河至膠、萊，長圍困賊，杜其西趨。時兵、賊俱疲，朝命督戰益急，鴻章專倚銘傳。八月，解沭陽圍。戰贛榆，購降賊內應，槍斃任柱於陣，賊大潰。邀擊濰縣、壽光，薄之洋河、瀰河之間，殲賊幾盡。賴文光走揚州就擒，東捻遂平。國藩、鴻章奏捷，論銘傳爲首功，予三等輕車都尉世職。以積勞致疾，乞假去軍。

七年春，張總愚突犯畿輔，急起銘傳赴援，以遲緩被譴責。及至東昌，會諸軍進剿鹽山、滄州、德平，仍用長圍策，蹙之運河東，縱橫合擊，殲賊殆盡，總愚走茌平，陷水死。西捻平，錫封一等男爵。詔屯張秋。九月，命督辦陝西軍務。率唐定奎、滕學義、黃桂蘭等搜剿北山回匪，疏陳大勢，引病乞罷，歸里。

光緒六年，俄羅斯議還伊犂，有違言，急備邊。召銘傳至京，疏陳兵事，略謂：「練兵造器，固宜次第舉行，其機括則在鐵路。鐵路之利，不可殫述，於用兵尤爲急不可緩。中國幅員遼闊，防不勝防，鐵路一開，南北東西呼吸相通，無徵調倉皇之慮，無轉輸艱阻之虞，從此裁兵節餉，併成勁旅，一兵可得十兵之用。權操自上，不爲疆臣所牽制，立自强之基礎，杜外人之覬覦，胥在於此。」疏上，雖格未行，中國鐵路之興，實自銘傳發之。

十一年，法蘭西兵擾粵、閩，詔起銘傳，加巡撫銜，督臺灣軍務。條上海防武備十事，多被採行。抵臺灣未一月，法兵至，燬基隆礮臺，銘傳以無兵艦不能海戰，伺登陸，戰於山後，殲敵百餘人，斃其三酋，復基隆，而終不能守。扼滬尾，調江南兵艦，阻不得達。敵三犯滬尾，又犯月眉山，皆擊退，殲敵千餘，相持八閱月。十一年，和議成，法兵始退。初授福建巡撫，尋改臺灣爲行省，改臺灣巡撫。增改郡、廳、州、縣，改澎湖協爲鎮，檄將吏入山剿撫南、中、北三路，前後山生番，薙髮歸化。丈田清賦，溢舊額三十六萬兩有奇，增茶、鹽、金、煤、林木諸稅。始至，歲入九十餘萬，後增至三百萬。築礮臺，興造鐵路、電綫，防務差具。加太子少保。十六年，加兵部尚書銜，命幫辦海軍事務。屢因病陳請乞罷，久始允之。

二十一年，朝鮮兵事起，屢召，以病未出。尋卒，詔念前功，贈太子太保，賜䘏，建專祠，謚壯肅。

張樹珊，字海柯，安徽合肥人。咸豐三年，粵匪入安徽，樹珊與兄樹聲練鄉兵自衛，淮軍之興，自張氏始。五年，擊賊巢湖，率壯士數十人敗賊，擒斬賊目五人，進破巢縣賊營，敍外委。六年，復來安，隨官軍克無爲州，擢千總。又克潛山，至太湖，遇賊數萬，樹珊僅五百人，軍糧火藥皆盡。賊屯隄上，樹珊選死士緣隄下蛇行入賊中，大呼擊殺，賊驚潰。七年，敗捻首張洛行於官亭。粵匪方與捻相勾結，皖北幾無完區，獨合肥西鄉以團練築堡差安，時出境從剿賊。九年，克霍山。十年，兩解六安圍。十一年，赴援壽州，克三河，擢都司，賜花翎。

同治元年，從李鴻章赴上海，名其軍曰樹字營。李秀成犯上海，會諸軍夾擊走之。七月，會克青浦。賊圍北新涇，樹珊偕程學啓力戰旬餘，賊始遁，擢游擊。進克嘉定，賊大舉圍四江口，樹珊偪賊而營，會諸軍奮擊，連破二十餘壘，遂解圍，擢參將，賜號悍勇巴圖魯。是年冬，常熟及福山賊以城降，而福山賊復叛，圍常熟。二年正月，樹珊率軍航海抵福山西洋港，風潮作，飄舟近賊巢，潮退不得行。樹珊曰：「兵法危地則戰。」登岸結壘未就，賊大至，樹珊疾擣中堅，槍傷左肘不少卻，拔出諸營之被圍者，進解常熟之圍，擢副將。會諸軍進攻江陰，樹珊扼南門，斷賊去路，城復，賊無得脫者，以總兵記名。進攻無錫，悍酋陳坤書、李世賢方以十萬衆圍大橋角，樹珊助剿，火賊輪船二、礮船十，殲斃甚衆，解其圍。李秀成復率衆數萬至，連營數十里，樹珊與諸軍夾擊，賊大潰。會蘇州已下，秀成率死黨入太湖，結常州賊，水陸分進，援無錫；時銘傳專擊外援賊，樹珊與諸軍合圍，十一月，拔之，以提督記名。偕兄樹聲及劉銘傳進攻常州，三年四月，克之，予一品封典，授廣西右江鎮總兵。

四年，曾國藩督師剿捻，駐徐州，以樹珊所部爲親軍，令援山東，破賊於魚臺。議設四鎮，陳州之周家口爲最要，初以劉銘傳駐之，旣改銘傳爲游擊之師，乃令樹珊移駐。五年三月，擊賊沙河，賊竄撲周家口，回軍夾擊敗之。五月，又敗賊於沙河東，樹珊以賊騎飄忽靡常，恥株守，請改爲游擊之師。九月，馳解許州之圍。十月，逐賊山東境，連敗之豐南、定陶、曹縣。十一月，回軍周家口。賊竄湖北，偕總兵周盛波追剿。會郭松林敗績於臼口，賊燄愈熾，樹珊自黃岡追至棗陽，賊竄黃州、德安，樹珊馳援。諸將皆言賊悍且衆，宜持重，樹珊率親軍二百人窮追，抵新家牐。賊橫走抄官軍後，樹珊力戰陷陣，至夜半，馬立積屍中不能行，下馬鬬而死。後隊據鄉莊發槍礮拒賊，賊亦尋退，全軍未敗。事聞，詔惜其忠勇，從優議卹，予騎都尉兼一雲騎尉世職，建專祠，謚勇烈。七年，捻平，加贈太子少保。

弟樹屛，從諸兄治團練，積勞至千總。從樹珊至江蘇，轉戰松江、蘇州、常州，屢有功，累擢副將。從劉捻匪，迭破賊於豐縣、沛縣、魚臺。及樹珊戰歿德安，樹屏分領樹字三營駐周家口。東捻平，論功以提督記名，賜號額騰額巴圖魯。

同治六年，山西巡撫李宗羲奏調，令募新軍六營分駐大寧、吉州、壺口防回匪。十二年，兼統水陸駐河津，分防歸化、包頭。光緒二年，甘肅流賊犯河套後山，督軍追擊，連敗之，擒其渠曹洪照。事平，加頭品頂戴。四年，授太原鎮總兵，值旱災，樹屏捐運賑糧，出軍食之餘平糶濟饑民。六年，移防包頭。九年，調大同鎮。十三年，因傷病乞罷，十七年，卒，以前勞賜卹。

周盛波，字海舲，安徽合肥人。咸豐三年，粵匪陷安慶，皖北土匪紛起，盛波兄弟六人，團練鄉勇保衞鄉里，屢出殺賊。兄盛華及弟三人皆死事，惟存盛波與弟盛傳，以勇名。陳玉成、陳得才等屢擾境，盛波等以練丁二千隨方迎敵，相持數年，遂越境出剿近縣，餉械皆所自備，累獎守備。

同治元年，李鴻章募淮軍援江蘇，令盛波就所部選募成軍，曰盛字營。從至上海，破賊於北新涇，擢游擊。又大破賊於四江口，賜號卓勇巴圖魯。二年，克太倉，進崑山，扼雙鳳橋，復縣城。破麥市橋賊壘，擢副將。進攻江陰，擊敗援賊。會克縣城，以總兵記名。會攻無錫，燬賊船百餘，破惠山石卡，擒賊酋黃子隆，以提督記名，予一品封典。三年，合圍常州，盛波由小南門攻入。賊首就擒，以總兵儘先題奏。時江寧已復，餘黨黃文英走踞廣德，盛波追之至橫山，文英遁走。城賊拒戰，敗之，復廣德，進至寧國境而還，賜黃馬褂。

四年，從曾國藩剿捻匪。張總愚圍雉河集，盛波赴援，循渦河岸破賊。英翰軍突圍夾擊，圍始解。授甘肅涼州鎮總兵，敗捻匪於寧陵。五年，拔菏澤游莊寨、方埠賊巢，被珍賚。牛洛紅竄亳州，截擊於白龍王廟，大破之。是年冬，追賊雲夢，連敗之於兩河口、沙河、胡家店。六年，躡追任柱至信陽，與弟盛傳分路蹙之台子畈山中，賊舍騎四竄，追及談家河，擒賊目汪老魁等。賴文光來援，復擊敗之。九月，破沭陽程寨賊，又敗之於石榴寨、高家寨，追至海州阿胡鎮，殲悍黨趙天福，東捻尋平。

七年，西捻張總愚竄畿輔，盛波追至陵縣土橋，馬步合擊，賊潰走。五月，盛波駐毛家莊，賊由吳橋來犯，設伏痛擊，斬級數千。襲賊於楊丁莊，陣斬總愚之姪張三彪。六月，會擊於茌平，總愚走死。西捻平，晉號福齡阿巴圖魯。

軍事定，以母老陳請回籍終養，尋以前年所部攻破河南唐縣民寨，慘斃多命，為巡撫李鶴年所劾，褫職，交李鴻章按治，以盛波身在前敵，免其科罪。九年，鴻章疏陳盛波功多，復原官。光緒十年，命在淮北選募精壯十營赴天津備防，責司訓練。丁母憂，奏，許弟盛傳回籍治喪，盛波仍留營。盛傳尋卒，所遺湖南提督卽以盛波代署，疏辭，不允。服闋，實授。十四年，卒。

李鴻章疏陳戰績，謂其治軍嚴而不苛，人樂爲用。善察地勢，審賊情，部曲經其指授，輒有家法。防海以來，所部爲淮軍最大之軍，諸軍勛望無出其右。詔優卹，建專祠，謚剛敏。

周盛傳，字薪如，盛波之弟。盛傳偕諸兄集丁壯團練。咸豐三年，粵匪擾合肥，率百餘人擊敗之，擒賊目馬千祿。五年，兄盛華陣亡，盛傳與盛波分領團衆，防戰數有功，獎敘把總。十一年，赴援壽州，擢千總。

同治元年，盛波從李鴻章援江蘇，盛傳充親兵營哨官，從克嘉定及戰四江口，累擢游擊。二年，回籍增募勇丁，會攻太倉，賊酋蔡元隆詐降，設伏狙擊官軍，盛傳獨嚴備，不爲所挫。越數日，偕諸軍一鼓克之，駐軍雙鳳鎭，爲賊所圍，連戰三晝夜，破之，克崑山，賜號勳勇巴圖魯。攻江陰，毀東門賊營，城復，擢參將。迭戰東亭鎭、興隆橋、鴨城橋、西倉，遂克無錫，功尤多，超擢以總兵記名。進攻常州，三年，進逼郡城南門，賊突出拒，盛傳且戰且築營，賊屢抄後路，皆擊退。登石橋督戰，橋斷墮水，又受礮傷，絕而復甦。越數日，裹創會攻，攀城先登。克常州，詔以總兵遇缺先行題奏，加提督銜。以撫標親兵三營改爲傳字營，盛傳始獨領一軍，移防溧陽。尋會銘軍克廣德州。

四年，調剿捻匪，偕兄盛波援雉河集，自睢寧、宿州轉戰而前。將至，捻酋任柱以馬隊突犯，盛傳堅陣不動，出奇兵抄賊後，賊始卻，會諸軍夾擊，賊潰走，以提督記名。移防歸德。五年春，迭敗賊於考城、鉅野、城武、菏澤，詔嘉盛傳兄弟苦戰，同被珍賚。五月，偕盛波破牛洛紅於亳州，洛紅被創夜遁，道死。追賊扶溝、鄢陵、許州，扼防周家口。時以長圍困賊，盛傳築賈魯河長牆，檄調爲游擊之師，解柘城、羅山圍。六年，授廣西右江鎭總兵，偕盛波殲賊信陽譚家河，斬馘逾萬。追賊入山東，至江北海州，捻匪大衰。是年冬，任柱、賴文光均就殲。

七年春，偕盛波渡河會剿張總愚，敗賊於山東、直隸之間，守運河長牆。盛傳伏炸礮於吳橋毛家莊，合馬步逼賊入伏，礮發，賊屍蔽野。既而茌平合圍，總愚走死，賜黃馬褂。盛波乞假養親，盛傳代統全軍，從李鴻章移師湖北。

九年，從鴻章赴陝西剿回匪，賊踞宜川山中，督軍進剿，破之於河兒川、孔巖寨，分兵於宜、洛、鄜、延之間，以遠勢兜圍，先後擒賊酋馬志龍、戴得勝，北山悉平。

是年秋，鴻章移督直隸，疏調盛傳率所部屯衞畿輔。十年，移屯靑縣馬廠。十二年，與修大沽北塘礮臺，築內外土城各一，大礮臺三，環置小礮七十有一。兵房、藥庫、倉廒、義塾及城外溝、河、橋、牐悉備，以所部任其役，捐盛軍欠餉以濟工費。十三年九月，工竣，詔遇提督缺出先行簡放。

時鴻章奉敕興復京畿水利，盛傳任津沽屯田事，履勘天津東南縱橫百餘里，沮洳蕪廢，議疏潦、濬河渠，引淡滌鹹，以變斥鹵。光緒二年，調天津鎮，移屯興工，開南運減河，自靳官屯抵大沽海口，減河兩岸各開支河一、橫河六，溝澮河渠悉如法。建橋牐五十餘處，備蓄洩，使淡水鹹水不相滲混，成稻田六萬餘畝。濱河斥鹵地沾水利，可墾以億計。至六年工竣。

八年，擢湖南提督，仍留鎮訓練士卒，悉用西法，著操槍章程十二篇，軍中以爲法式。十年，丁母憂，命改署理，予假回籍治喪。盛傳事親孝，未幾，以哀毀傷發卒，詔優卹，謚武壯，建專祠。

潘鼎新，字琴軒，安徽廬江人。道光二十九年舉人，議敍知縣。咸豐七年，投効安徽軍營，從克霍山，擢同知。十一年，父璞領鄉團助勦，被執不屈死。鼎新誓殺賊復仇，請分兵攻三河鎮，克之，負父骸歸。曾國藩聞而壯之，時方創淮軍，令募勇立鼎字營。

同治元年，從李鴻章援上海，連克奉賢、川沙、南匯，以知府用。克金山，又破賊虹橋，擢道員。二年，攻福山鎮，鼎新以開花礮炸賊壘，克之，解常熟圍，授江蘇常鎭通海道，以父喪未除，改署任。連破賊於楓涇及嘉善、西塘，加按察使銜。克平湖、乍浦、海鹽，獲賊銀三十餘萬兩充餉。破賊於璵城、沈蕩、新豐。三年，會克嘉興，戰吳漊、南潯，會攻湖州，賊拒守晟舍，攻兩晝夜，傷脅，破昇山九壘，奪三里橋，直抵城下，克湖州，加布政使銜，賜號敢勇巴圖魯。蘇、浙既定，賜黃馬褂，駐屯松江。

四年，僧格林沁戰歿，捻匪益熾，畿輔震動，詔徵勁旅入衞，李鴻章遣鼎新率礮隊航海赴天津。尋命所部十一營移駐濟寧，擢山東按察使。擊敗捻首賴文光於豐縣陳家莊，又追敗之於沛縣、魚臺、定陶。五年，敗賊於鉅野，解鄆城圍。築運河沿岸長牆，開黑風口淤河，引泗水灌之。賊屢敗於西華、太康，竄至油坊岡，鼎新夾擊，殪其酋。又追賊鄆城、菏澤、曹縣、東明，竄入河南境，追擊於杞縣柿園、嘉祥臥龍山。六年，遷山東布政使。築新河、濰河長牆，會諸軍守之。賊由東軍汛地偸渡濰河，衝出南竄，都司董金勝率馬隊尾追，敗之莒州、沭陽。鼎新追至海州石榴橋，據山下擊，時賊尚五六萬，連戰於馬陵山、臥龍寨，賊張兩翼來犯，鼎新爲圓陣，賊不能撼，伺懈突擊，斬馘甚衆。追敗之剡城柴斥店、海州上莊，斬級千餘，殪賊目楊天燕、陳天福，其酋李宗世等乞降，加頭品頂戴。捻首任柱、賴文光先後就殲擒。

七年，馳援畿輔，鼎新至饒陽，賊趨保定，繞其前迎擊，敗之。尋破賊於滄州郭橋、柳橋，殪其酋羅六。又戰高唐、吳橋，於捷地開減河，築長牆，扺東昌。迭釁賊於德平、陽信、商河，與諸軍合擊。西捻平，予雲騎尉世職，晉一等輕車都尉。

尋命從左宗棠剿回匪，鼎新請開缺省親。九年，丁母憂。服闋，李鴻章奏留辦天津海防。十三年，授雲南布政使。光緒二年，就擢巡撫，與總督劉長佑不合，三年，命來京另候簡用，乞假歸。五年，召天津隨辦防務，七年，回籍。

十年，法越兵事起，起署湖南巡撫，調授廣西巡撫。時徐延旭出關兵挫，故以鼎新代之，命按治提督黃桂蘭等失律罪，讞擬輕縱，嚴旨斥責。命督軍進諒山，扼屯梅谷、松壂牢諸隘，鼎新奏請諸軍歸雲貴總督岑毓英節制，自爲之副，不允。又私謂終歸和局，以節餉爲主，不得士心。初戰船頭、紙作社，奏捷。十二月，法兵大舉來犯，諒山陷，師退，自請治罪，詔帶罪立功。十一年正月，鎭南關失守，總兵楊玉科戰死，喪提督劉恩河以次十餘員。鼎新傷肘墜馬，倉皇失措，退至龍州，詔奪職。法兵由艽封窺龍州，賴馮子材、蘇元春、王德榜諸軍力戰，大破之，復鎭南關，追躡連捷，克諒山。和議旋成，鼎新乃解任回籍。十四年，卒於家。李鴻章疏陳前功，乞恩復原官。

吳長慶，字筱軒，安徽廬江人。父廷香，在籍治團練，咸豐四年，殉寇難，卹，予雲騎尉世職，見忠義傳。長慶襲世職，繼父領鄉團，先後從官軍克廬江、舒城，擢守備。十一年，會攻克三河。淮軍始創，領五百人，曰慶字營。

同治元年，從李鴻章至上海，破賊於虹橋，克奉賢、南滙、川沙，又破寶山竄賊，超擢游擊。二年，回籍募勇，會李秀成糾衆圍廬江，長慶登陴固守，出擊賊，走之。事定，率新募五營赴上海，進攻楓涇、西塘，克之，毀千窯賊巢，擢副將。規嘉善，破張涇滙賊壘。三年，會攻嘉興，左臂中槍，督士卒緣城上，克之，以總兵記名，賜號力勇巴圖魯。自是分兵援浙、閩，迭克郡縣。五年，追敍以提督總兵儘先題奏。

七年，從李鴻章勦捻匪，轉戰河南內黃、滑、濬，山東臨邑、德州，直隸寧津。捻平，賜黃馬褂，晉號瑚敦巴圖魯。調防江北，駐軍徐州。八年，鼎軍譁變，長慶扼截，斬其倡亂者，衆懼服，分別資遣數千人，旬日而定。事聞，予議敍。九年，移駐揚州，丁母憂，予百日假，仍留軍濬鹽河，興水利。尋復移屯江浦、江陰。十三年，增募四營築江陰、江寧礮臺。光緒元年，授直隸正定鎭總兵，仍留防江南。六合鄉民因漕重聚衆譁署，長慶馳至諭散，爲請奏減漕額。寧國教民白會淸不法，激變，燬教堂，搆訟。建平人何渚被枉，長慶往按得實，爲白於總督沈葆楨，平反之。率士卒濬江浦黑水河、四泉河、玉帶河，兩年始畢工。六年，擢浙江提督。尋調廣東水師提督，未之任，會法越軍事起，命幫辦山東軍務，四鎮皆歸節制，率所部屯登州。

八年，朝鮮內亂，禁軍犯王宮，殺大臣，王妃失蹤，燔日本使館，日本且發兵。命長慶率兵艦三往按治，先日兵至。廉知事由朝鮮王父大院君李昰應所主，至則昰應尙踞王宮，來謁，留語及暮，遣隊擁赴海口，命兵艦致之天津，次日擊散亂黨，迎復王妃。日本初欲藉故多所要挾，見事已定，氣爲之沮。詔嘉其功，予三等輕車都尉世職，遂留鎭漢城。長慶在朝鮮兩年，修治道塗，救災卹民，示以恩信，國人感之。

十年，命移防金州，尋卒。詔優卹，建專祠，謚武壯，予其次子保初主事。保初後官刑部，上書言時政，辭職歸。

長慶好讀書，愛士，時稱儒將。保初亦文雅，有父風。

論曰：李鴻章創立淮軍，一時人材蔚起，程學啓實爲之魁，功成身殞，開軍遂微。銘軍最稱勁旅，樹軍、盛軍、鼎軍亦各驂靳。粵寇平而捻匪熾，曾國藩欲全湘軍末路，主專用淮軍，平捻多賴其力。其後北洋籌防，全倚淮軍，而以盛軍爲之中堅。劉銘傳才氣無雙，不居人下，故易退難進。守臺治臺，自有建樹。二張、二周，治軍皆有家法。潘鼎新防邊失律，不保令名。吳長慶戰績雖亞諸人，朝鮮定亂，能弭大變。及甲午邊釁起，宿將彫零，衞汝貴、葉志超等庸才僨事，爲全軍之玷。後起僅一聶士成，庚子殉難，淮軍遂熸。四十年中，盛衰得失，於此見焉。

# 清史稿卷四百十七

## 列傳二百四

都興阿 弟西淩阿 福興　富明阿　舒保　伊興額 滕家勝　關保

都興阿，字直夫，郭貝爾氏，滿洲正白旗人，內大臣阿那保孫。父博多歡，正黃旗蒙古都統。都興阿由廕生授三等侍衞，晉二等。咸豐三年，從僧格林沁赴天津剿粵匪，破之於杜家嘴，擢頭等侍衞。四年，克獨流，追賊阜城，破運河濱賊壘。五年，克連鎮，賊首林鳳祥就擒，加副都統銜、乾清門行走。尋授京口副都統。

弟西淩阿督師湖北，都興阿率馬隊往助剿，復德安，從總督官文進規武漢。時官文軍北岸，趨漢陽，巡撫胡林翼軍南岸，攻武昌。都興阿率騎兵護水師，敗賊沙口，薄漢陽西門。六年，賊由金鋪山上竄，都興阿揮步隊迎擊，分馬隊抄其後，斬馘甚衆，焚團風鎮屯糧，斬其酋。林翼燔漢陽城外賊艇，賊登岸遁，都興阿以馬隊遮殲之，擢江寧將軍。襄樊土匪方熾，都興阿馳援襄陽，解其圍。進圍武昌，賊糧盡援絕，棄城遁，復武昌、漢陽，乘勝克黃州、興國、大冶、蘄水、蘄州、廣濟、黃梅諸城，賜號霍欽巴圖魯。

大軍進規九江，南路李續賓主之，北路都興阿主之。七年，賊由太湖竄窺黃梅，都興阿空城誘之，盡殲騎賊千餘，其由獨山鎮來襲者，馬步合擊，擒斬數千。進攻小池口，令多隆阿等破段窯、楓樹坳、獨山鎮賊巢。陳玉成大舉纍至，都興阿令多隆阿出黃梅，鮑超屯孔壠，自督馬步攻渡河橋，平二十餘壘，俘斬數千。會合楊岳斌、李續賓水陸軍攻童司牌，盡平賊壘。進克黃蠟山，先後殲賊萬餘，玉成遁走。詔都興阿幫辦官文軍務。攻小池口，燔其城，遂會克湖口，破賊彭澤，下望江、東流。八年，會克九江，被優敍。復黃安、麻城，分軍破賊彌陀鎮、南陽河，復太湖，偕李續賓軍會攻石牌，克之，授荆州將軍。會水師進規安慶，奪集賢關，薄安慶北門，破賊壘環攻。而李續賓戰歿三河，桐城、舒城再失，都興阿率軍退保宿松。多隆阿偕鮑超大破賊於花涼亭，楚師復振。

九年，曾國藩奏請於安徽上游北岸添馬步三萬人，以都興阿領其軍，會病足，薦多隆阿自代，詔赴荆州本任。十年，江南大營潰，上命都興阿帥馬步援江北，而以曾國藩總督兩江。時英法聯軍犯京師，都興阿備北援，馳抵壽州。和議成，命赴揚州督辦江北軍務。十一年，令總兵吳全美率師船攻和州江下關，毁賊壘，破內江口賊船。

都興阿樂用楚軍，胡林翼分其軍以畀國藩，揚州兵單，留徐州鎭總兵詹啓綸從勦，令提督黄開榜焚三河賊船。賊由儀徵犯揚州，都興阿遣總兵王萬清防湖西，自率三百騎出覘賊，賊衆萬餘，列陣待。都興阿令騎皆下，自席地坐，賊疑有伏，不敢逼，後軍至，奮擊破之。賊又糾蘇州、句容悍黨分犯瓜洲、鎭江，都興阿乘其壘未成，令營總杜嘎爾率馬步軍衝擊，自督隊繼之，賊大潰。詹啓綸乘勢踏毁甘泉山賊壘，鎭江圍解。

調江寧將軍，仍駐揚州督江北軍，文武悉聽調度。令副都統海全等破後石橋賊營，賊由常州窺鎭江，總兵黄彬統水師擊敗之。都興阿馳抵天長城下，平其壘卡，賊酋襲長春遁走，沿途截殺殆盡。黄彬等破賊船小河口、太平港，平瓜埠賊巢，尋會江南提督李世忠收降六合、天長二城。同治元年，江浦、浦口復陷，賊進犯揚州，北營甘泉山，南亙樸樹灣，都興阿親督諸軍連擊，敗走之。

時上游諸軍連克沿江要隘，進薄江寧，都興阿令總兵李起高馳至浦口，襲攻觀音門、燕子磯爲聲援，會國荃大營爲援賊所圍，遣副將楊心純率二千五百人赴援，入壕助守，又令黄彬率水師援九洑洲。二年，賊謀入裏下河，都興阿遏之不得逞，別遣副將梁正源會江南軍焚中關、下關賊舟，李起高會收江陰。

三年，江寧合圍，江北無警，而陝、甘回亂益熾，詔都興阿赴綏遠城督防。時甘肅寧夏漢城陷於賊，滿城待援，召都興阿入覲，調西安將軍，督辦甘肅軍務，署陝甘總督。江寧克復，論功，予騎都尉世職。

六月，都興阿至定邊，奏言回酋馬化隆起靈州金積堡，占踞城堡，蔓延千里。定邊距離尚遠，宜進兵花馬池，三路合攻，方期得力。令杜嘎爾等由草地繞石嘴山渡河，攻克姜家村、紅柳溝賊巢，追至寶豐，賊三路出撲，擊敗之，復寶豐，解平羅圍。軍進渠公堡，都興阿慮深入無繼，奏調荊州將軍穆圖善會剿。賊首馬吪吽踞通成堡，突出戰，爲杜嘎爾等所敗，退踞清水堡。都興阿移營進逼，絕其糧道，攻克之。進金貴堡、王格莊，去寧夏城二十里，敗西路援賊。城賊抄官軍後，都興阿督諸軍迎擊，賊大潰。四年，列陣城東誘賊出，擊敗之，拔南路賊圩。鹽池、固原竄匪踞安化元城鎭，窺寧條梁糧路，都興阿遣軍分防花馬池、定邊、寧條梁，而靖遠南山賊焚堡據壩修堰，將決渠困官軍，乃移屯城東南。賊又踞隄築壘斷水道，並擊退，不得逞。都興阿親督隊敗賊於金貴堡，分軍屯定邊、花馬池，賊由固原趨平羅、寶豐，截擊於金貴堡，敗之。杜嘎爾擊賊於磴口，斃其酋馬生顏，花馬池、定邊兩路同捷，馘賊首孫義和。寧夏賊勢漸蹙，詭辭乞撫，計緩兵，而潛決西河水灌官軍。都興阿拒其降，益修戰備，進解滿城圍，克城東賊圩，敗之西門橋，分軍擊走大水坑、吳中堡踞賊，斬回酋馬有富，軍威頗振。

會奉天馬賊猖獗，調都興阿盛京將軍移剿，而以穆圖善代之。穆圖善主撫，寧夏賊尋降，納礮械縛渠以獻。五年，穆圖善劾都興阿受降入城，仍戮回酋章保立，部下殺掠。詔斥都興阿剿撫無定見，下議褫職，改留任。都興阿至奉天，馬賊漸平，奏定緝捕章程，搜剿餘匪，尋定。

七年，西捻張總愚竄畿輔，李鴻章、左宗棠率兵入衞，賊流竄直隸、河南、山東，數月未定。詔召都興阿入京，管理神機營，授欽差大臣，以副都統春壽，提督張曜、宋慶，侍衞陳國瑞四軍隸之，列名在鴻章、宗棠上。視師天津，捻匪尋蕩平，仍回本任。光緒元年，卒於官，賜卹，贈太子太保，諡清愨。奉天士民請與大學士文祥、將軍崇實合建三賢祠，揚州亦請與將軍富明阿合祠。

西淩阿，都興阿弟。由拜唐阿授侍衞。道光中，從揚威將軍奕經援浙江，迭晉頭等侍衞，累擢察哈爾都統。咸豐三年，率黑龍江騎兵從琦善防浦口，因不能阻粵匪北竄，褫職留營，責令追賊。偕將軍托明阿等馳解開封圍，又敗之氾水。賊渡河圍懷慶，援軍會集，西淩阿戰最力，圍解，復原官。追賊，迭戰王屋、邵原、平陽、洪洞，由山西入直隸，命幫辦勝保軍務。至靜海，賊蹤始定，會軍圍攻。四年春，賊走阜城，西淩阿追至後康莊，破之。從僧格林沁連破城外賊屯，賊走踞東光、連鎮，攻戰數月，西淩阿常為軍鋒，五年正月，克之，擒賊首林鳳祥，予二等輕車都尉世職，賜號伊精阿巴圖魯。又從僧格林沁克馮官屯，俘李開芳，錫封三等男爵，授欽差大臣，督辦湖北軍務。初至隨州，戰不利，命其兄都興阿往助，尋褫職，以官文代督師。從復德安府城，復原官，留駐以固北防。

六年，僧格林沁薦之，率馬隊赴河南剿捻匪。七年，復以屢挫，褫職留任，破張洛行白龍王廟老巢，復之。八年，命駐防山海關。十年，授鑲藍旗蒙古都統，從僧格林沁赴山東剿捻匪，尋命幫辦軍務。十一年，戰菏澤失利，下部嚴議。破賊於東昌，焚賊巢，克七級鎮，進克張秋。又破曹州紅川口匪圩，進敗賊於劉家橋、大張寺。同治元年，以腿疾回京，授鑲藍旗漢軍都統。五年，卒，賜卹，諡勇毅。

福興，穆爾察氏，滿洲正白旗人，都統穆克登布曾孫。以一品廕生授三等侍衞，出爲直隸懷安路都司，累擢督標中軍副將。咸豐元年，擢廣東高州鎮總兵。二年，平羅鏡匪淩十八及鬱林、博白土匪，賜號剛安巴圖魯，擢廣西提督。命援湖南，偕向榮分路追賊湖北，以遷延，奪職留營。三年，從援江寧，屯朝陽門外，屢擊賊，予三品頂戴，充翼長。偕提督鄧紹良破賊東壩，復高淳，會克太平，回軍江寧，迭擊賊於高橋門、上方橋、通濟門、雨花臺，晉二品頂戴，署江寧將軍。母憂，奪情留軍。

六年，授西安將軍，幫辦向榮軍務。偕張國樑援鎮江，敗賊丁卯橋。江寧大營潰，向榮退保丹陽，上切責諸將，福興革職留任。榮病卒，命偕張國樑同任防剿。上聞福興與國樑不和，諭怡良察之，遂命福興赴江西會辦軍務。七年，復樂平，攻東鄉、金谿。石達開自安慶竄浮梁、樂平，圍貴溪。八年正月，福興至弋陽，賊來犯，福興兵少，多爲疑兵，賊不敢偪，擊走之，竄浙江，福興進屯衢州東關，賊迭來撲，皆擊退。回駐玉山，防賊復竄廣信。尋又赴衢州，攻東關賊營。福興右腿受傷，尋以傷重乞假，召回京。十一年，署鑲紅旗漢軍都統。

同治四年，從尚書文祥會剿奉天馬賊，戰大淩河、北井子，擒斬甚衆。進援吉林，迭破賊於張登、望城岡，署盛京將軍。五年，擒賊首馬傻仔於黃旗堡，誅之。事平，凱旋，授察哈爾都統，調綏遠城將軍。六年，以舊傷發乞休，光緒四年，卒，賜卹，謚莊愍。

富明阿，字治安，袁氏，漢軍正白旗人，明兵部尚書崇煥裔孫。崇煥冤死，家流寓汝寧，有子文弼，從軍有功，編入寧古塔漢軍。五傳至富明阿，以馬甲從征喀什噶爾，授驍騎校，洊升參領。

咸豐三年，從欽差大臣琦善軍揚州，戰於洞清鋪，受槍傷，裹創奮鬭，斬馘數十，擢協領，特賜玉韘。四年，破賊瓜洲，賜花翎，管帶寧古塔兵。五年，戰虹橋，戒所部距賊二十步始發矢，射斃賊酋，分兩翼搜伏賊，賊潰走，加副都統銜。六年，署寧古塔副都統，迭敗賊於徐家集、硯臺山。攻瓜洲，又率隊及六合練勇攻江浦，敗賊於十里橋，賜號車齊博巴圖魯。又敗賊於樸樹灣、土橋、五新橋。七年，會攻瓜洲，連敗賊富家井、白廟，以副都統記名。是年冬，克瓜洲，詔以副都統儘先題奏。充江北軍翼長，進攻江浦。八年春，迭破援賊，復其城。進屯六合，攻滁州，克來安，加頭品頂戴。八月，德興阿兵敗浦口，富明阿馳援失利，傷亡幾半。退儀徵，收集散卒，復成軍，扼萬福橋，破賊於運河東，授寧古塔副都統。偕張國樑克揚州、儀徵，又破賊於冶鋪橋。

九年，德興阿以失律罷黜，江北軍不置統帥，命歸和春節制，別選謀勇可當一面者，和春以富明阿薦，詔幫辦和春軍務。時六合、浦口皆未復，富明阿督軍進攻，迭戰百龍廟、李家營及六合城外。既而賊數萬撲營，分股繞襲後路，遂大挫。富明阿身被十二創，詔許開缺回旗醫治，傷已成殘，命以原品休致，食全俸。十一年，召至京，命訓練京營。

同治元年，授正紅旗漢軍都統，管理神機營。尋命赴揚州幫辦都興阿軍務。江北裏下河十餘縣未被賊擾，鹽場之利如故，偕都興阿疏請運鹽濟餉，軍用得給。長江下游南北岸要口四十餘處，排樁駐船，分撥水師扼要駐防，疏陳部署情形，詔特嘉其諳悉地勢。賊屢糾捻匪窺伺江北，迭擊走之。分軍渡江助馮子材守鎮江。是年秋，親率精銳援臨淮，會僧格林沁剿苗沛霖，詔幫辦軍務，令部將詹啓綸、克蒙額會陳國瑞等進攻，連破賊，沛霖伏誅。

傷發，請假就醫清淮，疏陳皖北圩練之弊，詔下僧格林沁、曾國藩議加整頓。

三年春，都興阿赴陝、甘剿回，詔促富明阿回揚州坐鎮，署江寧將軍，尋實授。遣詹啓綸率兵渡江助剿，克丹湯，賜黃馬褂。江寧克復，予騎都尉世職，仍督所部水陸諸軍留防江北。於是裁撤紅單船，由提督吳全美率回廣東，酌裁陸軍數千。疏言：「江寧駐防，亂後僅存男婦六百餘人，現設官二十七員，兵二百五十八名，稍存營制。京口駐防，尚存四千餘人，官兵挑補足額，俸餉不能全支，房屋均已焚毀。請飭撥餉修蓋房屋，使有依歸。」從之。

四年，因腿傷未痊，請開缺，予假赴京醫治，許坐肩輿，至京，仍命管理神機營。傷病久不愈，詔允回旗。五年，起授吉林將軍，督剿馬賊。力疾進搜山險，遣將分捕，數月肅清。招撫金匪，開闢閒田至數萬頃。不及十年，遂開建郡縣焉。在任四年，復以傷病陳情乞罷，允之，仍在家食全俸。光緒八年，卒，優卹，謚威勤。吉林、揚州請建祠。

子壽山，官至黑龍江將軍，光緒中，俄羅斯犯邊，殉難；永山，官三等侍衞，亦於鳳皇城拒日本，力戰死事：皆自有傳。

舒保，字輔廷，舒穆魯氏，滿洲正黃旗人。由護軍累擢護軍參領。咸豐四年，從僧格林沁剿粵匪，攻圍連鎮，賊乘大風出竄，舒保截殲之。五年，竄踞馮官屯，引水灌之，功最，賊渠俘獲，加副都統銜。荆州將軍綿洵奏調赴湖北，率馬隊破賊德安。六年，迭破黃州李先集、團風賊壘。胡林翼之圍武昌也，官文令舒保率馬隊三百渡江助戰。城賊、援賊分八路來犯，舒保以勁騎馳突，賊大奔。平魯家港賊壘，又敗之沙子嶺、小龜山、雙鳳山。旬日之間，大小二十八戰，胡林翼奏稱舒保馬隊之力特多，賜號倭什洪額巴圖魯。偕知府唐訓方合剿襄陽土匪，迭敗之黃龍橋、余山店，解襄陽圍。克樊城、老河口賊巢，復光化、房、竹山三城。雪夜擒匪首高二張家集，誅之，襄陽平。餘匪遁入河南境，陷內鄉，七年，舒保躡至，會豫軍殲之。

八年，授鑲黃旗漢軍副都統。舒保方駐防商城，而賊由六安進犯湖北，陷麻城，急回軍趨黃州。南勇敗於望天畈，爲賊追逼，舒保迎擊，戰一晝夜，賊始退。又偕李續宜破諸蘄水。

時欽差大臣勝保援固始，兵未利，而商城又告警。勝保嚴檄舒保助剿，胡林翼疏言：「舒保樸訥忠勇，在楚有年，洪山之戰，襄陽之役，蘄、黃之捷，實能爲人所難爲，從無就易避難之意。今以特簡二品大員，勝保乃嚴札驅迫，加以苛辭。師克在和，古有明訓。束縛馳驟，必誤戎機。挾權任術，馭不肖之將，或可取快一時，若忠良之士，不煩督率而自奮也。臣謂舒保一軍，應審楚、豫各路賊勢，相機進剿，毋庸强歸鄰省節制調遣。」上命舒保仍回羅田、麻城剿賊。

固始圍解，陳玉成復犯湖北，舒保偕續宜破之麻城。李續賓既克九江，會師攻黃安，下之。既而續賓戰歿三河，楚邊大震，舒保以所部四百騎自武昌東下。林翼次黃州，增舒保軍千人，以新補西丹游牧蘄水、上巴河，而令率舊部赴太湖，爲多隆阿聲援。會別賊又陷德安、黃州、孝感諸府縣，將軍都興阿檄調舒保未至，奏劾其觀望，下部議。十一年，偕道員金國琛會攻德安，先克孝感，復會水陸軍圍攻德安，克之，加都統銜。

同治元年，授護軍統領。粵、捻諸匪分兩路竄湖北，總兵穆正春擊其西路，舒保擊其東路，連敗之於黃陂、廣濟、應山，賊竄回豫境，賜黃馬褂。賊復回應山，撲孝感城，舒保啓南門奮擊，賊已卻，突別賊數千潛由北城入，副都統德克登額、署知縣韓體震等死之。舒保還戰城中，賊復敗逸，追殺三十餘里。二年，賊由應城圖襲漢口，爲官軍所卻。轉撲孝感，舒保迭戰李家灣、倉子埠，陣斬老捻千餘，遂引去，被珍賚。三年，擊捻匪於德安西，追抵壽山，日暮，層岡深澗，不利騎戰，賊來益衆，舒保陷重圍中，越坎落馬，力竭陣亡，贈太子少保，予騎都尉兼雲騎尉世職，入祀昭忠祠，湖北建專祠，謚貞恪。

伊興額，原名伊淸阿，字松坪，何圖哩氏，蒙古正白旗人，吉林駐防。從征喀什噶爾，除驍騎校，選授侍衛。入京召對，宣宗以原名不合清語，命改名伊興額。道光十九年，擢三等侍衛，改隸滿洲。

咸豐三年，自請從軍，發揚州大營。琦善令援江浦，初至，示弱不戰，斫賊營，大敗之柳樹壩，破九洑洲，累擢頭等侍衛。賊圍和州急，伊興額不待令，督軍進擊，解其圍。駐江浦三年。六年，剿捻匪夏白、任仲勉於澮河北岸，殲賊二千餘，仲勉斃於陣。夏白糾雉河賊黨圍宿州，伊興額率千騎往援，四戰皆捷，解其圍。分軍防徐州、宿州，張洛行來犯，偕總兵傅振邦擊走之。時潁、亳、蒙、宿諸捻蠭起，徐、宿百里內宴然，耕穫不輟。賊首王廣愛、梁振貴衆數萬聚張七家樓，圖北竄。伊興額選精銳數百，疾馳掩入賊壘，擒王、梁二賊，賊黨來援，擊走之，以副都統記名，賜花翎。

七年，招降王家壚捻黨陳保元五千人，斬其渠李月，賜號額圖渾巴圖魯。因病回徐州，勝保劾其不遵調度，報捷不實，褫翎頂。尋率馬隊攻喬家廟，擒斬捻首梁思住，夜進攻酆家壚，誅賊渠劉大淵，偕總兵史榮椿破賊趙家屯。渦河兩岸肅清，復翎頂。八年，授正紅旗蒙古副都統。破捻匪於紀家莊，解蒙城圍。攻薛家湖賊巢，礮傷股，裹創力戰，毀其壚，加頭品頂戴。尋捻首劉添祥由六安北竄，衆號數萬，伊興額以孤軍無援，退屯蕭縣。賊陷豐縣，坐奪職。

九年春，起佐傅振邦剿捻，接統袁甲三所部兵，詔復職，督辦河南軍事。伊興額率騎千三百赴援，躡賊商水老湖坡。賊衆數倍，列車陣拒戰，潛分兵繞賊後夾擊之，賊潰走，窮追三晝夜，歷沈丘、項城至太和孫家圩，先後斃賊二萬餘，被旨嘉奬。時總兵邱聯恩戰歿舞陽，舞陽去商水二百里，及戰勝，舞陽賊聞風遁。

勝保復奏劾：「伊興額性情乖僻，商水之役，僅擊退別股，並未迎剿。舞陽賊衆僅六千，而疏報輒稱二萬三千。」詔奪頭品頂戴，交勝保差遣。所請奬老湖坡戰勝員弁，下署漕督袁甲三察奏。伊興額遂謝病回徐州，距復起僅三月。尋詔飭赴甲三營剿賊，稱疾不赴。蕭縣民鄭立本等以伊興額去，賊復熾，叩閽請還鎭。德楞額復代奏：「徐州紳民以伊興額在徐養病，請飭就近治軍。」先後諭詢伊興額病狀，伊興額固以篤疾辭，上怒，褫職，勒令回旗。都察院奏上安徽監生張鴻文呈，言伊興額前功，懇令總辦討賊事宜，不報。

十年，僧格林沁疏薦，予六品頂戴，尋加三品，敕辦徐、宿團練。伊興額再起，其舊部多不隸麾下，所將五百騎未及訓練，以賊竄曹州，僧格林沁趣援。十一年春，偕徐州鎭總兵滕家勝率騎二千馳往，擊賊於東平、汶上，累捷。追至臥虎岡，風霾忽作，急退楊柳集。伏起，家勝馬蹶，歿於陣。伊興額揮百餘騎衝入賊中，索之不得，突圍出，從騎僅隨者十餘人；賊圍之數帀，力竭死之。詔復原官，予騎都尉世職，謚壯愍，建祠徐州、汶上、宿州、永城。

滕家勝，湖南乾州廳人。由行伍從江忠源剿賊湖北，累擢游擊。繼從袁甲三剿捻於皖、豫之間，擢參將，賜號伊博格巴圖魯。勝保薦其少年勇敢，超授四川川北鎮總兵，調徐州鎮，幫辦徐、宿軍務。家勝舊隸伊興額部下，至是同戰歿，贈提督，予騎都尉並雲騎尉世職，謚武烈。

關保，烏扎拉氏，滿洲正黃旗人，吉林駐防。道光初，從征喀什噶爾有功，洊升三姓佐領。咸豐三年，隨侍郎恩華剿粵匪，解懷慶圍，追敗之平陽，屯正定。勝保檄充營總，剿賊於深州、靜海，攻獨流鎮，擢協領。四年，從僧格林沁戰阜城三里莊，槍傷額，奮擊破賊，賜號年昌阿巴圖魯。從勝保援臨清，追賊至豐縣，殲之，以總管陞用。五年，從僧格林沁克馮官屯，從西淩阿赴湖北，尋調河南，又調安徽，從和春克廬州，加二品銜。六年，偕副都統麟瑞破賊五河，斃黃衣賊目二人，殲賊千餘，敗邳州援賊，解壽州圍。擊賊潁上，五戰皆捷，所部馬隊，各省爭欲得之助剿。尋隸河南巡撫英桂軍，敗賊馬村橋，進亳州雙溝，遇賊姬橋，殲之。又連敗賊三丈口、舊縣集，安徽巡撫福濟疏調赴蒙城，英桂仍請留河南，詔令和衷商榷，先赴所急。其冬，率軍趨懷遠，越境敗捻匪於徐州。漕運總督邵燦疏請留徐州，報允。七年，偕總兵史榮椿攻永城岳家集，捻首李月先遁，焚其巢，尋以病歸。八年，命率吉林、黑龍江、察哈爾兵千八百赴袁甲三徐州營。九年，會攻澮北捻首曹金斗，破其圩，乘勝擊捻首張寶全，破之。張洛行陷泗州，踞草溝民寨，關保率民團奪圩外礮臺，燬其寨，賊分竄，自相踐踏。餘賊竄五河雙渡口，奪船爭渡，追殪過半，擒賊目張起等，以副都統記名。命幫辦傳振邦三省剿匪事，斬捻首張添福，進擣任乾畢圩，圩民內應斬乾，餘黨盡殲。接統伊興額軍，命督辦河南防務，佐振邦剿匪三省如故。

授黑龍江副都統。破亳州竄匪，捻首孫葵心聚黨永城，圖分竄，詔勿令擱入山東邊境。飭關保截賊西路，逼之歸巢。已而賊衆二萬分擾商丘、柘城，圍睢州，開封戒嚴，上命由鹿邑赴援。賊趨蘭儀，分擾通許、尉氏，關保馳抵陳留，合諸軍夾擊，賊南走。馳援許州，遣副將王鳳翔率騎兵敗賊洪河北岸，又敗之臨潁城下，陣擒葵心親屬孫套。夜，簡精騎劫賊營，斬馘無算，拔難民千餘，賊東奔。偵別賊竄扶溝、太康，要擊之王隆集。沿途搜捕，豫境肅清。十年，命勝保督辦河南軍務，關保仍副之。賊擾虞、夏邑、鹿邑，遣將擊走之，俄又大至，逼近省垣，詔詰責。尋轉戰汝寧、確山皆捷，分兵破賊鹿邑劉集，解丘集圍。賊復糾黨來攻，擊走之。傷發，予假調理。同治元年，赴黑龍江任，八年卒。

論曰：都興阿雅量寬閎，知兵容衆，胡林翼稱其有豐、鎬故家遺風，當時滿洲諸名將，半出部下。舒保亦以樸勇爲林翼所倚重，及林翼歿，無人善用，倉卒殞寇，世咸惜之。富明阿始終江北軍事，其勳勞出托明阿、德興阿之上，晚膺邊寄，亦稱賢帥。伊興額剿捻盡瘁，最得民心，爲驕帥齮齕，未竟其用。關保善將騎，羣帥爭相引重，其遭際爲獨幸焉。

# 清史稿卷四百十八

## 列傳二百五

### 袁甲三 子保恆　毛昶熙

袁甲三，字午橋，河南項城人。道光十五年進士，授禮部主事，充軍機章京，累遷郎中。三十年，遷御史、給事中，疏劾廣西巡撫鄭祖琛慈柔釀亂，又劾江西巡撫陳阡賄賂交通，皆罷之。戶部復捐例，疏請收回成命。咸豐元年，粵匪起，南河豐北決口，上疏極論時事，皆切中利弊。二年，粵匪竄湖南，疏言：「總督程矞采爲守土之臣，責無旁貸。若復令賽尚阿持節移軍，誠恐諉過爭功，互相掣肘。請命賽尚阿回京，專責程矞采便宜行事，如有疏虞，按律定罪。」並言：「湖北巡撫龔裕聞賊入境，託疾乞休，尤宜嚴懲，以昭炯戒。」又列款奏劾定郡王載銓賣弄橫勢，擅作威福，及刑部侍郎書元貪鄙險詐，諂事載銓狀，詔詰載銓所收門生實據，疏請飭呈出所繪息肩圖，事皆得實。載銓坐罰王俸，奪領侍衞大臣兼官，書元及尙書恆春降調，題圖者降謫罰俸有差。於是直聲震中外。

三年，命赴安徽佐侍郎呂賢基軍務。粵匪陷鳳陽府，踞明淮關，煽動土匪，連陷蒙城、懷遠。甲三至軍，疏言：「賊勢未遽北犯，請飭諸臣勿涉張皇，急圖制賊。」命權廬鳳道。漢、回相鬩，圍潁州，遣兵解散，誅首亂，事卽定。會漕運總督周天爵卒於亳州，命代領其軍。時土匪合五十八捻爲一，勢甚張。甲三至王市集，收散勇，整民團，擊賊高公廟，破之，加三品卿銜。命署布政使，疏辭不赴，請專治兵事，允之；命專剿捻匪，破賊標里鋪，擒其渠鄧大俊。鄉團先後擒獻者二千餘，悉置之法。

十月，粵匪由安慶竄踞桐城，尋陷舒城，呂賢基死之。上命移軍桐城，甲三疏言：「捻首張茂踞懷、蒙間，窺廬郡，請先赴蒙、亳爲諸郡聲援。」時捻匪麕聚雉河集，甲三令縣丞徐曉峯擊破之，擒賊渠孫重倫。分兵擊敗臨湖鋪竄匪，擒賊渠宮步雲、馬九，並其目數十人。令遊擊錢朝舉、知縣米鎭攻懷遠，大破之，張茂負傷遁。十二月，賊陷廬州，巡撫江忠源戰歿。甲三劾陝甘總督舒興阿擁兵坐視，褫其職；並請撥兵防壽州、六安以杜旁擾。

四年二月，粵匪陷六安，竄蒙城，甲三進擣蒙城。賊走永城，甲三恐其趨宿、徐，阻糧道，急躡之，賊已濟河，不及而還。賊尋復南竄，連敗之潁州、正陽關，餘賊退六安。還軍蒙、亳剿捻匪，擣臨湖鋪，進偪雉河集。賊空巢誘官軍，甲三偵知，盡泊船南岸，令知州張家駒陣河干，參將朱連泰、李成虎敗賊馬家樓，迫之渦河，殲賊殆盡，遂破義門集，捻首張捷三遁去。

甲三移屯臨淮，地數被兵，比戶凋敝。既至，討軍實，撫殘黎，衆皆樂爲之用，超擢左副都御史。疏言：「皖軍以克復廬州爲急，宜出偏師赴南路斷賊接濟。」尋以賊陷和州，窺江浦，將北竄。分遣將扼關山，赴滁河鳩團練爲聲援。十月，北路捻匪復熾，令張家駒、朱連泰率軍破之於寺覺集。粵匪踞烏江，令廬鳳道張吉第擊敗之。賊夜結五壘於駐馬河，乘其初至薄之，殲擒甚衆。令參將劉玉豹、舉人臧紆青規桐城，連奪大小關，擊走廬江援賊。紆青戰甚銳，進攻桐城西門，賊由安慶、潛山來援，城賊出應之，紆青戰死，玉豹收餘衆退保六安。

五年，疏陳軍事，略曰：「北路以臨淮爲要，正陽次之。臣駐臨淮，牛鑑扼正陽，以防賊北渡。廬州爲中路，和春、福濟師老力疲，久攻不下。西路蘄、黃無處非賊，兵力過單。東路沿江鍼魚嘴、西梁山，賊船賊壘，來去無常。張光第等分軍進攻，然無水師夾擊，終難收效。目下悍賊力爭江路，羣聚上游，廬州有機可乘，請益厚兵力，分扼廬城東南，或增兵並剿舒、巢，俾其應接不暇，庶可一鼓而下。」

時淮北官吏，甲三欲有更調，和春、福濟意不合，甲三專奏，詔仍飭會銜。於是和春、福濟疏劾甲三堅執己見，並劾其株守臨淮，粉飾軍情，擅裁餉銀，冒銷肥己。召回京，部議褫職。甲三呈訴被誣，下兩江總督按治，事得白。甲三在淮北得軍民心，其去也，軍民泣留者塞道。未幾，捻首張洛行勾結皖、豫諸捻，勢益熾。懷遠民胡文忠鬻子女，徒步京師，控都察院求以甲三回鎮，格不達，懷狀自縊。言官孫觀、曹登庸、宗稷辰先後疏請起用；疆臣怡良、吉爾杭阿、何桂清亦交章論薦。

六年二月，命隨同英桂剿捻河南。甲三赴歸德，招集舊部，三戰三捷，進解亳州之圍，毀白龍王廟砦，破燕家小樓賊數萬，直搗雉河集，擒蘇天福，洛行僅身免，特詔嘉獎，命以三品京堂候補。洛行尋復糾黨犯潁州，擊走之，又踞雉河集。七年，平王、鄧、宋、姚諸圩，誅捻渠李寅等百餘人，授太僕寺卿，賜花翎。勝保督師攻張洛行於正陽關，久不下，奏請甲三合剿，令部將朱連泰、史榮椿攻韓圩，克之。八年，偕勝保解固始之圍，復六安。史榮椿破捻匪於銅山，斬其渠孫大旺。移軍宿州，襲賊王家圩，誅賊首王紹堂等，乘勝復七圩。七月，命代勝保督辦三省剿匪事宜。張洛行方踞陳家莊，擊走之，分兵復豐縣。未幾，蒙、亳諸捻入歸德，窺周家口，甲三令子保恆偕總兵傅振邦馳援。賊遽趨西北，偪開封，振邦追賊，及之太和李興集。保恆集團勇扼橋口，馬步合擊，大破之，殲斃數千，逐賊出河南境，賜號伊勒圖巴圖魯。疏言：「兵分則勢孤，合則勢盛。捻匪踞地千餘里，臣兵不過數千，不能制賊死命。請敕各督撫合力大舉，為掃穴擒渠之計。」

九年正月，擊張洛行於草溝，破其巢，追至沱河，多溺水死，復擊之雙渡口，洛行泅水免。勝保與甲三意不合，屢疏詆之，詔斥「甲三督剿半載，但防徐、宿，不擣賊巢，日久無效」。召回京，入覲，面陳軍事。四月，命署漕運總督。尋勝保以母憂歸，命署欽差大臣，督辦安徽軍務，實授漕運總督。進攻臨淮關，軍南岸，斷其糧道，降捻内應，斬關而入，生擒賊首顧大隴等，遂克之。

十年，進規鳳陽，屢戰皆捷。鄧正明以府城乞降，張元隆猶據縣城，誘出誅之，並誅悍賊三百餘人。未匝月，拔兩城，詔嘉調度有方，賜黄馬褂，命其子保恆赴軍差遣。

捻匪陷清江浦，窺淮安，令道員張學醇擊走之，乘勝復全椒。粵匪陳玉成來援，分擾滁州，令李世忠夾擊走之。是時江北無統帥，揚州叛將薛成良擁衆剽掠，亟發舟師扼高、寶諸湖。成良走依李世忠，甲三責以大義，卽縛獻成良，斬之以徇。令保恆合總兵張得勝、副都統花尙阿各軍圍定遠，陳玉成糾衆來援，會合捻匪撲鳳陽，據九華諸山，連營數十里。城中食且盡，甲三令參將黄國瑞潛率鋭卒四百夜薄九華山，躍入壘，城上發礮應之，賊大亂，棄營走，圍乃解。

是年秋，英法聯軍入京師，車駕幸熱河，甲三請率兵入衞，詔以臨淮爲南北筦鑰，止勿行。和議定，條上四事，曰：愼采納，節糜費，精訓練，選將才，下所司議行。復疏請還京，泰西諸國欲助兵討賊，甲三力陳非策，皆報聞。十一年，張洛行屯聚渦河北，令李世忠擊走之。

練總苗沛霖者，鳳臺諸生，健猾爲閭里雄。以團練功累擢川北道，加布政使銜，然不冠服，令其下稱「先生」。所平賊圩輒置長，收其田租。緣道設關隘，壟斷公私。渦河、澮、潁之間，跋扈自恣。甲三屢羈縻之，用以牽制捻匪。勝保尤信用沛霖，沛霖亦深與結納，內懷反側，憚威不敢猝發。至是藉口其練勇被害，據懷遠，圍壽州，巡撫翁同書爲所劫持，殺壽州團練徐立壯；囚孫家泰，亦自盡，而壽州之圍仍不撤；遣其黨苟憬開犯河南，受粵匪封職，令練衆蓄髮，四出擾掠。於是詔褫沛霖職，命甲三會諸軍進勦，同書罷去，賈臻代署巡撫，復於潁州被圍。會張洛行大舉渡淮，甲三移軍擊之，洛行敗走。甲三屯長淮衞，解散沛霖屬圩二百餘處。十一月，保恆偕總兵張得勝等克定遠，粵匪遁走，進拔六合、天長。

同治元年，會克江浦、浦口，移軍會多隆阿軍攻廬州，克之。陳玉成走壽州投苗沛霖，執送勝保軍，誅之。於是勝保爲沛霖乞恩免罪，責勦捻自効，佯奉命而倔僵如故。甲三策沛霖終爲患，疏陳大勢，先勦羣捻，次沛霖。薦李續宜撫皖，而自移師會僧格林沁軍擊捻匪，上報可。尋以病劇乞罷，允之。前因壽州失陷，部議革職，特詔寬免。

既受代，行至歸德，疏陳四事，請崇聖學；議政親臣專心國事；用人宜審；聽言宜斷：上嘉納之。復奏苗練終難就撫。二年春，沛霖復叛，圍蒙城，羣捻助之，詔甲三在籍會籌防剿。臨淮軍苦飢乏，甲三奉命急籌接濟，乃倡捐募敢死士出間道，運至蒙城。捻匪兩犯陳州，甲三病已亟，榻前授將吏方略，擊走之。尋卒，優詔賜卹，謚端敏。擢其子保恆侍講學士，保齡內閣中書。陳州、臨淮、淮安幷建專祠。後淮安請祀名宦，河南請祀鄉賢。

子保恆，字小午，道光三十年進士，選庶吉士，授編修。從父軍中，咸豐五年，詔允留軍差遣。七年，從解亳州圍，拔白龍王廟、寺兒集、雉河集賊壘，進攻三圩，戰最力。勝保以聞，加侍講銜，賜花翎。八年，會攻懷遠捻首李大喜，奪其輜重，又大破孫葵心、劉狗於太和，賜號伊勒圖巴圖魯。九年，甲三罷軍事，保恆回京供職。十年，復命保恆赴甲三軍，破賊定遠，幫辦軍務穆騰阿上其功，甲三力辭，上諭甲三不必引嫌。十一年，破苗沛霖黨張士端於懷遠，會克定遠。同治元年，連擢侍講、侍讀、庶子。甲三以病解職，命保恆仍留軍。尋丁繼母憂，歸。二年，從甲三督治陳州團防。甲三尋卒，卹典推恩，命保恆以侍講學士即補。

淮北初平，保恆疏陳善後八策，請以逆產、絕產募民屯墾，整頓兩淮鹽務，以濟屯田經費；又密陳李世忠驕恣難制，請加裁抑。三年，保恆以屯田議未卽行，請詣京與廷臣面議。詔斥不諳體制，下部議降一級，以鴻臚寺少卿候補。服闋赴京，廷臣交薦其才。七年，捻匪犯畿輔，保恆自請効力戎行，命赴李鴻章軍委用。捻平，加三品銜，授侍講學士。從陝甘總督左宗棠赴陝西，八年，命筦西征糧臺，許專摺奏事。十一年，遷詹事。肅州克復，加頭品頂戴。十三年，連擢內閣學士、戶部侍郎。保恆督餉凡五載，諸軍欠餉糾轕，騰挪無缺。及大軍出關，詔襄辦左宗棠轉餉事，進駐肅州。保恆請入覲，未許。光緒元年，召回京，兼署吏部侍郎。二年，調刑部侍郎。

保恆久歷兵間，審於世變，屢上疏論時事，請辨人材，厲士氣，收人心，言甚切直。又言：「歷觀各國情形，惟俄爲最强最狡，往往不動聲色，布局於十數年以前，肆毒於十數年以後。履霜有象，桑土宜先。伏願特簡久經戰陣熟習韜略之治兵重臣，專辦東三省練兵事務。凡屬兵馬餉糈邊防之事，悉以屬之。重以事權，寬以歲月，無事則可消覬覦之萌，有事則可爲撻伐之助。用以拱衞神京，懾服他族。根本至計，未可委之一二不相統轄之武臣，謂可威强鄰而彌外患也。福建之臺灣，僻處海澨，物產豐饒，民、番逼處。非專駐大臣，鎭以重兵，孚以威信，舉民風、吏治、營制、鄉團，事事實力整頓，未易爲功。若以福建巡撫每歲半載駐臺，恐閩中全省之政務，道路懸隔，而轉就抛荒。臺灣甫定之規模，去住無常，而終爲具文。請改福建巡撫爲臺灣巡撫，駐臺灣，而以總督辦福建全省事，各專責成。」疏入，下部議行。

三年，河南大旱，命保恆襄辦賑務。既至，疏陳沿途流民狀，先令州縣停徵。四年，奏請截留江南漕糧九萬石，不許；請借直隸平糶餘米三萬石，許之。又請借用江蘇義倉積穀及臺灣捐修鐵路洋銀五十萬圓，下部議，令籌歸還之法。保恆請緩禁川鹽行楚，加抽鹽釐，備抵賑需，爲兩全之計。疏入，仍下部議。保恆查賑所至，屏絕供張，服食粗糲，刊賑章二十二則頒行，就孔道設粥廠，就食省城者凡十餘萬人，棲息得所。時親視察，感疫病卒，優詔賜卹，謚文誠。河南省城建專祠，附祀陳州、臨淮甲三祠。

毛昶熙，字旭初，河南武陟人。父樹棠，官至戶部侍郎。昶熙，道光二十五年進士，選庶吉士，授檢討。咸豐五年，遷御史，轉給事中。屢上疏論軍事吏治，劾步軍統領聯順徇私廢法，罷之，甚負清望。八年，授順天府丞，胡林翼密疏薦之。十年，加左副都御史銜，命督辦河南團練，至則規畫全局，定條規十二事：築堡寨，扼要隘，擇首事，選團丁，籌公費，互救援，定約束，申號令，公賞罰，詰奸宄，旌忠義，而終之以實力奉行；并疏陳調練民勇苦累之弊，亟宜改辦鄉團，以紓民力。尋命督辦剿匪事宜，駐軍歸德。亳州捻匪犯鹿邑，督練勇擊走之，分路馳剿，九戰皆捷。

十一年，疏言：「捻騎逾萬，官軍馬隊過單，皖、豫交界之區，皆平原曠野，步隊無以制賊死命。今豫境修築寨堡，已有成效，應責令寨長各選壯丁一名、馬一匹，投効來營。歸、陳兩屬，約可得馬隊三四百名。」上命推廣其法行之。捻匪偪省城，圍通許，昶熙檄軍援之，圍立解。因疏言：「軍令不一，將士無所適從，宜會合撫臣以一事權。」上命巡撫嚴樹森督辦河南剿匪事宜，昶熙副之，仍兼辦團練。三月，克唐縣。捻匪趙國良犯光州，陳大喜犯汝陽，幷擊走之。尋以誤用逃犯李占標，降三級調用，暫免開缺。大河以南府、廳、州、縣團練皆成立，屢敗賊，詔開復處分。連擢順天府尹、太僕寺卿、內閣學士，仍留軍。

穆宗卽位，昶熙請謁文宗梓宮，面陳機要，未許，命以軍事密疏入告。疏上制捻要策，略曰：「年來剿捻未得要領，其誤有二：一在專言防堵。潁、徐、歸、陳，平原千里，無險可扼，捻數路同發，分而愈多。官軍分堵則兵單，合堵則力疏，猶之院無牆垣，徒守門戶，不能遏盜也。一在無成算而輕戰。賊衆數倍於我，馬則十倍過之。我無必勝之術，僥倖一戰，一旦敗潰，賊燄愈張。至會師擣老巢，實爲平賊要策。皖捻雖以張洛行爲主，而陳、宋、潁、壽、淮、徐方數百里，無處非賊巢，卽無處無賊首。官軍卽能次第掃除，勢難刻期淨盡。若繞過小捻，徑擣大捻老巢，舍近攻遠，而近賊襲我於後，我必不支，此會擣老巢之難遽奏效也。然捻匪與粵匪不同，粵匪蠭屯蟻聚，其勢合；捻匪散處各圩，其勢分。其出竄也，必須裝旗糾合各圩賊目，約期會舉，常十餘日始得出。其竄山東者，每會於保安山、龍山；竄汴梁者，會於小奈集、大寺集；竄陳州者，會於南十字河、張信溜：地皆偪近亳州，亳州者，賊之吭也。計莫若擇重臣素有威望者，統步隊數萬、馬隊數千，屯軍於此。用伍員多方誤楚之法，分所部爲數起，此歸彼出，此出彼歸，循環馳突於各捻賊圩之間，使大捻無從勾結，小捻聲息不通，惴惴焉日防官兵之至，自不能裝旗出竄，四出打糧。俟其飢困，然後以重兵次第圍剿。賊無外援，則小股膽落，大股易平，招撫兼施，立可解散，不必盡煩兵力矣。夫防賊於既出之後，何如遏賊於未出之先？剿賊於既聚之餘，何如蹙賊以難聚之勢？而又無勞師襲遠之危、輕進損威之失，所謂不戰而屈人之兵者是也。今日大計，以衞畿輔固根本爲先。豫東者，畿輔之門戶也。亳州者，豫東之賊源也。亳州之賊不除，則豫東之匪難絕，卽畿輔之地不安。重兵駐豫，不能兼顧東省，駐東亦不能兼顧豫防。惟亳爲諸捻匯處之區，拔本塞源，實在於此。且蒙、亳百姓，祇以偪處賊巢，呼訴無門，不得不苟全性命，非盡甘心爲逆也。若官軍聲勢一振，隨撫隨剿，不但忠義良民同心殺賊，卽附賊之堡寨，亦相率就撫，輔助官兵。彼久經兵革之地，人習戰爭，附賊則爲悍賊，反正則爲勁兵，奪賊燄而益軍威，計無便於此者。前勝保、袁甲三累獲大勝，皆由屯駐亳州，扼其要害，幷賴關保、德楞額馬隊之力，是以所向有功。前事不遠，可爲劵證。」奏入，上韙之。

時粵、捻合擾潁州，命昶熙出境會剿。昶熙兵僅五千，且無馬隊，疏請調總兵李續燾等募精壯六千來豫，以厚兵力，如所請行。上復敕西安將軍托明阿選西安馬隊一千赴豫。

同治元年春，亳捻劉大淵糾黨趨河南，昶熙在省聞警，馳至杞縣，賊已圍城，會僧格林沁軍自山東進至，敗賊許岡，昶熙會所部合擊之，克復所占民圩，斬馘逾萬，餘賊引去。檄諸路團勇截殺之，還駐歸德，扼賊歸路。四月，會同僧軍合擊金樓教匪楊玉驄，盡殲其衆，授禮部侍郎，仍命督團勦賊，歸僧格林沁節制。赴汝寧督兵團勦陳大喜諸匪，克正陽，收寨、圩多處。二年，誅賊首張鳳林、張福林，克邢集、尚店賊巢，陳大喜竄湖北，汝寧、陳州所屬踞賊，殲除殆盡。調吏部。亳捻犯陳州，爲官軍所扼擊，四竄。昶熙屯鹿邑，盡平亳北賊寨。

是年冬，苗沛霖伏誅，淮北肅清。詔：「昶熙部勇原助兵力所不足，今兵力足敷應用，飭散遣歸農。」命昶熙回京供職。會陳大喜勾結苗練餘黨趨汝南，陷正陽、信陽、新蔡、息縣各民寨，乃暫留勦賊。三年，進屯息縣，擒誅捻首趙國良、徐文田十餘名，盡復諸寨。十一月，僧格林沁敗陳大喜、張總愚於光山，賊西竄，偪南陽。昶熙調張曜回屯唐縣，知府湯聘珍扼宛南。四年，僧格林沁戰歿曹州，諸軍幷被譴，坐革職留任，詔回京。六年，調戶部。七年，擢左都御史，兼署工部尚書。

時捻匪戡定，疏陳軍務漸平，宜益思寅畏，略曰：「功成而喜者，常人之同情；功成而懼者，聖人之遠慮。今日巨寇甫平，兵戈未息，滇、黔、秦、隴，烽火驚心；皖、豫、直、東，瘡痍滿目。戡亂安民，一一尙煩宸慮，敬肆之機，間不容髮。萬一大捷之餘，偶忘乾惕，則患機之萌，恐有伏於無形者。今之所急：一在勤聖學。皇上春秋鼎盛，典學日新。但恐親師講學，爲時無多，還宮之後，左右近習，或以功業日盛，間進諛詞，意氣漸盈，懋修或懈。昔宋莊獻皇后臨朝，仁宗聽內侍之言，欲觀寶玩，莊獻太后爲言祖宗創業之艱。臣亦伏願皇太后於皇上還宮之餘，殷殷以時事艱難，勤加啓迪。至於近侍，尤宜擇老成有識之人，服事起居，將見養正之功，日臻堅定矣。一在崇節儉。今寇亂雖平，而流離之民，未盡歸農，荒蕪之田，尙多未墾。非力加撙節，不足以廣積儲而備緩急。臣前管三庫事務，見內務府借撥部庫銀兩，逐歲加增。竊恐中原底定，踵事增華，財源未開，財流不節，度支告匱，爲患匪輕。伏願皇太后、皇上崇尙節儉，爲天下先。一切不急之務，可罷則罷之，可緩則緩之，庶國用可充，而風俗亦漸歸質厚矣。一在飭吏治。髮、捻之禍，實由不肖州縣所激而成。正供之外，百計誅求；私派私罰，自營囊橐，以致民氣不伸，釀成巨患。用兵以來，此風尤甚。卽如釐金一項，奉行不善，百弊叢生。病商病民，莫此爲甚。今日之封疆大吏，以地方多事，喜用精明强幹之員，而不求愷悌循良之吏。斯民元氣，剝削愈甚，其禍遂不可勝言。今東南初定，畿甸甫清，兵燹遺黎，不堪再擾。應令各省督撫愼選良吏，與民休息，以復富庶之舊。一在固根本。陜西回逆、土匪，麕聚北山，現聞大軍乘勝西征，恐至窮而思竄。其或由晉省撲河，或由草地北擾宣、大，畿輔兵單地廣，在在須防。直隸提督劉銘傳謀勇兼優，應令迅回本任，並帶所部萬人，留直屯守，以壯聲威。並將綠營兵丁，練成勁旅，庶諸賊不敢萌心北擾，而諸將亦得專意西征矣。」疏入，上嘉其言剴切，優詔答之。

八年，授工部尙書，命在總理各國事務衙門行走。九年，天津民、教搆釁，命偕直隸總督曾國藩按治，暫署三口通商大臣。事定回京，請裁歸總督兼理，從之。十一年，調吏部。十二年，上謁東陵，命留京辦事。十三年，兼翰林院掌院學士。光緒四年，丁母憂，服闋，命仍在總理各國事務衙門行走，兼翰林院掌院學士。八年，授兵部尙書。尋卒，優詔賜卹，贈太子少保，謚文達。

昶熙屢掌文衡，兩典會試，凡朝、殿考試，閱卷歷二十餘次，士論歸之。

論曰：袁甲三、毛昶熙並以謇諤著聲，出膺軍寄。甲三孤軍支拄淮壖，與捻事相終始，驕帥傾排，狡寇反覆，卒能保障巖疆，其堅毅不可及也。昶熙事權未專，同時疆吏非辦賊才，補苴之功，亦不可沒。所陳平捻方略，具得要領。賊平之後，懃懃以寅畏納諫，老成謀國，於斯見之。保恆濟美戎行，立朝侃侃，家英國幹，蘧有風規已。

# 清史稿卷四百十九

## 列傳二百六

### 劉長佑　劉嶽昭　岑毓英 弟毓寶

劉長佑，字印渠，湖南新寧人。道光二十九年拔貢。與同縣江忠源友。咸豐二年，忠源率鄉勇赴廣西助剿，長佑從。粵匪自桂林走湖南，忠源破之於蓑衣渡，長佑有贊畫功，獎敍教諭。又從破瀏陽徵義堂會匪，擢知縣。三年，平衡山土匪，擢同知直隸州。忠源援湖北，遇賊崇、通間，長佑自長沙馳援，戰於通城，大破之，自是獨領一軍。忠源守南昌，長佑偕羅澤南赴援，解吉安圍，分兵克泰和，擢知府。忠源殉廬州，長佑偕忠源弟忠濬率千人馳援弗及，大憤，誓滅賊。

五年，江忠淑剿東安賊不利，駱秉章以長佑兼統其衆，所部始盛。克東安，追破之新寧。六年，復郴州，擢道員。江西賊方熾，秉章奏以長佑率蕭啓江等諸軍赴援，克萍鄉，加按察使銜。遣啓江復萬載，進圍袁州，屢擊敗援賊。十一月，降賊李能通爲內應，克袁州。七年二月，進屯太平墟。賊由吉安大舉來襲，列陣二十餘里，以驍騎衝突，將士多死亡，全軍敗潰。長佑下馬引佩刀欲自裁，營務處劉坤一擁之上馬，退保分宜。近縣士民爭運糧械濟之，潰卒皆來歸，軍勢復振。

進規臨江，八月，石達開自撫州率二十萬衆來援，總兵普承堯戰峽江不利，賊薄太平墟。長佑乘其營壘未定，約蕭啓江、田興恕合戰，江忠義、李明惠先陷陣，盧秀峰繞其後，縱擊，大破之，遂圍郡城。捷聞，詔嘉其奮勇，賜號齊普圖巴圖魯。十二月，克臨江，殲賊酋張發紀，加布政使銜。八年，長佑病歸，以劉坤一代統其衆，蕭啓江自爲一軍，合克新淦、崇仁，進克撫州。是年夏，長佑復至軍，屯建昌，迭敗賊於新城、金谿，賊入福建界。江西邊境肅清，記名遇江西道員缺簡放。

九年，回軍湖南剿郴、桂賊，解永州圍，記名以按察使題奏。石達開圍寶慶，長佑與李續宜分扼東西兩路，賊敗走，長佑追破之九罾橋、白楊埔、大臨橋、蘆洪司，遂竄廣西，陷興安、靈州，直撲桂林。長佑倍道赴援，賊不虞其驟至，走慶遠，追擊之，所向皆捷，授廣西按察使，逾月，擢布政使。攻柳州，拔之。

十年，擢廣西巡撫。四月，克慶遠，破達開於思恩，又破之興安，乃遁竄。時廣西土匪猶蔓延，大者踞郡縣，小者千百爲羣，倏兵倏賊。長佑涖任，整飭吏治，興練水師，匪氛漸戢。商貨流通，稅釐增倍。軍事餉事差能自固，不盡仰資鄰省。十一年，遣劉坤一剿柳州土匪，斬其渠伍聲揚，餘黨就撫。調水陸軍剿潯州艇匪，克府城，斬其渠陳開。貴州匪首黃金義投誠復叛，擒斬之。同治元年，長佑親赴潯州督防，分軍進剿，迭克要隘。尋擢兩廣總督，以所部楚軍付劉坤一接統，留剿廣西諸匪。

未幾，調直隸總督。時降捻張錫珠、宋景詩先後叛，畿輔騷動。二年春，長佑航海至天津，卽赴衡水督師。三月，破賊東鹿，殲張錫珠。命督辦直隸、山東、河南三省交界剿匪事宜。宋景詩踞劉貫寨、甘官屯，合山東軍攻之，以遲延降級留任。九月，破賊張秋鎭，殲賊目楊殿一，景詩逸走，乃罷軍。

四年，僧格林沁戰歿曹州，捻匪益熾，畿南戒嚴，長佑遣兵自開州至張秋扼河防。奉天馬賊入喜峰口，坐疏防議處。八月，捻匪竄山東濮、范南岸，長佑馳赴大名，擊走之。疏請直隸分練六軍，議定營制，加練二軍，下部議行。

六年，滄州梟匪張六等劫慶雲、鹽山、寧津、南皮四縣鹽場，山東教匪應之，保定、天津、河間三府屬皆騷動。長佑檄前藩司唐訓方屯齊河，臬司張樹聲屯張秋，防捻。自率兵剿捕鹽梟，賊乘虛北走，過滹沱河，衆增至千餘，竄擾涿州、固安、永淸、霸州，逼近京師，詔褫長佑職，以大學士官文代之。命下數日而梟匪平，予三品頂戴，率所部回籍。尋東捻平，詔念前勞，晉二品頂戴。

十年，起授廣東巡撫，尋調廣西。初，奸民出關劫掠越南，官兵不能制。悍酋吳終伏誅，而蘇國漢復起。九年，廣西提督馮子材進軍龍州，國漢旋乞撫於兩廣總督瑞麟，仍招納亡命，匪首鄧建新、曾亞日，分路肆擾。至是總兵劉玉成擒亞日於上林社，誅之。復會廣東軍攻克舊街，乘勝抵海寧，匪多散亡，國漢奔東興，亦就擒。長佑奏言：「論越南大局，則宜直擣河陽，一勞永逸。然河陽距關二千餘里，窮兵勞費，討捕爲難。今擬芟蕩海陽、太原，卽回師列戍，以固藩籬。庶可分助越之衆，協剿黔苗；抽出關之兵，先清土莽。」十月，副將陳得貴、遊擊李揚才克越南從化府，遂會劉玉成克通化、白通，破瓊山、北山匪巢。十一年正月，復敗匪於三星山，擒其酋何三等，餘黨悉平。長佑檄劉玉成暫屯鎮撫，咨越南國王遣兵換防，久之不至；又以營弁滋事，暴兵非計，七月，乃撤入關內，搜捕沿邊伏匪。

時匪酋黃崇英猶踞越南河陽，結白苗攻保樂，擾我鎮安邊。十二年春，長佑檄關內外軍擊走之，密奏：「越南貧弱，版章日蹙，法國蠶食於濱海，黎裔虎視於橫山，桶岡則白苗跳梁，嵩奔則黃酋雄踞。近聞其國君臣輸欵法人，黃崇英受職黎裔，雖係道聽之言，亦係意中之事。臣竊謂黎裔爲患，越南受之；法國爲患，不僅越南受之。今欲拯敝扶衰，必須大舉深入。若合兩粵之力，寬以數年之期，步步設防，節節進剿，庶交夷可期復振，而他族不至生心。否則惟有愼固邊防，嚴杜勾結而已。」是時防越諸軍尙八千人，長佑檄劉玉成引軍北還，以六營屯關外諸隘，四營屯歸順、龍州，令覃遠璡八營分駐關內。

十月，法人攻陷河內，黃崇英等乘機襲太原，潛與之通。山西奸民響應，北寧戒嚴。越南乞援，乃令劉玉成統十營進太原爲左軍，道員趙沃統十營分部鎭安爲右軍。法人尋與越南議和，黃崇英爲越將劉永福所敗，潛伏河陽，遣黨陳亞水攻保樂。十三年十月，長佑閱兵南寧，令趙沃、劉玉成進軍。光緒元年二月，趙沃右軍由龍闌渡河克同文，白苗棄巢遁，沃撫之爲助，遂攻底定、襄安，皆克之。劉玉成左軍敗賊白通，陣斬鄧志雄。崇英聞師至，嗾周建新拒左軍，陳亞水守猛法，自當右軍，憑險拒守。五月，沃軍克淰台，直薄河陽，崇英敗走。右軍復敗陸之平援衆，進攻猛法。陳亞水惶懼，乞爲內應，河陽、安邊同日降。崇英遁走，捕獲誅之。劉玉成左軍亦克通化、白通，斬周建新，合攻者巖，克之。陸之平遁，宣光、金沙江上下肅淸。凱撤入關。

擢雲貴總督，二年，抵任。先是，滇邊野番殺英人馬加理，爲交涉鉅案，及議定，允於雲南設埠通商。詔下其議，長佑疏言：「雲南山川深阻，種人獷悍成性，剽掠行旅。本地紳練，恃衆橫行，挾制官長。上下猜忌，法令不行。萬一防護不及，致有同於前案，或更甚於前案，其有害於雲南一隅猶小，其有撓於中夏全局甚大。且洋人知前案難辦，有免其既往之議；知後患難防，有保其將來之議。臣恐滇省官民，於已往者不以爲倖免，而以爲得計；將來者不引爲前鑒，或敢於效尤。洋人通商，意在圖利，亦斷無不思遠害之理。應俟三五年內外官民稍稍安定，遣員商辦。」長佑以滇事漸定，屢疏引病乞罷，優詔慰留。

四年，騰越徼外土目耿榮高等攻陷耿馬，長佑遣將討之，榮高降；又剿平臨安、開化、廣南土匪。初，騰越蘇關先之亂，其黨劉寶玉逃之野山。野山在滇、緬之交，其夷自爲君長，不隸羈屬。劉寶玉糾野貫十三種及盞達僊夷伏羅坤山，時出劫掠。會緬甸遣官詣騰越，持圖說約由野山通道列戍。長佑檄熊昭鏡赴騰越，召諸土司、野貫申禁約，誘誅寶玉於千崖，諸野夷皆解散。

七年，法兵窺越南東京，詔滇、粵備邊。長佑疏言：「法人自據嘉定以來，越南四境皆有商埠、教堂，脅其君臣，漁其財力。取越與否，非有甚異。其所以處心積慮，乃在通商雲南。與其既失越境，爲守邊之計，不若乘其始動，爲弭釁之謀。滇、粵三省，與越接壤，東西幾二千里，要害與共，勞費殊甚。若自三江口以至海陽，東西僅數百里，以中國兵力爲之禦敵，兵聚而力省。以視防守滇、粵邊境，勞逸懸殊。請以廣西兵二萬爲中路，廣東、雲南各以萬人相犄角。廣東之兵自欽、連而入，雲南之兵出洮江而東。別以輪船守廣東順化港口，斷其首尾，法人必無自全之理。」又力言劉永福可禦敵，請密諭越王給其兵食。疏入，詔下廷議。

八年，法兵陷東京，越匪紛起，廣西援兵至太原，長佑檄道員沈壽榕率軍出關，與為聲援。長佑屢以病乞罷，慰留未許。八月，入覲，予假兩月，九年，乃許開缺回籍。尋坐雲南報銷失察，降三級。十三年，卒於家。詔念前功，嘉其端謹老成，開復處分，仍依總督例議卹，諡武愼。廣西、雲南、湖南並立專祠。

劉嶽昭，字藎臣，湖南湘鄉人。以文童投効湘軍。咸豐六年，從蕭啓江援江西，轉戰積功，累擢以知縣用。啓江器其才，使領果後營。七年，破賊高安鶯哥嶺，連拔彭家村賊巢。進攻臨江，擊敗援賊於太平墟。尋克臨江府城，擢同知。八年，從剿撫州賊，大捷於何家村、香溪諸處。崇仁賊踞白陂墟，又破之。由上頓渡進偪撫州，賊開東門逸，復其城，擢知府，賜花翎。九年，援南康，克新城墟，進擣池江。前軍潰，嶽昭殿後，斃賊甚衆，克南安，援信豐，解其圍，加道員銜。石達開由江西擁衆犯湖南，嶽昭移軍茶陵備之，而賊已趨寶慶，奉檄馳援。至柳家橋，遏東路，賊六萬餘撲營，嶽昭偕副將余星元、楊恆升等鏖戰三日，斃賊數千，援軍大集，賊解圍而遁。是役嶽昭戰最力，名始顯。

十年，屯江華，賊酋陳金剛踞廣西賀縣，阻山爲固，嶽昭招降其黨。進拔蓮塘縣，破河東街賊屯，合蔣益澧軍克縣城，以道員記名，加按察使銜。是年冬，連破竄匪於道州、宜章，湘境肅清，賜號鼓勇巴圖魯。

十一年，駱秉章赴四川督師，疏請嶽昭率所部從行。中途聞粵匪陳玉成犯湖北，陷隨州，秉章令嶽昭回軍赴援，會諸軍克之，以按察使記名。石達開由龍山犯宣恩，窺伺施南，嶽昭迎擊走之。而黔匪陷來鳳，同治元年春，嶽昭進軍克其城，分軍截剿，迭捷於散毛河、白蘭壩兩河口，抵黑洞，斬馘尤多。石達開竄四川，圍涪州，嶽昭會知府唐炯、副將唐有耕破之仰天窩。渡江重慶截擊，解涪州圍。賊敗踞長寧，攻克之，復追敗之先市寨、得用壩、丁子場。賊尋踞敍州雙龍場，約降賊郭集益內應，破其營，殪賊近二萬。貴州巡撫張亮基疏薦其才，請擢用，二年，授雲南按察使；三年，遷布政使：皆未之任，留四川治軍。

駱秉章奏遣援黔，九月，克仁懷，連敗馬虩灘踞匪。四年，克正安，追賊至清溪河，斬其渠。五年，擢雲南巡撫，進規綏陽。天台山最爲城北險隘，列陣綴其前，從山後攻入，平其壘，投誠者三百餘寨。綏陽城賊吳元彪乞降，黔西北路始通。由溫水進剿，平綦竹山老巢，收降鐵匠坪、九倉壩及被脅巖洞二十餘處。六年，破沙窩踞賊，解大定圍。拔大屯朶壩賊壘，會滇軍平豬拱箐苗，又拔平遠牛場坉苗巢。黔西肅清。

七年，疏陳雲南軍事，命赴本任。尋擢雲貴總督，駐軍曲靖。進攻尋甸，破七星橋木城，扼文筆山、法鼓山要衝，剗平附近村莊賊壘。收復果馬，疊捷於塘子、張徐灣諸處。援賊大至，圍攻果馬，各營皆陷，革職留任。八年，解馬龍圍，進逼尋甸，賊首馬天順、李芳園乞撫，遂復其城。

雲南搶亂已久，各軍惟布政使岑毓英所部最强，而毓英素尙意氣，嶽昭開誠專任，調發進止悉聽之。毓英尋擢巡撫，和衷無牽制，軍事日有起色。九年，克麗江，復威遠、姚州，復永北、鶴慶、鎭南、鄧川、浪穹，拔鳳羽白米莊賊巢，平彌勒縣竹園踞匪。十年，平永善蠻匪，拔賓州賊巢，平香爐山積匪，連克河西之大東溝、小東溝及臨安之五山夷寨。十一年，復貴州興義新城，先後克永平、雲南及趙州、蒙化廳各城。攻大理上下兩關，復大理府城，誅大酋杜文秀，詔復原職。十二年，滇省肅清，賜黃馬褂，疏請陛見。

光緒元年，以入覲遷延，御史李廷簫劾其規避，下部議褫職。九年，卒。署湖南巡撫龐際雲疏陳：「嶽昭統兵十餘年，建功之地，黔屬爲多；任事之艱，雲南爲最：請復原官。」詔允之。

嶽昭之規尋甸也，杜文秀遣黨萬餘，戰不利。從弟嶽晙請嶽昭速還曲靖，以固根本。賊果分黨往襲，以有備不得逞。嶽晙守馬龍，賊圍之，伺懈出擊，走之。固守數月，練兵得三千人，會攻尋甸，破七星橋要隘，賊蹙乞降，猶懷反側，嶽晙率三十人入城，示以坦白，人心始定。次日，毓英兵亦至，服其膽略。嶽晙先以積功擢至道員，嶽昭至滇後，專任毓英滇軍，其舊部多遣去云。

岑毓英，字彥卿，廣西西林人。諸生。治鄉團，擊土匪，以功敍縣丞。咸豐六年，率勇赴雲南迤西助剿回匪。九年，克宜良，權縣事。十年，克路南，署州事，擢同知直隸州。進攻澂江，兼署知府。十一年，克澂江賊壘，破昆陽海口賊，迤西回匪連陷楚雄、廣通、祿豐，省城戒嚴。毓英赴援，同治元年，破賊大樹營。時總督張亮基引疾去，巡撫徐之銘主撫，回酋馬如龍通款，毓英往諭順逆，如龍獻所踞新興等八城，之銘奏以毓英攝布政使。尋以安撫功，加按察使銜，賜花翎。二年，回弁馬榮叛，戕總督潘鐸，毓英率所部粵勇一千，與弟毓寶等守藩署。之銘微服詣毓英，司道皆集，分兵守東、南門，密召馬如龍入援。如龍至，誅亂黨，馬榮跳走南寧，合馬聯陞踞曲靖八屬。詔嘉毓英守城功，擢道員。

率師西剿，復富民、安寧、羅次、高明、祿豐、武定、祿勸、廣通、陸涼、南安諸城，及黑、元、永三鹽井，進擣楚雄。會東路有警，之銘檄回省，分兵克霑益、平彝。赴楚雄督攻，克其城。進復大姚、雲南、趙州、賓川、鄧川、浪穹、鶴慶，分道進規大理上下關。三年，克定遠，圍攻鎮南，大破援賊於普棚。馬聯陞復陷雲益，犯馬龍，回軍破之於天生關。進攻曲靖，復馬龍、霑益。進克尋甸，擒馬榮、馬興才，克曲靖，擒馬聯陞，並誅之。尙書趙光疏呈滇紳公啓，言毓英所向有功，特詔嘉勉，下總督勞崇光據實保奏。四年，肅清迤東，加布政使銜，賜號勉勇巴圖魯。

西路自毓英軍移去，所克諸城多復陷，僅存楚雄未失。毓英駐軍曲靖，護省城運道。五年，命署布政使，勞崇光至是始至滇受事，奏以提督馬如龍專辦西路，令毓英督剿豬拱箐苗。豬拱箐隸貴州威寧州，與海馬姑相犄角，山溪阻深，苗酋陶新春、陶三春分據之。糾聚苗、教諸匪及粵匪石達開餘黨，凡十數萬人，迭擾滇之鎭雄、彝良、大關、昭通，黔之大定、黔西、威寧、畢節，且及川疆，三省會剿久無功。毓英上書駱秉章，謂權不一則軍不用命，願率滇軍獨任，期百二十日覆其巢，授迤西道，署布政使如故。

六年，擢布政使。二月，師抵豬拱箐，令張保和、林守懷領二千人，由大溜口出二龍關後，掩襲吳家屯，自督三千人攻關。賊傾巢出戰，關後礮發，賊回救，毓英揮軍夾擊，三隘皆下，遂奪吳家屯，擒斬數千。賊自海馬姑來援，截擊之，斬其酋，餘賊反奔。令蔡標、劉重慶分軍圍剿海馬姑，克紅巖、尖山，賊援乃斷，遂逼豬拱箐老巢。賊以巨石自山顚墜下，驅牛馬突營，將士多傷亡，毓英督軍搏戰，斬悍酋，賊始卻。於營前掘深坎，賊所發石盡陷坎內，誘降倮人，得賊虛實，選敢死士二千，塡壕以進，連破木城二，直擣其巢，縱火焚之，斬馘二萬，擒陶新春及其死黨，磔之，拔出男婦四萬餘人。乘勝合攻海馬姑，伏兵山前後，進毀賊壘三十餘，以噴筒環燒，擒陶三春及悍酋二百餘人，皆斬之，賊悉平。計自進兵至是，僅逾期四日，加頭品頂戴。

馬如龍剿迤西屢失利，勞崇光病歿，杜文秀大舉東犯，連陷二十餘城，省垣告急。是年冬，毓英自豬拱箐凱旋曲靖，先遣弟毓寶助省防。七年春，揚言師出陸涼，而取道宜涼、七甸，連破大小石壩、小板橋、古庭庵、金馬寺賊壘，進屯大樹營。馬如龍來會，人心始定。昆陽匪首楊震鵬夜渡昆明池襲省城，毓寶擊敗之，震鵬負創遁。進攻楊林，毓英鼻受槍傷，回軍省城，連破石虎關賊壘，擒賊渠李洪勳，擢授巡撫。附省賊壘猶繁，與之相持。總督劉嶽昭初至滇，由馬龍進剿尋甸，失利，賊勢復熾。

毓英疏陳軍事、餉事，略曰：「杜文秀竊踞迤西十有三載，根深蒂固。今擬三路進兵，一出迤南牽賊勢，一出三姚、永北斷賊援，大軍由楚雄、鎭南直擣中堅，使賊面面受敵，不能兼顧。臣選精銳六萬，更番戰守，既無停兵之時，亦免師老之患。兵勇無須外募，以本省兵剿本省賊，既習地利，復熟賊情。現在滇省兵勇鄉團已調集八萬有奇，擬俟附省逆壘肅清，認眞裁汰，選定精銳，以資得力。滇省綠營額設馬步兵三萬七千數百名，承平日久，訓練多疎，將不知兵，兵不知戰。倉卒有事，則募勇以代兵；餉需支絀，不能不後兵而先勇。於是兵丁愈困，營務益弛。通省營兵所存不及十一，臣擬卽此六萬人中，擇補營額，目前仍令隨征，事竣再飭歸伍。既有常業，自有恆心，責以成功，收效必速。滇省近年用兵，多藉鄉勇之力，擬按州縣之大小，定徵調之多寡，共編鄉勇四十營，分兩班隨營征討，餉銀仍由各地籌捐。兩年之內，迤西肅清，卽可裁撤歸農。滇省兵勇，向於餉銀之外，每名月支米三斗。現擬用兵六萬，每年共需米二十餘萬石，爲數甚鉅。歷年皆按成熟田畝酌抽釐穀，約十分取其一二，資助軍食，與川之津貼，黔之義穀，名異實同。今請照舊抽收，並將近年可徵地丁抽糧，全數改徵糧米，如不敷用，再行籌價採買接濟，一俟軍事肅清，分別裁止。滇省綠營官兵俸餉，有閏之年，需銀七十萬兩有奇，無閏需銀六十四萬數千兩。現既易勇爲兵，則餉銀較勇糧稍厚。倘因籌餉維艱，每月先給半餉，加以賞需軍火各費，約共需銀八萬兩。鹽課、地丁、釐稅之外，每月所短不過三四萬兩，應由外省協撥，較之向例協餉，有減無增。若發全餉，則每月應由外省撥銀六萬，較常例所增亦屬無幾。現在部臣指撥各省協滇軍餉，如浙江、廣東、江西，距滇較遠，籌撥起解，往返經年，緩難濟急。請飭改作京餉，另由川、楚等省應解京餉，改撥濟滇，兩無窒礙。至於選任鎭將，宜不拘資格，不惜情面，凡有能將三千兵以上，才當一面者，雖其名位尙卑，亦宜委署要職。其謀勇平常，僅止熟習營務，縱係實缺，另予差遣，勿使倖位。」疏入，下部如所議行。

八年春，賊酋楊榮率衆數萬踞楊林長坡，分黨踞小偏橋、十里鋪、羊芳凹、牛街、興福寺，省城大震。毓英督諸軍分剿，奪回小偏橋諸處，復連敗之於蕭家山、鸚鵡山，擒斬逾萬，剗除省東賊壘百餘。西北兩方賊仍負隅拒守，毓英令副將楊玉科、總兵李維述等規迤西，與騰越義兵約期並進。於是副將張保和等克富民、昆陽，總兵馬忠等克呈貢、晉寧、易門、澂江、祿豐，玉科等克武定、祿勸、元謀、羅次、定遠、大姚，維述等克廣通、楚雄、南安及黑琅、元水諸井。凡悍酋劇匪，擒斬殆盡，省城解嚴，被詔嘉獎。

九年，澂江回復叛，踞府城，毓英率軍往剿，圍其郛，十年二月，克之。並拔竹園、江那諸賊巢，迤西軍亦克麗江、劍川、永北、鶴慶、賓川、姚州、鎮南諸城。疏言：「滇省前事之誤，東南未定，遽議西征，屢致喪師失地。今通籌全局，必先掃蕩東南兩迤，然後全軍西上，方無後顧之憂。」

十一年，迤東、迤西兩路悉平，西軍亦先後克復永昌、鄧川、浪穹、趙州、雲南、永平、蒙化及上下兩關，而大理賊猶堅守，恃騰越、順寧互為應援。十一月，毓英親往督戰，先斷賊援，直薄城下，掘隧道，陷城垣數十丈，奪東南兩門入。賊守內城，晝夜環攻，守陴賊多死。杜文秀窮蹙服毒，其黨舁之出城詐降，斬首傳示，勒繳軍械，賊黨猶請緩期。毓英令楊玉科率壯士二百入城受降，布重兵城外夾擊之，斬酋目三百餘名，生擒楊榮、蔡廷棟、馬仲山，磔於市。大理肅清，賜黃馬褂，予騎都尉世職。十二年，順寧、雲州、騰越皆下，全滇底定，加太子少保，晉一等輕車都尉世職。

十三年，兼署雲貴總督。光緒二年，丁繼母憂。五年，服闋，授貴州巡撫，加兵部尚書銜。七年，調福建督辦臺灣防務，開山撫番，濬大甲溪，築臺北城。八年，署雲貴總督，九年，實授。

法越兵事起，自請出關赴前敵，屯興化。十年，命節制關外粵、楚各軍。會廣西軍潰於北寧、太原，毓英全師退屯保勝，以未奉命，降二級留任。七月，命進軍決戰，連復越南館司、鎮安、清波、夏和諸縣，屯館司關，規取河內諸省。令丁槐、何秀林攻宣光，以地雷毀其城，擒斬甚衆。十一年，京察，開復降級處分，令覃修綱攻克緬旺、清水、清山。法兵援宣光，掘地營延袤十餘里扼之。破法兵於臨洮府，奪梅枝關。連克不拔、廣威、永祥，進擣山西、河內，廣西軍亦收復諒山。越南興安、寧平、南定、興化、太原各省聞風響應。會和議成，詔班師。五月，回駐邊關。十二年，會勘邊界，兼署巡撫。十三年，剿順寧倮黑夷匪張登發，平之。十四年，京察，議敘。十五年，皇太后歸政，晉太子太保。尋卒，贈太子太傅，入祀賢良祠，雲南、貴州建專祠，謚襄勤。子春煊，官至四川總督。

弟毓寶，從毓英轉戰雲南，功最著，累擢道員，賜號額圖琿巴圖魯。光緒十年，出關援剿宣光、臨洮，旋克廣威府、不拔縣、梅枝關，賜黃馬褂。十四年，授福建鹽法道，擢雲南按察使，權布政使，護巡撫，兼護總督。二十一年，調貴州布政使，未行，復調雲南。毓寶勇於戰陣，不諳文法，御史溥松劾其護總督時，任用私人，政刑失當，坐奪職，卒於家。雲貴總督崧蕃疏陳毓寶戰功，詔復原官。

論曰：劉長佑樸誠廉毅，老於軍事，時病其失之慈柔。自言：「於是非邪正，不自欺以欺人。」非飾辭也。滇、粵籌邊，尤有遠見。劉嶽昭治滇，能屈己以聽岑毓英。毓英與滇事相終始，跋扈霸才，竟成戡定偉績，信乎識時之傑，能自樹立者已。

# 清史稿卷四百二十

## 列傳二百七

韓超　田興恕　曾璧光　席寶田

韓超，字南溪，直隸昌黎人。道光十四年，副貢。二十二年，天津治海防，超詣軍門獻策，事平，獎敍州判。尋以府經歷揀發貴州，歷署三角屯州同、獨山知州。獨山多盜，號難治。超募勇訓練，用土民爲嚮導，擒其渠。胡林翼守黎平，深倚重之，言之巡撫蔣霨遠，超由是知名。

咸豐元年，烏沙苗倡亂，超從林翼進剿，馳風雪中，先後斬獲數百人，餘黨悉平。論功，以知縣用。二年，署清江通判。知黔將亂，捐俸募勇士八十人，練成勁卒。四年，獨山土匪結粵匪內犯，超率兵練迎擊，分軍出賊後，攻其不備，擒賊首楊元保，復深入廣西南丹州境，擊諸匪平之，加同知銜，賜花翎。桐梓匪楊鳳竄永寧，合黔西匪王三扎巴連陷數城，圍遵義，超馳至，敗賊南關，陣斬王三扎巴，立解城圍。復追敗諸葛章司河，擒楊鳳斬之，餘黨盡殲，擢知府。五年，苗亂蔓延，超馳援台拱，解黃平、平越圍；轉戰至施秉、鎭遠，賊塹山斷道，以阻官軍。超以孤軍馳突其間，大小數十戰，補石阡知府。

超性剛直，有膽略，每與上官爭執是非，上官責以剿賊而靳其餉，饑師轉戰，往往求協助於鄰省。四川總督駱秉章、湖北巡撫胡林翼交章論薦，侍郎王茂蔭亦疏薦之，詔下巡撫問狀，以道員記名。九年，授貴州糧儲道。時苗、教各匪連陷諸郡縣，駐軍卭水汛，扼其中，使苗、教不得合，且遏其下竄湖南之路。賊出全力撲之，超約楚軍夾擊，賊大潰。剿思州響鼓坪，施秉土地坪，鎭遠金鼎堡、鋒巖堡、唐家營堡諸賊巢，擒賊目張東山、歐光義等，鎭遠所屬皆平。

民團舊以十戶養一壯丁，超因其意稍變通之，官募士而民輸糧；又籍叛產分授降衆、流人，以田代餉：行之二年，得兵三千人。自軍興，協餉不至，地方官吏爭抽取釐金以爲補助。超建議釐金統一，一抽之後，不復再抽，商無滯累，餉用差給。十年，命幫辦貴州剿匪事。十一年，署按察使。提督田興恕疏陳超前後戰功，加布政使銜，賜號武勇巴圖魯。詔予二品頂戴，署貴州巡撫。田興恕方以欽差大臣督辦軍務，超久在行間，亦以肅淸全黔爲己任。

同治元年，田興恕罷，乃命超辦理防剿事宜。時尙大坪、玉華山兩處爲賊巢，遵義、安順、思南、大定、銅仁、石阡諸府所在皆賊，五月，回匪陷興義，雲南叛回潰勇擾境，粵匪亦由川竄至正陽、廟堂並桐梓、松坎諸地。超令總兵吳安康進剿，用內應夜縱火攻破賊巢，擒匪首倪老帽斬之，出難民二千餘人。六月，閔家場踞賊糾集苗、敎諸黨偪江口，天柱匪首亦糾合土匪攻陷縣城，分股竄湖南晃州廳、高寨，陷卭水、青谿兩城，謀截楚軍糧道。超令總兵羅孝連、道員趙國澍進攻安順仲匪，夷其壘，擒斬賊酋韋登鳳等。尙大坪賊復約苗、敎分掠江內，超令孝連斷其歸路，國澍等馳軍迎擊，復令副將趙德元出冷水河、梯子巖進襲尙大坪，立破之，卭水汛城同時克復。進平玉華山賊巢，攻拔瓦寨，復天柱縣城，特詔嘉奬。道員鄧爾巽、總兵李有恆，破王家苗寨、夾馬洞諸賊巢，獲其酋李玉榮等。黃、白號，敎匪竄遵義，知府李德莪擊破之於三臺山，奪五里坎諸隘口。副將周宏順進攻石阡，毀老王𡎴賊巢，諸𡎴就撫。

石阡、銅仁苗匪攻毀鎭遠營壘，卭水戍軍亦潰，遂南掠松桃，北攻天柱。湖南援師至，賊始引去。詔斥超專恃援軍，有負疆寄。雲南方議撫回，巡撫徐之銘咨會停剿，而回匪益恣，竄陷安南、興義，分擾郎岱、永寧、歸化，詔原其誤信撫議，免議處。石達開自川回竄，分三路，一走遵義，一走黔西，一走桐梓。遣沈宏富、李有恆、余祖凱擊之。田興恕以敎案獲讀去官，黔軍益單。二年，乞病回籍。光緒四年，卒於家，年七十有九。詔念前功，賜卹，諡果靖。貴州請建專祠，並附祀胡林翼祠。

田興恕，字忠普，湖南鎮筸人。年十六，充行伍，隸鎮筸鎮標。咸豐二年，從守長沙。賊屯湘江西岸，軍中募敢死士夜驚賊營，興恕請行，夜浮小舟往，潛燔賊營，賊騎數百追之，泅水免。巡撫駱秉章奇之，委充哨官。五年，從克郴州。六年，領五百人號虎威營。從蕭啓江援江西，克萬載、袁州。七年，戰上高英岡嶺，深入被圍，左手受創，亡馬，步戰，他將馳救，得免。是役以少擊衆，斃賊千數。進攻臨江，掘地道轟城，先登，再被創，賊死拒未下。援賊大至，啓江議暫退，興恕不可，曰：「兵在精不在多，願爲前鋒。」率所部直貫賊陣，賊張左右翼圍之，後軍望見興恕旗指東麾西，賊皆披靡，夾擊，賊大敗竄走，遂復臨江。八年，克崇仁、樂安、宜黃、南豐，積功至副將，加總兵銜，賜號尙勇、摯勇兩巴圖魯。

貴州苗、教匪熾，黎平府被圍久。興恕奉檄赴援，至卽攻破賊營，連戰三日而圍解，進克古州、永從，署古州鎮總兵。九年，石達開圍寶慶，興恕率四千五百人赴援，扼九鞏橋，無日不戰，歷月餘，糧藥將罄，選死士欲以一戰決勝負，會李續宜援軍至，內外夾擊，燬附城營三，連日攻下，勢如破竹。達開竄廣西，遂移軍靖州防黔邊，命署貴州提督，督辦貴州軍務，增軍盈二萬。十年，道銅仁，取印江，分軍略思南、石阡，進克貓貓山賊巢。石達開由廣西入貴州，連陷數縣，省城大震。巡撫劉源灝趣赴援，興恕奏言：「黔省上游道路分歧，賊若以一軍擾黔，一軍入蜀，道遠兵單，斷難兼顧。已檄韓超防鎮遠，沈宏富守湄潭，劉義方進松桃，臣駐石阡，居中調度。賊如上竄，則親會川軍以攻之；竄楚，卽馳還靖州。」時興恕已實授提督，詔授欽差大臣，命援省城。師至，部署省防，督軍赴定番迎勦，賊棄城而走。

十一年，兼署巡撫。時回、仲、苗、教諸匪分擾，上下游幾無完土。興恕分兵援勦，戰屢捷。招撫匪首唐天佑、賈福保、陳大六、柳天成等，克復歸化、荔波、定番、廣順、獨山諸城，疏通驛路，軍威漸振。興恕年甫二十有四，驟膺疆寄，恃功而驕，又不諳文法，左右用事，屢被論劾，乃罷兼職，以韓超代之。

同治元年，罷欽差大臣。會法國教士文乃爾傳教入黔，因事齟齬，興恕惡其倔强，殺之，坐褫職，赴四川聽候查辦。經遵義旺超，值雲貴總督勞崇光爲賊所困。興恕驟馬衝入，大呼：「田某在此！」賊驚潰，翼崇光出。尋論罪遣戍新疆，行至甘肅，總督左宗棠奏請留防秦州。十二年，釋歸。光緒三年，卒於家。

曾璧光，字樞垣，四川洪雅人。道光三十年進士，選庶吉士，授編修，記名御史。入直上書房，授恭親王奕訢、醇郡王奕譞讀。咸豐九年，出爲貴州鎮遠知府。同治元年，署貴東道。二年，剿平銅仁踞賊蕭文魁，賜花翎。雲貴總督勞崇光薦其才，迭署糧道、按察使、布政使。

六年，予二品頂戴，署貴州巡撫。七年，實授。貴州地瘠亂久，北境接四川，東境接湖南，軍事悉倚鄰援，本省餉既艱窘，將多驕蹇。總兵林自清劾罷後，兆興義縣令，率所部萬人擾川境。八年，璧光密遣提督陳希祥擒斬之，令吳宗蘭剿青山餘匪，克普安、安南。時席寶田軍已由東路進規台拱，省城附近諸匪糅雜，出沒無常。九年，周達武調任貴州提督，率川軍至貴陽，漸次勘定。自軍興鄉試久停，至是年始補行，人心益定。與達武議增兵扼要駐守，令道員蹇誾破遵義賊，擒其酋吳三；令提督劉士奇克都匀，殪其酋吳章。

十年，令提督鍾有思等進剿上游，克永寧、威寧，下游諸軍擒悍賊潘得洪，收復八寨等城。又收復上江、下江、三脚各城，平上游鎭寧、歸化賊巢，殪永城踞賊侯大五，斬郎岱金家硐踞賊金大七，盤江北岸肅清。又破畢節、威寧諸匪，清八寨、三角餘賊，毀其巢。令總兵何世華擊斬安南賊酋潘幺，進克貞豐，西路悉平。十一年，周達武率所部會楚軍定苗疆，詔嘉調度有方，予優敍。

十二年，會滇軍克新城老巢，全省肅清，加太子少保、頭品頂戴，予雲騎尉世職。尋新城防軍索餉譁變，匪首何玉亭攻新城，遣其黨黎正關攻興義，分軍馳剿，捕誅其渠，事旋定。光緒元年，卒於官，追贈太子太保，依總督例賜卹，謚文誠。四川、貴州請建專祠。

席寶田，字研薌，湖南東安人。諸生。咸豐二年，率鄉團殺賊，復縣城，獎敍訓導。六年，劉長佑援江西，招參軍事，遂從轉戰，積功累擢同知直隸州。九年，石達開由廣西犯湖南，寶田從解寶慶圍，擢知府。十年，駱秉章令募千人號精毅營，防湖南邊。廣東賊犯郴州、桂陽，擊走之。同治元年，石達開復由廣西入境，連敗之於黔陽，克來鳳，以道員記名，加按察使銜。

二年，粵匪黃文金大舉犯江西，命提督江忠義赴援，寶田副之，戰饒州桃溪渡，大破之；又迭破之於湖口、洋塘、石門、青山橋，賊引去，趨池州，圍青陽。寶田襲石嶺，破賊卡，分軍遮其前，合水陸夾擊，文金遁走，遂解青陽圍，累功賜號業鏗額巴圖魯，加布政使銜。江忠義卒於軍，寶田代領其衆，留防江西。三年，李世賢、黃文金復合犯江西，將以遙掣江寧之師，寶田逆擊白沙關，奪梘橋要隘，鈔擊於大濟關、泥嶺關，賊竄山谷，復金谿，以按察使記名，授雲南按察使。

時楊岳斌初至江西督辦軍務，檄寶田援南豐，坐遷延被劾，降知府，留軍。會大軍克江寧，羣賊擁洪秀全子福瑱逸出，由開化犯玉山，走瀘溪，寶田邀擊於新城，進至石城楊家牌，擒洪仁玕、洪仁政、黃文英等。福瑱匿山谷中，捕得之，檻送南昌，伏誅。詔復寶田原官，予雲騎尉世職，賜黃馬褂，授貴州按察使。時餘賊汪海洋等走廣東，四年，寶田自平遠邀擊，降萬餘人，又扼鐵石嶺，降者二萬，諸軍合擊於嘉應州，全數蕩平。論功，江西軍以寶田爲第一，詔以布政使記名，遇缺題奏。軍事既定，請回籍終養，允之。

貴州苗、教諸匪搆亂十有餘年，東路素倚湖南援軍，自粵匪平後，議大舉剿平。先是授兆琛爲貴州布政使，偕總兵周洪印率師往，積歲無功。李元度圍荊竹園，亦久不下。巡撫李瀚章、劉崐先後劾罷兆琛、洪印，元度亦鐫級，薦起寶田招集舊部萬人入貴州，總統東路諸軍。

六年冬，進軍石阡，荊竹園爲敎匪老巢，寶田審視地勢高峻，匪砦環列，惟北面平夷可掩入。七年元旦，進攻，部將黃元果先登，諸將肉薄壘下，一日平十八砦，克荊竹園，擒斬匪首蕭桂盛、何瑞堂，其旁三十六砦相繼攻下。捷聞，被珍賚。夏，進規寨頭。寨頭爲苗疆門戶，諸苗胥賴資糧所萃，連拔東西三屯，陣斬苗酋桂金保，破援賊張臭迷，攻下台笠、丁耙塘諸砦，遂克寨頭。分軍克天柱，斬其酋陳大六。

會丁繼母憂，回籍治喪，提督榮維善暫領其衆，尋詔奪情趣赴軍，進攻台拱。台拱苗最强，踞清江、鎭遠二城爲犄角。寶田請增兵萬人，按察使黃潤昌、道員鄧子垣領之出晃州爲北路，寶田自當南路，令榮維善用鵰剿法，轉戰山谷間，破諸苗砦，漸近鎭遠。潤昌、子垣由思州進攻鎭遠府城，克之。八年二月，維善連破董敖、公鵝兩隘，遂克清江廳城。兩軍合趨黃飄，山地狹峻，人行頂趾相接，遇伏。維善軍疾行先出險，潤昌軍誤以爲陷伏中，爭道相擠，爲賊所乘，潤昌、子垣皆戰歿。維善聞變，率二百人馳救，被圍，爲苗所擒，遇害。於是苗氛復熾。

張秀眉犯巴治，寶田親督軍擊走之，進克稿米，令龔繼昌、蘇元春破苗寨，擊走張臬迷等，分軍守鎭遠、施秉。時以寶田軍苦戰年餘，尙未深入，議罷其軍，劉崐仍主專任，復增兵萬人，分三路進。九年，會攻施洞，克之。苗走九股河，白洗苗來援，擊敗之。進攻台拱，破革夷諸砦，薄台拱城下，苗棄城走，克之，加頭品頂戴。進軍九股河，分別剿撫，凡平黑苗砦二百餘所。雞講、丹江苗皆請歸化。十年，進攻凱里，一鼓而下。苗潰走雷公山，麕衆六七萬人，黃茅嶺、雷口坪、九眼塘、燕子窩諸寨皆絕險，寶田督諸軍冒暑入山，合擊張臬迷，斬馘三萬，燔其廬舍，剿洗一空。駐軍施洞口，寶田遽病風痺，乞假醫療，命部將龔繼昌、蘇元春、唐本有、謝蘭階分統其軍。軍事進止機宜，仍禀命於寶田。

十一年，三路進兵，凱北以北悉定。合攻烏雅坡，諸酋皆在，以長圍困之。迭戰，斬九大白、嚴大五於陣，先後降者數萬。四月，擒張秀眉、楊大六、金大五等，檻送長沙，伏誅。張臭迷先逸，捕得戮之。諸酋或降或斬，無脫者。苗疆平，詔晉寶田騎都尉世職，家居養痾。光緒十二年，詔以寶田前擒洪福瑱功，命曾國荃繪其像以進。十五年，卒，贈太子少保，優卹。原籍及江西、貴州建專祠。

論曰：貴州之匪，總名有六：曰苗匪、教匪，曰黃號、白號，其小者曰槓匪、仲匪，其他濫練、游勇、逆回、悍夷，揭竿踵起，不可悉數。始於咸豐四年，無兵無餉，不能制也。韓超有辦賊之才，久屈下僚，事權不屬。田興恕入黔，兵威始振，超亦驟起，未久相繼去。張亮基治黔數年，亦僅補苴。中原大定，曾國藩乃議以湖南兵力、餉力爲平黔根本，而駱秉章亦令劉嶽昭剿黔北以保川邊。後專倚席寶田，戡定苗疆。自周達武以川兵、川餉濟黔之不及，曾璧光賴之以竟全功。蓋閱二十年而後大定。古云：「蠻夷之人，先叛後服。」蓋以地勢使然。然使若韓超者早膺疆寄，其延禍或不致如是之甚。弭亂之道，在得其人，用人之道，必盡其才，固古今不爽者爾。

# 清史稿卷四百二十一

## 列傳二百八

沈兆霖　曹毓瑛　許乃普子彭壽　趙光　朱嶟
李菡　張祥河　羅惇衍　鄭敦謹　龐鍾璐

沈兆霖，字朗亭，浙江錢塘人。道光十六年進士，選庶吉士，授編修。十九年，大考二等。二十五年，遷司業。二十六年，遷侍講，入直上書房，授惇郡王讀。二十九年，遷侍講學士，直南書房。歷詹事、內閣學士。咸豐二年，擢吏部侍郎，督江西學政。

三年，粵匪自武昌下九江，兆霖請速援南昌。上諭以軍事，兆霖奏言：「江西會城雖暫可無慮，賊擾外府，省兵不能兼顧。外府各有團練，如肯齊心協力，何藉分兵？即如撫州鄉團不下數萬，皆留保本村，官兵祇三百，已調赴會城。如團練不能合力，賊至何以禦之？其故皆因堅壁清野，舊議祇守本村，並不出戰，不知事與嘉慶間川、楚敎匪不同。川、楚敎匪刼掠村莊，自以堅守堡寨爲是，今賊專攻省會、郡縣城池，城既破，鄉勇亦相與解散矣。撫州如此，各省各府亦必皆然。乞飭直省當於練勇中精選十之二三，聯爲鄉兵，統以練達有位望之人。遇本縣有警，互相救援。其外府、外縣仍不得調往，以免擾累。」得旨允行。尋以病乞罷。

五年，病痊，署吏部侍郎，仍直南書房。兆霖疏言：「安徽各郡，江北安、廬、和，江南池、太，皆爲賊踞。巡撫駐廬州，東北徽、寧、廣三屬，幾爲巡撫號令所不及。事急則向浙江請餉，事平則泄沓如前，不加整飭，旋收旋失，糜餉殃民。臣察徽、寧二府，山川險固，地皆可守，民亦健奮，歙、休寧二縣，尤多富民。宜於皖南設大員，專轄四府、一州，庶以飭吏治，固民心。度險設防，皖撫得專心於江北，浙撫亦不至牽制於皖南。」疏下廷議，改池太道爲皖南道，得專摺奏事，如福建臺灣道例，從之。尋兼署工、兵二部。

六年，授吏部侍郎，調工部，復調戶部。八年，命往通州察覈通濟庫，奏請如戶部三庫例，以倉場侍郎兼管，佩印鑰，著爲令。九年，擢左都御史。十年，署戶部尙書。七月，英吉利、法蘭西兵內犯，兆霖疏請專講守禦，勿汲汲言撫。九月，授兵部尙書。撫議既定，上猶駐熱河，兆霖與諸大臣奏請回鑾，上命待明年。兆霖復奏請明年春融，卽啓蹕還京。尋調戶部。

十一年，穆宗迴鑾卽位，命充軍機大臣。甘肅西寧撒回爲亂，總督樂斌遣提督成瑞率兵討之，逗撓不進。樂斌用西寧辦事大臣多慧議招撫，亂久未定。上命兆霖偕尚書麟魁往按，盡發樂斌等瞻徇貽誤狀，樂斌戍新疆，成瑞、多慧逮京治罪。同治元年，命兆霖署陝甘總督，親督兵自碾伯進擊撒回，屢敗之，撒回乞降。七月，師還，次平番二道嶺溝，雨雹，山水驟發，兆霖及從行兵役並沒。水退，得兆霖尸，猶端坐輿中。布政使恩麟以聞，上深惜之，賜卹，贈太子太保，謚文忠。

曹毓瑛，字琢如，江蘇江陰人。道光十七年拔貢，授兵部七品小京官，遷主事，充軍機章京。二十三年，舉順天鄉試，再遷郎中。咸豐十年，擢鴻臚寺少卿。時江南大營潰，總督何桂清棄常州，蘇、常相繼陷。毓瑛疏陳軍事，略曰：「拯溺救焚，其事宜急而不宜緩。擣虛批亢，其事宜合而不宜分。臣前讀都興阿奏，擬自英山由豫境繞赴徐、宿，以達江北，而曾國藩通籌方略，擬分三路進剿，俟八月大舉。竊謂都興阿由豫境以達江北，程途紆遠，非兩月不能到。浙江自蕭翰慶陣亡，江長貴自平望退守，銳氣盡消。以屢潰之孱兵，禦剽悍之勍賊，待至八月，松、太、杭、嘉、湖諸郡勢將瓦解，蔓延愈廣，規復愈難。爲今計者，都興阿宜自英、霍取道臨、鳳以抵江北，不過旬日，卽由通、泰渡江，直抵江陰，進攻常州、無錫爲一路，而以周沐潤所募沙勇副之；鎭江現有兵萬餘，巴棟阿、馮子材、向奎進規丹陽爲一路；薛煥在上海增募勇丁萬人，由嘉定、太倉、崑山進攻蘇州爲一路，而命張玉良出嘉興、平望以副之；曾國藩率楚師由寧國取道廣德，進抵嘉、湖爲一路，策應諸軍，而令米興朝攻宜興、溧陽，周天受攻高淳、東壩，曾秉忠督長龍船入太湖以副之。攻賊之所必救，據賊之所必爭。俟曾國藩新募勇至，然後分路進剿，庶於事有濟。」

英、法兩國合兵犯京師，上幸熱河，軍書旁午，樞臣未全從，上命擇章京資深才優者佐諸大臣辦事。毓瑛在直久，諸大臣欲舉以應，固辭，遂越次用焦祐瀛。十一年，穆宗卽位，諸大臣皆譴罷，乃命毓瑛在軍機大臣上學習行走，遷順天府丞。同治元年，遷大理寺卿，授軍機大臣。二年，擢工部侍郎，調兵部。三年，江南平，加頭品頂戴，賜花翎，署兵部尚書。四年，擢左都御史，尋授兵部尚書。五年，卒，贈太子少保，謚恭慤。

方端華、肅順擅政，毓瑛獨不附。及佐樞政，廉愼勿懈，每謂：「軍旅大事，患在信任不專，事權不一。古來良將，率以掣肘不能成功。」時以爲名言云。

許乃普，字滇生，浙江錢塘人。拔貢，考授七品小京官，充軍機章京。嘉慶二十五年，成一甲二名進士，授編修。道光三年，直南書房。四年，大考二等，擢洗馬。五年，督貴州學政，任滿回京，仍直南書房，累遷侍讀。十三年，復以大考二等擢侍講學士，督江西學政，三遷內閣學士。十八年，擢刑部侍郎，罷直南書房，專治部事。調吏部，又調戶部。二十一年，擢兵部尚書。二十五年，坐事鐫五級，補太常寺少卿，遷光祿寺卿。

三十年，文宗御極，命仍直南書房。詔求言，乃普疏言：「方今先務，莫急於正君心，培聖德。請敕館臣合列朝聖訓，依類分門，排日進呈，庶政奉以爲宗。恩詔各省保舉孝廉方正，請敕下各直省學政考覈學官，學官得人，所舉庶幾可恃。刑部於致死胞伯叔及胞兄之案，以事關服制，往往夾籤聲明，並非有心干犯，巧爲開脫。請敕下刑部斟情酌理，俾無枉縱。各省綠營弁兵平時宜加意訓練，武職到京，兵部驗看時，當令兼演火器。」疏上，得旨：「下所司議奏。」復申諭刑部及各督撫，服制案罪名務得實情。咸豐二年，授內閣學士。乃普疏論軍營奏報欺飾，得旨，令各路統兵大臣及各督撫力除積習，嚴爲稽察，其朦混掩飾者，據實嚴參。擢兵部侍郎。三年，粵匪陷九江，擾皖北，覬覦北嚮，而廬、鳳守禦單弱，乃普疏請調黑龍江兵，道山東、江南，徑赴安徽，遠可張蘇、浙之聲援，近可固廬、鳳之門戶。調刑部，尋擢工部尚書，調刑部。

國子監司業崇福奏請豫徵山西咸豐四年錢糧，軍機大臣等會議，推及陝西、四川兩省，乃普偕侍郎何彤雲奏言：「各省情形不一，應由各督撫體察情形。山西被賊各州縣及陝西之延安、榆林、綏德、興安，四川之寧遠各府，地瘠民貧，均請免其借徵。至畸零小戶，有田數畝或數十畝，僅足餬口，仍令照常例完納，庶民力不至重困。」又奏言：「時值嚴寒，用兵尤宜撫卹。聞通永鎮兵四百名，去賊最近，而强半尙衣秋衣；重以行營所在，百物昂貴，無錢者往往須取於民，以致負販裹足，兵士轉不免於饑寒。請飭統兵大臣悉心籌度。」從之。又言：「江南大營老師糜餉，皆由琦善等意見不和，舒興阿自陝赴皖，所在稽留，沿途需索。今命與江忠源會剿，不獨難以和衷，且恐因之掣肘。又方今餉需艱難，軍務一日未蕆，卽度支一日不敷，惟在大師刻日奏功，以紓天下之困。請皇上嚴加督責，信賞必罰，以振暮氣。」疏上，嘉納之。

四年，刑部主事王式言坐承審命案，聽授請託，失入絞罪。事聞，上命裕誠等按治，乃普以式言本門生，奏請迴避，弗許。既而裕誠等讞式言僕受賕，上責乃普迴護，降補內閣學士，罷直南書房。尋遷禮部侍郎，擢左都御史。六年，遷工部尙書。八年，命督五城團防。九年，調吏部。十年，文宗三旬慶辰，加太子太保。九月，以病乞罷。同治五年，卒，謚文恪。

子彭壽，字仁山。道光二十七年進士，選庶吉士，授編修，累遷少詹事。咸豐十一年，文宗崩，命議郊配禮，彭壽偕大理寺少卿潘祖蔭奏言：「臣讀大行皇帝聖製甲寅孟夏齋宮卽事詩，末句『以後無須再變更』，注云：『天壇配享，三祖、五宗爲定，永不增配位。恐後代無知故違，則儀文太繁。』臣等仰瞻聖藻，躬懸齋宮，言法行則，非博謙讓虛名。弓劍未寒，不忍頓生異議。」禮遂定。

時肅順等獲罪，彭壽請察治黨援，旨令指實。奏言侍郎成琦，太僕寺卿德克津泰，候補京堂富績，侍郎劉崐、黃宗漢。得旨：「糾彈諸事，朕早有聞，特懲一儆百，力挽頹靡。此後不咎既往，諸臣亦毋以黨援陳奏，致啓訐陷。」于是陳孚恩等譴黜有差。彭壽又以載垣等隨事刻深，戶部五宇官錢案請再淸釐，從之。同治初，再遷內閣學士，署禮部左侍郎。五年，卒。

趙光，字蓉舫，雲南昆明人。嘉慶二十五年進士，選庶吉士，授編修。遷御史、給事中，轉光祿寺少卿，五遷內閣學士。擢兵部侍郎，調戶部。

文宗卽位，奏陳時務，略言：「安民先察吏，州縣爲親民之官，秩卑責重。捐例屢開，仕途益雜。幕友招搖，書役播弄，賄囑情託，靡所不至。正供則挪移侵虧，訟案則株連擱壓，偶或參劾，輒籌抵制。大吏慮其噬臍，曲予寬容，同僚相率效尤，成爲習慣。應請飭令督、撫、司、道，嚴行舉錯，以肅官方。國家糜餉養兵，冀收實用，近日營伍將弁，虛文操演，厮役士卒，養尊處優。空名漁利，器械不修，槍礮無準，而水師尤爲窳敝。往往居岸自適，風沙水綫，都未研習，洋面不靖，盜劫頻聞。前者海疆有事，船遠距而彈施，敵近前而藥罄，束手無策，慄體先逃。凡諸軍備，轉爲寇齎。甚至軌律盡隳，沿途坐索，長官乞哀，乃始進行。軍威不肅，一至於此。夫練兵必先練將，材藝邁衆，忠勇無前，如昔時楊遇春輩，渺不可得，緩急何恃？應請飭令將軍、督、撫、提、鎭，整齊營伍，鼓勵人才，以修武備。詰姦除暴，莫如保甲，近來直隸、山東盜賊日衆，至河南之捻匪，四川之嘓匪，廣東之土匪，貴州之苗匪，雲南之回匪，肆意强橫，目無法紀，邪敎充斥，名目紛繁。煽誘旣衆，蹂躪彌多。地方文武，恐滋事端，惟務姑息。胥差旣豢賊縱容，兵弁復得規徇隱。幹吏嚴拘，則聲息潛通，奪犯戕官，釀成巨患。其愚懦者，但期文過，諱盜爲竊，避重就輕，以至匪徒益無忌憚，禍不勝言。應請飭令各直省督撫，認眞整頓，奉行保甲，緝捕勤能，據實奬勵；疲玩者撤參重處，以戢盜風。直省倉庫錢糧，各有定額，州縣官如果儘數徵解，交代清晰，何至虧空盈千累萬？其致此之由，厥有數端：或紈袴而登仕版，習尙奢華；或庸謭而昵親隨，開銷浮濫；或負累已深，官項償其私債；或交游太廣，正款供其應酬。寅支卯糧，東挪西掩，有漕者藉口于幫丁之需索，解庫者歸咎于糧價之增昂。道府察知，往往礙于情面，曲意彌縫，後任慮招重怨而不敢發，上司恐興大獄而不敢參，卽使查抄，終歸無著。是以州縣交代，有歷數任而未算結者，有合數十州縣而未盤查者。前者欽差大臣會同各督撫清查整理，嚴定章程，虧短各案，業已分別攤賠。第恐舊虧未完，新虧已續，應請敕令各直省督撫督同司道各官詳細查覈，交代未淸者，停其委署升補，虧那者嚴參，以淸積弊。」疏入，優詔嘉納。

三年，擢工部尙書，調刑部。八年，命偕尙書周祖培等督五城團防事宜，歷兼署工部、兵部、戶部、吏部尙書。四年，卒，謚文恪。

朱嶟，字致堂，雲南通海人。嘉慶二十四年進士，選庶吉士，授檢討，遷御史。道光十二年，畿輔災，廣東副貢生潘仕成捐貲助賑，賜舉人。有援案以請者，嶟疏言：「仕成本副貢，去舉人一間，賜以舉人，於破格之中，仍寓量才之意。厥後葉元堃、黃立誠次第援請，若因此遂成定例，生富人儌倖，阻寒士進修，於事不便。應請旨飭各督撫，水旱偏災，捐輸應獎，不得援引前案。」上嘉納之。五遷至內閣學士。十七年，擢兵部侍郎，迭兼署吏、戶二部，坐事鐫五秩。二十六年，補內閣侍讀學士。

御史劉良駒條奏銀錢畫一，上命各省督撫議奏。嶟疏言：「泉布之寶，國專其利，故定賦以粟，而平貨以錢。物賤由乎錢少，少則重，重則加鑄而散之使輕；物貴由乎錢多，多則輕，輕則作法而斂之使重。一輕一重，張弛在官，而權操於上。今出納以銀，錢幾置諸無用。雖國寶流通，然流於下而不轉於上。於是富商市儈，得乘其乏、操其贏，而任意以爲輕重。若使官爲定價，且必格而不行。要在因其便使人易從，通其變使人不怨，行其權使人不疑。方今鹽務疲敝，皆以銀貴錢賤爲詞，以鹽賣錢而不賣銀也。賣錢卽解錢，人必樂從，長蘆鹽價可解京充餉。請於東西城建庫藏錢，以戶、工左右侍郎掌之，按時價搭放各旗，就近赴庫請領，以免其轉運，幷嚴禁尅扣、短陌、攙雜諸弊。兩淮鹽價，解備河工歲修。淮上全工，水路皆通，輓運較易，工次雇夫購料，俱係用錢，此兩便之道也。農民以錢輸賦，天下十居七八。地方官收錢解銀，每致賠累。江西撫臣吳文鎔前奏：『本省坐支之項，收錢放錢；解部候撥之欵，徵銀解銀；兵餉役食，請照時價改折。』其言不爲無見。惟全行收錢，往返搬運，倍增勞費。通省絕無銀幣，亦未免偏枯。擬請州縣徵收，向來徵銀解銀者置無論，但照現在收錢者，量錢糧多少，視附近地方兵役衆寡，酌減應解銀數，以紓其困。除易銀解司之外，卽以錢抵銀，每銀一兩，折錢若干，酌定數目，按照時價，支放兵餉役食。應有耗羨平餘，仍行提出解司，而本管同城之官俸，本州縣之書工、役食、祭祀、驛站，本地方分汛之兵餉，俱准坐支。餘則視道路之遠近，解存道、府、藩各庫，以放兵餉。時價則視省垣爲準，以開徵前十日爲定，由藩司通飭遵照，半年一更。餉銀每兩折錢多不過千七百，少不過千二百，取爲定則，不得再減。至文武官廉俸無可坐支者，兵丁屯駐之區，附近州縣無收錢者，皆發銀如故。官局錢搭放向有成例者亦如故。如是，則雖變而實因，不至糾紛窒礙。至如百姓出粟米麻絲易錢輸賦，久已習爲故常，向收若干，今折若干，凡自封投櫃者，不遽改折，是於民無擾也。兵丁領銀，仍須易錢然後適用。每至兵領餉時，不准舖戶抑價，今照定價放給滿錢，此於兵無虧也。先時銀多，則官以收錢漁利；今時錢賤，則官以易錢賠累。多用錢則少解銀，卽累亦因而減，迨銀價平時，又復可獲羨餘，此於官有益也。或謂錢收于上，則廛市一空，恐致錢荒。不知兵役領錢，仍行於市，地方官除存庫外，尙有大半必須易銀解司，則其錢亦行於市。且今日之弊，不在錢荒而在錢濫，欲救其弊，莫利於收錢，尤莫利於停鑄。當此錢賤之時，暫停鼓鑄，以工本之銀，發出易錢，實收上庫。薄小者汰之，則私鑄難行，而官錢日多，錢價可平，而制錢一千准銀一兩之例，可得而行矣。是知停鑄者用錢之轉關，平價者絕私之微權也。將欲平價，非使銀錢相埒不可，爲平價而暫停鑄，迨價平而復開爐，所謂欲贏先縮，一張一弛之道也。夫損上必期益下，今錢値日賤，物價日貴，泉府費兩錢而成一錢，官兵領一錢則僅當半錢。無益於民，有損於國，孰得孰失，必有能辨之者。總之可用錢則用錢，必須用銀則仍用銀。附近則用錢，致遠則用銀。子母相權，贏縮有制，補偏救弊，無踰于此。惟各省情形不一，因地制宜，隨時變通。當責各督撫體察酌議盡善。」疏入，上命軍機大臣會同戶部議行。

歷通政副使、內閣學士。二十九年，授倉場侍郎。咸豐四年，病，乞罷。五年，病痊，復授戶部侍郎。六年，擢左都御史。迭署兵、禮二部尚書。十一年，又以病乞罷。同治元年，卒，謚文端。

李菡，字豐垣，順天寶坻人。道光二年進士，選庶吉士，授編修。再遷侍講，大考二等，擢侍講學士。二十一年，遷少詹事，督安徽學政，累遷通政使。二十五年，擢左副都御史。

咸豐元年，署禮部侍郎，應詔上疏：「請戒飭諸臣：一曰振因循。積習相仍，中外一轍。用兵無可退之理，乃引疾歸田，抽身保位，則因循在軍旅矣。治水爲難緩之功，乃自冬徂夏，漫口未合，則因循在河防矣。雍沙番案，琦善以總督大員，猶復語多狡飾，以至往返鞫訊，則因循在刑法矣。順天武清縣逃犯，竟敢窩藏匪徒，浙江奉化縣刁民並敢迫脅官長，則因循又在郡縣矣。伏願皇上乾綱獨振，力挽頹風，聞嘉謨則立見施行，覩弊政則悉除支蔓。惰者責之，勇者奬之，勤者進之，昏者黜之，庶奮庸熙載，百廢俱修矣。一曰除欺飾。粵西逆匪，萌蘗在十數年之前，使撫臣早爲奏聞，何難根株立絕？乃養癰成患，諱莫如深。比及有人指陳，勢已不可撲滅。年來勞師糜餉，迄無成功，禍首罪魁，實由欺始。夫獻可替否，宰相之責也；拾遺補闕，諫官之職也。伏望皇上開誠布公，虛懷善納，導之使言，言之使盡，執兩用中，歸於至當。至科道職司言責，尤朝廷耳目之官，風聞偶誤，小過可容，庶贛直得效其愚，萋菲莫行其罔，而宸聽四達矣。一曰屏偏私。人之氣質，不能無偏，意見少有參差，議論遂多齟齬。相持不下，教令紛更，屬員旣無所適從，宵小遂從而讒搆。嫌隙日深，乖氣致戾。刑部越獄一事，非其明驗乎？夫師克在和不在衆，兩粵會勦，湖南防堵，將帥不應有諉罪爭功之見，督撫不可存此疆爾界之私，同德同心，羣策羣力。苟無隙之可乘，定膚功之克奏。河、漕本屬一體，未有河不治而漕治者。從前督臣、漕臣，曾因參劾廳員，各執己見，現在漫口不能合龍，漕船何由利濟？億萬姓饑民待賑，數百萬帑項虛糜，正大臣憂患與共之時。此卽屏除嫌怨，共秉公忠，猶恐難以濟時屯而紓民患；倘仍芥蒂未化，籌畫分歧，不和政龐，咎將誰執？伏讀仁宗御製和同論，諄諄以臣下偏私爲戒。願皇上一德交孚，與百僚共襄上理焉。一曰防玩法。現今軍務、河工，貽誤諸臣，厥咎匪細。仰蒙寬典，僅予薄懲，恕其旣往之愆，責其將來之報。而且失伍之將弁，准其帶罪立功，潰防之河員，許其留工効力，恢宏大度，格外矜全，天下皆曉然於聖人不得已之苦心，與夫通變權宜之計，該大臣等久蒙倚任，渥荷優容，自無不激厲圖功，竭忠矢志。第恐奔走禦侮，難得賢員，倖澤恃恩，復萌故智。始猶懼罪之不可逭，一旦獲宥，遂謂罪有可原矣；初猶慮法之不能逃，幸而苟免，遂謂法止于是矣。伏願皇上奮天錫之勇，播神武之風，寬大之詔，能發而卽能收，希冀之恩，可一而不可再。則德威惟畏，玩縱之萌，不戢自止矣。以上四條，皆臣道之防，實切時之弊，而其本由於得人。進英銳，則因循者退矣；取誠篤，則欺飾者鮮矣。惟在皇上任賢勿疑，用材器使，俾朝無倖位，莫不圖易思艱，庶可挽天災民變之窮，而上副引咎納言之至意。」疏入，上嘉納之。

三年，授兵部侍郎，署倉場侍郎。廉得奸人把持倉務，置於法。十年，調工部，復調吏部。同治元年，擢工部尚書。二年，卒，謚文恪。

張祥河，字詩舲，江蘇婁縣人。嘉慶二十五年進士，授內閣中書，充軍機章京。遷戶部主事，累轉郎中。道光十一年，出爲山東督糧道。十七年，擢河南按察使，以父憂去官。服除，仍授河南按察使，署布政使。二十二年，祥符決口合龍，賜花翎，詔以河南迭被水災，始終克勤其事，予優敍。二十四年，遷廣西布政使，擢陝西巡撫。西安、同州有刀匪擾害閭閻，祥河飭嚴捕百餘人置諸法，詔嘉之。三十年，文宗卽位，應詔陳言，請述祖德，守成法，勵官方，蠲民欠。疏入，報聞。祥河優於文事，治尚安靜，不擾民，言者劾其性耽詩酒。

咸豐二年，東南軍事日棘，祥河奏言：「陝西興安等地毗連楚境，應舉行團練，擇要防堵。惟鄉勇良莠不齊，易聚難散，不如力行保甲，爲緝奸良法。」三年，召還京。四年，授內閣學士，尋遷吏部侍郎，督順天學政。六年，以病罷。病痊，仍授吏部侍郎。八年，擢左都御史，遷工部尚書。十年，加太子太保。十一年，以病乞罷。同治元年，卒，諡溫和。

羅惇衍，字椒生，廣東順德人。道光十五年進士，選庶吉士，授編修。十七年，督四川學政，召對，上以惇衍年少，語多土音，留不遣。二十三年，大考一等，擢侍講。累遷侍讀學士，轉通政副使、太僕寺卿。二十六年，督安徽學政，遷通政使。

三十年，文宗卽位，應詔陳言，略言：「古帝王治天下，根源祇在一心，要在覽載籍，勤省察，居敬窮理，以檢攝此心。聖祖仁皇帝御纂性理精義，於存養省察、致知力行，以及人倫性命，皆有程途階級，其論君道，尤極詳備。惟在皇上講習討論，身體力行。世宗憲皇帝硃批諭旨，於臣工奏摺，指示得失，明見萬里。皇上幾暇，日閱一二事，凡督撫陳奏，如能深謀遠慮，措置得宜，卽予以褒答；若有飾詐懷私，亦爲之指示，庶大吏皆知警戒。他若御纂資政要覽、庭訓格言諸書，皆本心出治，一以貫之。伏願皇上法祖以修己，推而知人安民，皆得其道。」又請諭部院大臣各舉所知，備京卿及講讀之任；敕直省督撫、提鎭、學政皆得犯顏直諫，指陳利病，無所忌諱，藩臬亦許密封由督撫代爲呈奏。疏入，上嘉納之。咸豐元年，疏陳風俗侈靡，民生日困，請崇儉禁奢，以蓄物力。二年，署吏部侍郎，授左副都御史。

三年，擢刑部侍郎，仍兼權吏部。時軍需孔亟，戶部令京師商民以賃舍金一月納公家，惇衍以爲非政體，疏乞明定限制。又疏荐廣東在籍給事中蘇廷魁等任籌軍餉。江寧旣陷，寇氛復溯江上犯，惇衍疏請敕曾國藩練楚勇，自湖南移駐武昌，杜賊窺伺荆襄；蘇廷魁募粵勇援江西；袁甲三回河南防捻匪，並會同已革兩廣總督徐廣縉募新兵堵禦鳳、潁，遏賊北竄諸路：多被採納。命隨同惠親王巡防京師，調戶部。五年，以父憂歸。

七年，英吉利兵攻陷廣州，八年正月，命惇衍及在籍太常寺卿龍元僖、給事中蘇廷魁爲團練大臣。十年，款議定。十一年，召來京，擢左都御史。

同治元年，兩廣總督勞崇光被劾任用非人，調度乖方，命惇衍偕廣州將軍穆克德訥按治，崇光坐罷。遷戶部尚書，疏言：「吏治日壞，當奬廉懲貪。四川總督駱秉章、湖北巡撫嚴樹森、山西布政使鄭敦謹、山東按察使吳廷棟，淸操較著，請奬之，以勵其餘。」又疏言：「皇上求賢若渴，應詔者寥寥，卽有登諸薦牘者，或由他省督撫保舉，必待本省給咨，始能赴部，非所以示虛懷延攬之道。且但令封疆大吏保舉，而未及京卿，恐馴致外重內輕，不可不防其漸。內閣、六部、九卿等朝廷重臣，素所親信，必俾其各舉所知，衆正盈廷，然後可反危爲安，轉亂爲治。請不必限以時日，拘以人數，但有操守廉潔，才猷卓越者，卽許隨時疏薦。倘所舉之人，將來或犯貪汚，罪其舉主。」二年，兼署左都御史。

四年，兼管三庫，署翰林院掌院學士。伊犂參贊大臣聯捷、御史陳廷經先後論劾「陝西布政使林壽圖沉湎於酒，巡撫劉蓉未諳公事，舉劾悉聽壽圖」，及「蓉疏奏失體，漏洩密保」。命偕協辦大學士瑞常赴陝西按治。惇衍等爲疏辨，僅以微過議處，吏議壽圖遷調，蓉革職留任。尋蓉復以他事罷，陝民爲蓉、壽圖訟寃，總督楊岳斌以聞。惇衍等已回京復命覆奏，遂合疏言：「劉蓉秉性樸直，辦理甘肅潰勇，不動聲色，悉臻妥善。甘肅亂回竄擾，遣兵分布要隘，陝民以安。林壽圖身任勞怨，勤奮有爲，惟參劾屬員，間有輕重失當，致謗毀紛興，而其廉潔之操，究不能稍加訾議。」詔蓉仍署巡撫，壽圖來京候簡用。六年，兼署工部。八年，以母憂歸。十三年，卒，謚文恪。

惇衍學宗宋儒，立朝正色，抗論時事，章凡數十上，無所顧避。著有集義編、百法百戒、庸言、孔子集語等書。

鄭敦謹，字小山，湖南長沙人。道光十五年進士，選庶吉士，散館授刑部主事。再遷郎中，出爲山東登州知府，擢河南南汝光道。咸豐元年，泌陽土匪喬建德踞角子山，敦謹與南陽鎮總兵圖塔布督兵捕獲之，被議敍，署布政使。二年，授廣東布政使，仍留署任。

粵匪入湖北，命赴信陽，會南陽鎮總兵柏山扼要設防。三年，命河南巡撫陸應穀統兵駐南陽，會城及信陽有事，許敦謹專摺馳奏。欽差大臣琦善督師援安徽，檄敦謹總理信陽糧臺。及師屯江北，糧臺移設徐州，仍令敦謹往任其事。尋調授河南布政使，留筦糧臺如故。四年，光州、陳州捻匪起，巡撫英桂出駐汝陽，詔敦謹赴本任。省城戒嚴，敦謹督率官紳倡捐經費，興團練。皖捻犯永城、夏邑，增調兵勇防黃河各渡口，斷寇北竄。尋命暫署巡撫。

五年，坐欠解甘肅兩年協餉，降調。召還京，以四品京堂候補，授太常寺少卿。八年，督山東學政，累遷大理寺卿。同治元年，署戶部侍郎，復出爲山西布政使，調署陝西布政使，調授直隸布政使，擢河東河道總督。四年，授湖北巡撫，尋召授戶部侍郎。五年，調刑部。

六年，擢左都御史。捻匪渡河入山西境，巡撫趙長齡、按察使陳湜疏防被劾，詔敦謹往按，長齡、湜並坐罷，卽命敦謹署山西巡撫。七年，出省治防，移軍駐澤州欄車鎮，爲各路策應。授工部尚書，仍留署巡撫。回匪入河套，近邊震動。敦謹移駐寧武督防，別遣兵守榆林、保德下游各隘。增募礮勇，補葺河曲邊牆。回匪窺包頭鎮，沿河堵禦，會綏遠城將軍定安遣隊迎剿，總兵張曜自河曲截擊，破走之。八年，調兵部尚書，回京。

九年，調刑部。兩江總督馬新貽被刺，獲凶犯張汶祥，江寧將軍魁玉、漕運總督張之萬會讞，言汶祥爲洪秀全餘黨，其戕新貽，別無主謀者。命敦謹往會鞫，仍以初讞上，論極刑。

十年春，敦謹還京，至淸江浦，上疏以病乞罷。光緒十一年，卒，謚恪慎。

龐鍾璐，字寶生，江蘇常熟人。道光二十七年一甲三名進士，授編修。咸豐二年，大考一等，擢庶子，遷侍講學士，署祭酒。明年，授光祿寺卿。八年，擢內閣學士，署工部侍郎，以父憂歸。十年，江南大營潰，蘇、常淪陷，督團勇防禦。上命鍾璐陳奏軍事，鍾璐疏言：「常、昭三面皆賊，惟恃民團抵禦。器械不精，紀律不明，若大兵不速至，恐裹脅愈多，愈難措手。請飭督臣曾國藩迅由祁門統師南下，常、昭庫款無存，惟賴捐輸充餉，軍需浩穰，捐戶搜括無遺。並請飭督臣於就近完善之區，籌貲接濟。」又奏：「江北惟通州最完善，與常、昭有脣齒之依。在籍布政使徐宗幹廉能素著，請飭令督辦通、泰一路捐輸，並會籌常、昭防勦。」從之。

尋命督辦江南團練。賊由江陰東竄，偪常熟，鍾璐率團勇數戰，亡其精銳，奏請江北諸軍速援。上以水陸各軍勢難兼顧，溫詔慰勉。八月，賊陷常熟，鍾璐奏自劾，並請飭荆州將軍都興阿統楚師兼程進駐通州防北竄，上責令規復。鍾璐自崇明赴上海，設局勸捐，集團守禦。薦上海知縣劉郇膏循聲卓著，爲江南州縣之冠，報聞。又以軍需餉急，奏請令失守地方官罰鍰免治罪，諭有「捐輸巨款、募勇殺賊、隨官兵克復城池者，得據實聲明請旨」。尋奏言：「賊所脅之衆數百萬人，何一非皇上赤子？若非設法解散，窮無所歸，必鋌而走險。請明降諭旨，予以自新，釋兵歸降者勿殺，薙髮投順者勿殺。又陷賊州縣，多設立僞官，迫索錢米，以減輕田賦，搖動人心。歷來被兵州縣，錢糧均奉恩旨蠲免。此次蘇省被賊，戶口散亡，收復之後，無從徵收，不如施恩於未復之先，使愚民不爲所惑。」詔如所請。

十一年春，賊自平湖、乍浦窺金山，鍾璐督團勇進擊，斬馘甚衆。新埭賊擾大泖港，楓涇賊窺角鈞灣，復會官兵破之。是年冬，以蘇、常淪陷，吳民待援，有逾飢渴，復疏請敕曾國藩分兵急取蘇、常。與江蘇諸士紳貽書國藩，言：「上海餉源重地，請以奇兵萬人，一勇將統之，倍道而來，可當十萬之用。」國藩乃遣李鴻章率師浮江而東。俄、法兩國請助兵討寇，鍾璐奏言：「中國平內亂，原無待藉手外人，而值賊勢蔓延，兵力單薄，不能不爲從權之計。惟外人助攻，爲通商而起，必先自有把握，方裨大局。」諭江蘇巡撫薛煥妥籌酌行。

尋裁各省團練大臣，召還京，再授內閣學士。同治元年，遷禮部侍郎，迭署工、吏諸部，督順天學政。四年，呈所纂文廟祀典考。六年夏，畿輔亢旱，疏陳荒政十事，下部議行。命偕大學士賈楨等督五城團防，歷戶、兵、吏諸部。九年，擢左都御史，署工部尚書。十年，授刑部尚書。丁母憂，歸。光緒二年，卒，謚文恪。

子鴻文，光緒二年進士；鴻書，光緒六年進士：同官翰林院編修。鴻文至通政司副使，鴻書至貴州巡撫。

論曰：同治初政，沈兆霖、曹毓瑛入贊樞府，兆霖暫領陝督，督師定西寧，以死勤事；毓瑛愼密練達，克副簡拔。許乃普等皆以淸謹負時望，鄭敦謹尤敭歷有名績。江寧之獄，論者多謂未盡得其情，敦謹未覆命，遽解官以去，其亦有所未慊於衷歟？

# 清史稿卷四百二十二

## 列傳二百九

王茂蔭　宋晉　袁希祖　文瑞 毓祿　徐繼畬　王發桂
廉兆綸　雷以誠　陶樑　吳存義　殷兆鏞

王茂蔭，字椿年，安徽歙縣人。道光十二年進士，授戶部主事，升員外郎。咸豐元年，遷御史。疏請振獎人才，鄉會試務覈實，殿試、朝考重文義，造就宗室、八旗人才，以有裨實用爲貴。戶部議開捐納舉人、生員例，茂蔭疏爭，且言：「籌餉之法，不徒在開源，而在於善用。委諸盜賊之手，靡諸老弱之兵，銷諸不肖之員弁，雖日言推廣捐輸，何濟？」又極論：「銀票虧商，銀號虧國。經國謀猷，下同商賈，體至褻而利實至微。初時虧不能見，及虧折已甚，雖重治其罪，亦復奚補！」其言皆驗。

二年，粵匪自長沙趨岳州，茂蔭疏言：「安徽防務，以宿松爲要衝，小孤山爲鎖鑰。設險非難，得人爲難。請起前署廣西巡撫周天爵幫辦防堵，扼要駐守陸路，令府縣勸諭紳民團練守助，用明金聲禦流賊保鄉里之法，最爲簡易。」武昌既陷，茂蔭又疏言：「賊勢猖獗，宜急收人心，籌儲積，講訓練，求人才。」三年，戶部奏試行鈔法，上命左都御史花沙納與茂蔭會議，奏行簡要章程，並繪鈔式以進。疏言：「皖北蒙、亳，捻匪蠭起，萬一粵賊勾結，更爲心腹巨患。夫欲平盜賊，尤在守令得人。廬、鳳、潁諸郡，守令貪鄙者，實繁有徒。請嚴飭大吏從嚴劾汰，以治賊之源。」又曰：「兩湖、江、皖處處言防，而處處不守。請嚴飭各督撫專主勦辦，一處賊平，則他處之賊不敢復起；鄰省賊滅，則本省之賊無自而來。是不言防而防自固也。」三月，揚州陷，茂蔭疏言：「寇氛將偪山東，巡撫以勦賊出省，藩臬漫無布置，城內團丁不滿七百。乞特簡重臣防守，以固畿南屏蔽。」又言：「陝西設防，兵爲民害，請諭飭按治。」茂蔭屢上疏，言事侃侃，文宗頗嚮用。擢太常寺卿，遷太僕寺卿。

粵匪犯畿輔，參贊大臣科爾沁親王僧格林沁駐師涿州，諸軍咸觀望不肯前。茂蔭疏言：「賊既渡滹沱而北，迴翔於深、晉之郊，而不遽北犯者，懼吾兵出也。吾兵出而遷延不進，賊有以知我之勇怯矣。臣竊謂賊自桂林北竄，諸帥喪師左次，皆爲一守字所誤。賊屯一日，可資休息；我屯一日，銳氣日墮。賊所過劫掠，行不裹糧；我軍坐食縣官，日需鉅餉。相持數月，餉絕兵匱，不待交綏而勝負已判。請密飭王大臣等明發號令，按兵拒守，而陰選健將率死士數千，潛師出彼不意，鏖兵急擊，一鼓可殲。如此，則大河以南，諸賊心怵膽落，不敢復圖北犯矣。」

尋命會辦京城團防保甲，擢戶部侍郎，兼管錢法堂。戶部奏鑄當十、當五十大錢，王大臣又請增鑄當百、當千，謂之四項大錢。當千者，以二兩爲率，餘遞減。茂蔭上疏爭之曰：「大錢之鑄，意在節省，由漢訖明，行之屢矣。不久卽廢，未能有經久者。今行大錢，頗見便利，蓋喜新厭故，人情一概。及不旋踵，棄如敝屣。稽諸往事，莫非如是。錢法過繁，市肆必擾，折當過重，廢罷必速，此人事物理之自然。論者謂國家此制，當十則十，當千則千，孰敢有違？不知官能定錢直而不能定物直，錢當千，民不敢以爲百；物直百，民不難以爲千。自來大錢之廢，多由私鑄繁興，物價騰踊。宋沈畸之言曰：『當十錢鑄，召禍導奸，游手之徒，爭先私鑄。無故而有數倍之息，雖日斬之，勢不可遏。』張方平之議曰：『奸人盜鑄，大錢之用日輕。比年以來，虛高物估，增直於下，取償於上，有折當之虛名，罹虧損之實害。』大觀錢鑄自蔡京，而其子絛作國史補敍：『始之得息流通，繼之盜鑄多弊，終之改當折閱。』事皆目睹，尤爲詳盡。古所不能行，而謂可通行於今乎？信者國之寶。大錢鈔票，皆屬權宜之計，全在持之以信，庶可冀數年之利。今大錢輕重程式，甫經頒行，未及數月，忽盡更變。商民惶恐，羣疑朝廷爲不可信，此非細故也。或慮銅短停鑄，故須及時變通，顧變通欲其能行，不行則亦與不鑄等。逆賊一平，不患無銅，若賊不能平，銅不能運，雖儘現有之銅，悉鑄當千，恐亦無濟，可慮者不僅停鑄而已。」上命王大臣及戶部秉公定議，王大臣終執原議。

四年，戶部會奏推廣大錢辦法，茂蔭復疏爭曰：「臣疏陳大錢利弊，未奉諭旨，臣職司錢法，夙夜思維，實覺難行。當百以上大錢，與原行當五十者無甚分別，此何以貴，彼何以賤，難一；以易市物，則難分折，以易制錢，莫與兌換，難二；大錢雖準交官項，然準交五成者，已有寶鈔官票，大錢何能並搭？難三。此猶其小者耳，最大之患，莫如私鑄。奸人以銅四兩鑄大錢兩枚，即抵交官銀一兩，是病國也。蓋行制錢，每千重百二十兩，鎔之可得六十兩，以鑄當十錢可得三十千。設奸人日銷制錢以鑄大錢，民間將無制錢可用，是病民也。寶鈔官票，其省遠過大錢，果能推行盡利，裨益亦非淺尠，大錢之行，似可已也。」疏入，仍不報。其後大錢終廢，如茂蔭言。

又疏論鈔法利病，略曰：「上年初用銀鈔，雖未暢行，亦未滋累。及臘月行錢鈔，至今已發百數十萬，爲累頗多。向來鈔法，唐、宋之飛錢、交子、會子，皆有實以運之。元廢銀錢不用而專用鈔，上下通行，爲能以虛運實。明專以虛責民，以實歸上，勢遂不行。臣元年所奏，皆以實運虛之法。今時勢所迫，前法不行，議者雖專於收鈔時設法，然京師放多收少，軍營有放無收，直省州縣有收無放，非有商人運於其間，則皆不行。非與商人以可運之方、能運之利，亦仍不能行。」因擬上四事，務在通商情，利轉運。奏入，上斥其爲商人指使，不關心於國是，命恭親王奕訢、定郡王載銓覈議。議上，謂茂蔭所論，窒礙難行，嚴旨切責。尋調兵部。

粵匪踞池州、太平，皖南隔絕，茂蔭奏請以徽州暫歸浙江統轄，上命浙江巡撫黃宗漢體察酌行。初，茂蔭疏言：「賊脅良民，驅爲前鋒。請特降諭旨，自拔來歸，均從寬貸。殺賊來獻，均加爵賞。」京師久不雨，上命清釐庶獄，減免情節可矜者，茂蔭又疏言：「可矜者莫如賊中逃出之難民，各處捕獲難民，指爲形迹可疑，嚴訊楚毒。此輩於法不爲無罪，於情實有可矜，請敕暫緩定擬。皇上御極以來，屢詔求言，言或無當，奉旨明斥；斥其無當，非禁使不言也，然言者卽因以見少。卽如諸路債軍失地之將帥，未敗之始，其措置乖方，人言藉藉；而無敢爲皇上言者，或慮無實據也，或雖有實據而慮查辦時化爲子虛也，或慮不用而徒招怨也，或謂聖心自有權衡也，是以皆不敢言。至用人進退之際，臣子每不敢盡言，淺者懼干聖怒而見斥，深者懼激上意而難回。皇上披覽奏章，纖悉必邀批示，勤亦至矣。臣以爲精神貴於不紛，願務其遠者大者，舍其近者小者。明主勞於求賢，而逸於任人。今天下人才不足，此誠可憂。雖然，非無才也。如羅澤南，人無不知爲將材矣，初不過一貢生耳。湖南一省，旣有江忠源兄弟，又有羅澤南諸人，則他省可知。惟賢知賢，惟才愛才，是在聖心之誠求耳。方今武昌未下，江西又復危急，兩省之民，向也與賊爲仇，今乃竟有從逆者。此中轉移之故，宜深思也。列聖仁漸德被，人心斷不能忘。然此時不亟維繫，使賊得徐出假仁假義以爲市，恐民心將爲所搖而難挽矣。」奏入，上嘉納之。

八年，病免。十一年，穆宗卽位，以茂蔭忠直，命俟病痊聽候簡用。同治元年，上疏陳時政，言：「天象示警，宜屢修省。議政王責任重大，宜專心機務，餘事綜其大綱。言官宜加優容。順天府事繁，府尹石贊清不宜兼部。各國通商事務衙門司員甫及一年，卽得優保，恐各衙門人員皆以營求保送爲得計，宜防其漸。」署左副都御史，命偕兵部尚書愛仁往山西按事。授工部侍郎。二年，調吏部。丁繼母憂，歸。四年，卒於家。

宋晉，字錫蕃，江蘇溧陽人。道光二十四年進士，選庶吉士，授編修。二十七年，大考二等，擢中允。二十九年，典河南鄉試，因命題錯誤議處，諭不得更與考試差。咸豐二年，大考二等，擢侍讀學士，遷光祿寺卿。三年，命會辦京城團防保甲，署禮部侍郎。四年正月，疏言：「去冬圜丘大祭，適值聖體違和，禮臣以登降繁縟，於親詣壇位及奠帛後諸儀節，更加酌定，奏請允行，旋以遣親王恭代而止。惟詳稽典禮，祀天鉅典，尤爲愼重。偶遇服色不宜，與居未適，有遺代，無議減。現值祈年大祀，伏願皇上飭停新議，仍遵成憲。」五年，遷宗人府丞。

六年，疏言：「自江寧失陷，上自九江，下及鎮江、瓜洲，寇勢水陸相援。現聞向榮兵力不支，情形危急，今卽分路赴援，仍恐緩不濟事。請飭江督、浙撫，雇用輪船載兵，由圖山關入江，焚攻金、焦賊船。再由儀徵湖浦口，與六合諸軍相爲犄角，則江寧、鎭江對岸之賊，節節防我，必不敢離巢東竄。是不特解江南之急，卽江北亦愈寧謐。又聞廣東新至紅單船二十餘艘，請飭德興阿、向榮將紅單船併歸一處，力扼蕪湖江面。如能克復蕪湖，則拊賊之背，寧國不攻自下。」薦道員繆梓、楊裕深、金安淸通達治體，洞悉夷情，請以雇船籌費諸事責成辦理。疏上，諭兩江總督怡良與向榮、德興阿酌行。

宣宗實錄告成，敍勞，擢內閣學士，迭署戶、工二部侍郞。八年，授工部侍郞。文宗頻歲抱病，未能親行祀典，十年，晉疏言：「近年郊壇大祀，聖躬以步履失常，偶緩親行，而於遣恭代外，仍先期躬詣皇乾殿拈香，仰見寅畏深衷。惟每屆大祀，皇上於前一日辰巳間躬詣拈香，卽在齋宮祇宿。今則先期卽如臨事，請於前一日寅卯間先行詣殿拈香，然後還宮辦事。臣尤願愼攝聖躬，養元氣，節峻伐之味，復健行之常，於下屆郊祀大典照常親行。」上嘉納之。

十一年，疏言：「江寧失陷已將十載，總督曾國藩經營防剿，與官文、胡林翼會合攻復安慶，惟所部不足二萬人。若合四川、湖北、湖南、江西、安徽五省歲入，養兵勇十三萬人，以七萬分駐防剿，六萬大舉東征，餉足兵增，庶可一舉集事。」又言：「江西首當賊衝，巡撫毓科、布政使慶善皆失人望，請以太常寺卿左宗棠簡署巡撫，而於督糧道李桓、前廣饒道沈葆楨、浙江道員史致諤三人中簡擇擢授藩司。」又請以曾國藩總統四川、湖北、湖南、江西、安徽五省督辦東征軍務。上以所籌不爲無見，下官文、國藩等議奏。又疏言：「慕陵規制，儉約樸實，萬世可法。定陵工程請倣行勿改。」格於部議，不行。

同治元年，調倉場侍郎。南漕初改海運，歲額三百萬石，自天津運京倉，偷漏飛灑，歲損米綦鉅。迨軍興，江、浙郡邑淪陷，南漕起運纔二十餘萬石，而偷漏飛灑如故。十年以來，侍郎及監督官凡數易。晉受事，深悉其弊，因循未奏舉。六年，事發，左遷內閣學士，償米二萬石。十二年，遷戶部侍郎。十三年，卒。

袁希祖，字荀陔，湖北漢陽人，原籍浙江上虞。道光二十七年進士，選庶吉士，授編修。咸豐二年，大考二等，擢侍講。三遷侍講學士。八年，超擢內閣學士。迭署禮、工、刑諸部侍郎。九年，疏言：「咸豐初以道梗銅少，改鑄大錢，未幾，當百、當五皆不行，惟當十行之。始直制錢三五，近則以十當一。銀直增貴，百物騰踊，民間重困。旗餉月三兩，改折錢十五千，致無以自活。向日制錢重一錢二分，大錢重四錢八分，以之當十，贏五錢四分。今以十當一，是反以四錢八分銅作一錢二分用也。民間私鎔改鑄，百弊叢生。今天下皆用制錢，獨京師一隅用大錢，事不畫一。請悉復舊規，俾小民易於得食，盜源亦以稍弭。」

十年，疏言軍事，略謂：「數年以來，地方軍事所謂失守，無所爲守也，但聽其失。卽坐以罪，僅革職留營而已。所謂收復，不見其收，自然而復。俟賊自去，卽虛報克捷，上狀列保，以樹植私人。似此用兵，安有成功之一日？臣愚以爲今雖敗裂，機尙可轉。賊窺蘇、常久，一旦得之，子女玉帛，其意已饜，不特金陵老賊全股爭趨，卽天長、六合之賊，亦涎其利。宜乘彼勢方散緩，請特選重臣駐清、淮要地，統籌全局。頃諭旨令曾國藩赴兩江署任，規復蘇、常，自寧國進兵，前後受敵，非萬全之計。莫如令胡林翼自江北進攻，牽制安慶；令楊載福以水師直下大江，互相策應；令李若珠力攻天長、六合，以出江浦，遙立聲援。密飭國藩潛引銳兵，倍道以取金陵，方爲上策。今日勞師糜餉，勢無窮已，兼各路統帥散而無紀，其賢者往往深入援絕，血戰殞身；其不肖者坐擁厚兵，遇敵輒避；必得重臣領兵統馭，積弊旣除，精神乃奮，此轉移之機也。」尋署戶部侍郎。

時各直省行團練，分遣大臣督辦，希祖疏言：「團者一時可集，練非經久不能。卽云團練，非五六千人不可。計口授食，費已不貲。卽使練成，而此五六千人制敵不足，騷動有餘，坐食貲詘，終虞譁潰。且遴往大臣，萬一與有司齟齬，必至互爲水火，轉貽大局之憂。請頒明諭，使知團練乃以自衞鄉閭，並不以此科斂，亦不必日給口糧，坐守困耗。否則用多費溢，正供無可挹注，不得不取諸民。輕則聚衆，重則返戈，大可慮也。」

英、法、俄、美四國合軍內犯，天津不守，希祖請暫就和議，遷延旬日，俾部署得以周詳。僧格林沁獲英官巴夏里，希祖疏請殺之。未幾，敵軍深入，上巡幸熱河。希祖屢疏諫，不報，屢北望痛哭，遂得疾。已而和議成，兼署兵部侍郎。尋卒。

文瑞，字叔安，烏蘇氏，滿洲鑲紅旗人。道光二十一年進士，選庶吉士，授編修。擢侍講，五遷至左副都御史。文宗卽位求言，文瑞疏陳四事，請選賢才，明賞罰，廣聽納，謹調攝，並錄乾隆元年左都御史孫家淦三習一弊疏以進，上嘉之。咸豐三年，粵匪陷武昌東下，疏請於上海、鎭江雇用廣東紅單船，擇員統帶，以防江面；並密察京師流言，以消逆萌、靖畿輔。上命諸大臣集議增兵籌餉，文瑞疏言：「兵餉爲國家大政，遵旨會議，乃大學士等絕無一語及公，言笑晏晏，不知內閣何地，不詢會議何事。臣臚舉措持之策，尙書孫瑞珍竟閒辭支吾，自述家私，形同市井。大臣如此，深堪悼嘆。」又言：「二月朔爲領俸定期，戶部款絀，早應籌畫。乃於是日淸晨請旨，冀以停俸上諉朝廷。又議行鈔法，並徵鋪稅，商民驚懼。請發帑三十萬支放春俸，暫可流通，俾商民安業，鈔法鋪稅，暫從緩議。」從之。又疏言：「鈔法之弊，放多收少，半爲廢紙。放少收多，民間鈔無從得。若收放必均，是與之甲而取之乙，徒擾無益，非易銀鈔爲錢票不可。擬就道光年間所設官號錢鋪五處，分儲戶、工兩局卯錢。京師俸餉，照公費發票之案，按數支給，以錢代銀。」並具條目六事。疏入，議行。

尋兼署大理寺卿，以天變奏請修省，上嘉納之。刑部罪人劉秋貴死於獄，文瑞奏：「秋貴無病，一夕而死。刑部後四日入奏，改易日期，塗飾操縱，請嚴飭根究。」山西崞縣民婦王劉氏拒姦死，罪人從輕比，刑部題駮，文瑞復奏：「原擬知州失出，請飭山西巡撫嚴劾。」上並從之。

粵匪入山西境，陷平陽等處，文瑞奏請飭督兵大臣嚴防入直隸要路。尋自臨洺關竄逼天津，命文瑞率兵駐通州。奏言：「通州城垣樓櫓損壞，請集款建復。」諭：「此守土之責，統兵大臣不必兼轄。」擢刑部右侍郎。四年，以病乞罷。

先是文瑞偕克勤郡王慶惠請捐銅鑄四項大錢濟兵餉，上從其請。及還京，病痊，命仍與慶惠董其事，設局開爐。上命尙書阿靈阿、御史范承典往銅廠查驗，文瑞奏劾阿靈阿等擅開爐房，恐有偷漏，上斥其負氣任性，降二級調用。同治元年，卒。

毓祿，字曉山，舒穆魯氏，滿洲正白旗人。道光二十一年進士，授刑部主事。累升郎中，遷御史。軍興，安徽、江蘇、山東諸省皆暫停秋審。毓祿奏言：「寇蹤所至，每先釋獄囚，脫其死而置之生，自必願爲賊用。雖有投首減罪之例，而愚頑類多不知大義。聞直隸近因賊擾，將秋審諸囚，酌覈情罪，其謀、故、凶、盜、拒捕、殺人重囚，立卽正法。其情有可矜及例應緩決諸囚，卽予減等發配，誠爲權宜變通之道。現有軍務省分，應令一體遵辦。」

京師行用大錢，當百、當五十二種壅滯不行，毓祿疏請商民應納旗租、地丁、關稅，於例定收鈔五成數內專收當百、當五十大錢二成，部收捐項應交錢票，亦一律納大錢。七年，擢工科給事中，歷內閣侍讀學士、太僕寺少卿、通政司副使、內閣學士。同治三年，擢工部侍郎，兼管錢法堂。五年，奏言：「寶源局鑄當十錢，向係滇省解銅，以銅七鉛三配鑄。近因滇銅久未解局，市銅低雜，致錢文輕小，例定每錢應重三錢二分。請每屆收錢，以三錢爲率，不及者卽飭改鑄。」上斥寶泉、寶源二局不職之兩侍郎監督，並下吏議。

徐繼畬，字松龕，山西五臺人。道光六年進士，選庶吉士，授編修，遷御史。迭疏劾忻州知州史夢蛟、保德知州林樹雲營求升遷，登州知府英文諱災催徵，滎河知縣武履中藉事科斂。又疏請除大臣迴護調停積習。

又疏陳政體宜崇簡要，略謂：「皇上廣開言路，諸臣條奏苟有可取，無不通行訓諭，惟是積習疲玩已久，煌煌聖諭，漠不經意，輕褻甚矣。臣以爲諸臣條奏，或非大體所關，或非時務所急，原不必悉見明文。若事關切要，聖慮折中，期於必行者，卽降諭旨，宜重考成。度其事之難易，限年與革。如仍前玩視，於本案外重治以違旨之罪。此教令之宜簡也。六部則例日增，律不足，求之例；例不足，求之案：陳陳相因，棼亂如絲。論者謂六部之權，全歸書吏。非書吏之有權，條例之煩多使然也。臣以爲當就現行事例，精審詳定，取切於事理者，事省十之五，文省十之七，名曰簡明事例，使當事各官得以知其梗概，庶不至聽命於書吏。此則例之宜簡也。考功、職方，議功議過，使百僚知勸懲也。現行之條，苦於太繁太密，不得大體。嘗見各直省州縣有莅任不及一年，而罰俸至數年十數年者，左牽右掣，動輒得咎。且議處愈增愈密，規避亦愈出愈奇，彼此相遁，上下相詭，非所以淸治道也。臣以爲各官處分，凡關於國計民生，官箴品行，不妨從重從嚴；其事涉細微，無關治體，與夫苛責太深，情勢所難者，當準情酌理，大加删削。此處分之宜簡也。」疏入，上嘉納。旋召入對，論時事至爲流涕。

十六年，出爲廣西潯州知府，擢福建延邵道，調署汀漳龍道。海疆事起，敵艦聚廈門，與漳州隔一水，居民日數驚。繼畬處以鎭定，民賴以安。二十二年，遷兩廣鹽運使，旬日擢廣東按察使。二十三年，遷福建布政使。二十六年，授廣西巡撫，未赴官，調福建。閩浙總督劉韵珂以病乞假，繼畬暫兼署總督。福州初通商，英吉利人僦居會城烏石山神光寺，士民大譁，言路以入告，上命韵珂、繼畬令其遷徙，久之乃移居道山觀。士民以繼畬初不力拒，終不慊，言者屢論劾。繼畬初入覲，宣宗詢各國風土形勢，奏對甚悉，退遂編次爲書曰瀛寰志略，未進呈而宣宗崩，言者抨擊及之。

咸豐元年，文宗召繼畬還京，召對，稱其樸實，尋授太僕寺少卿。詔求言，繼畬上疏，略謂：「國家崇尚儉樸，大內宮殿，一仍明舊。惟圓明園爲三時聽政之地，避暑山莊爲秋獮駐蹕之地，兩處規模，至乾隆間而備。宣宗皇帝暫停秋獮，熱河工程一切報罷，惟自正月至十月恆駐圓明園。然三十年中，未嘗增一堵一椽，游觀不及諸坐落，或報應修，輒令撤去，以故內帑發出外庫前後凡千數百萬。數年以來，園亭久曠，或謂先朝堂構，不應坐聽彫殘。方今軍務未完，河工未畢，亦料無暇及此。將來兩事告蕆，內庫稍充，保無以營繕之說嘗試者，伏望皇上堅持，苟非萬不得已之工程，一切停罷。至於裝修陳設，珍奇玩好，可省則省，無取鋪張，此土木之漸宜防也。孔子删詩，以關雎爲首，義取摯而有別。匡衡之說有曰：『情欲之感，無介於容儀；宴安之私，不形於動靜。』其言有別，可謂深切著明。第以事涉宮闈，絕於聽覩，非臣子之所敢言。雖有折檻之忠，牽裾之直，止能言得失於殿廷，豈能爭是非於宮壼？故聖帝明王，卽以是爲修省最切之地。皇上至剛無慾，邇者釋服禮成，將備周官九御之制，衍大雅百男之祥。竊以爲聖德日新，肇基於此，此宴安之漸宜防也。自古壅蔽之患，由於言路不通，然亦有言路旣通，而壅蔽轉生於不覺者。皇上御極之初，卽以開言路爲務。自倭仁一疏，手詔褒嘉，言事者紛紛而起。邇因天旱求言，又復諄諄獎誘，舉空言塞責、受人指揮、激直沽名三弊爲戒。臣庶大半中材，臣以爲空言塞責，事出庸愚，一覽擲之，無關輕重。激直沽名，由於器小，皇上予以優容，適足以見聖度。至受人指揮，事涉營私，果其確有可憑，必當明正其罪。總之羣言淆亂，衷諸聖人，亦在皇上權衡酌量而已。臣竊計在京言事者，約分三等：以章奏陳者，曰九卿、科道；以章奏陳兼得面陳者，曰部院大臣；不以章奏陳而時得面陳者，曰內廷王公。此三者各有所優，亦各有所蔽。九卿、科道，爵秩未崇，少迴翔之意，聞見較廣，多採訪之途，以風節相磨，以彈劾爲職，此其所優也；其所蔽則前之三弊是也。部院大臣，久在朝列，受恩効忠，明習時事，此其所優也；然階級旣崇，天顏日接，顧忌矜愼，胸臆所存，莫能傾吐其十一，此則其所蔽也。內廷王公，國家肺腑，外無私交黨援之患，內無希倖爵賞之心，此其所優也；然法制綦嚴，例不與外人交接，廷評輿論，所不盡聞，此則其所蔽也。皇上明目達聰，幽隱畢照，而臣乃緦緦過慮者，誠恐言事者限於才識，未能仰副淵衷，致皇上察納虛懷，不免悵然而思返，此壅蔽之漸宜防也。昔唐臣魏徵有十漸之疏，太宗嘉納，千古以爲美談。夫漸者，已然之詞也。正之於已然，何如防之於未然。臣謹師其意，衍爲三防之說，極知迂陋，無補高深，伏冀幾餘採納。」上優詔報之。

咸豐二年，吏部追論繼畬在巡撫任逮送罪人遲誤，請議處，乃罷歸。尋丁母憂。粵匪北犯，攻懷慶，山西巡撫哈芬檄太原總兵烏勒欣泰率兵防澤州，遷延未即赴。賊渡河陷垣曲，哈芬出駐陽城，布政使郭夢齡疏乞援，繼畬亦具疏借布政使印馳奏，上爲罷哈芬巡撫，以王慶雲代之。繼畬條舉防守諸事以告，尋奏請令繼畬督辦防堵。事定，居數年，回、捻交亂，又命督率官紳總辦各府州團防。繼畬駐潞安年餘，親歷遼州、上黨、陽城諸要隘，措置詳備，署巡撫沈桂芬甚重之。同治二年，召詣京師，命在總理各國事務衙門行走。尋授太僕寺卿，加二品頂戴。五年，以老疾乞歸。

繼畬父潤第，治陸王之學。繼畬承其教，務博覽，通時事。在閩、粵久，熟外情，務持重，以恩信約束。在官廉謹。罷歸，主平遙書院以自給。尋卒。

王發桂，字笑山，直隸清苑人。道光十六年進士，授禮部主事，充軍機章京，累遷郎中。咸豐三年，上疏言軍事，被嘉納。尋遷御史。

洪秀全既踞江寧，分兵北犯，發桂疏言：「順德、正定地當衝要，請屯兵扼隘。」並條列六事，曰：謹偵報，嚴催儹，愼查勘，明曉諭，廣撫卹，籌協濟。又疏薦貴州道員胡林翼知兵能勝重任，請超擢，俾任軍旅，上命林翼留湖北襄軍事。迭疏請令各省汰舊伍，練新兵，設鄉團，值有事則新軍進戰，鄉團設防，以明戚繼光紀效新書、練兵實紀訓練將士。賊渡河偪近畿輔，疏請蒐簡軍實，選精銳爲後備，並蠲貧民房稅，撫流亡以安人心，下所司議行。疏言：「軍興以來，大臣獲罪，多以從軍自効，位崇性驕，不可任使，坐耗糧糈，無裨軍政。且主將曲庇，輒請起用，有罪幾同無罪，圖功適以冒功。頃副都統達洪阿退縮失律，致知縣謝子澄、副都統佟鑑同時死寇。欽差大臣勝保賜以神雀刀，原令便宜行事，乃自入直境，未戮一人；而於獲戾大臣，多所論薦，以私廢公，抑阻士氣。請按治達洪阿以下，行軍法。紀律既嚴，軍威自振。」並被採納。累遷給事中、鴻臚寺卿。

八年，復疏論時事，言：「宜上廉恥，重訓練，以求將帥之才。李續賓、唐訓方起自末僚，能自張一軍，轉戰千里。敦樸廉潔，勇往任事之人，隨地而有，請飭督撫採訪奏聞。物力艱窘，莫甚於湖南；軍餉靡費，莫甚於江蘇。自湖南得左宗棠，江蘇得王有齡，而餉源日裕。夫興利莫如去蠹，今司計者日言捐餉，而鹽、漕、糧稅，凡國家自然之利，一任廢弛。請下所司議整飭。兩廣總督黃宗漢赴粵，遷延六月，遲不之官。城淪於敵，巡撫柏貴莫知爲計。城東居民殺敵數百，柏貴輒爲懸賞緝殺人者。貴州巡撫蔣霨遠當叛苗、教匪日久鴟張，未聞有所措施。此皆才力不逮，遂使一方塗炭。聖主恩威並用，尤所仰望。」

歷太僕寺卿、通政使、左副都御史。同治二年，署工部侍郎。疏薦戶部郎中王正誼守潔才優，以忤肅順得罪，請復其官，報可。授禮部侍郎，調刑部，又調工部。五年，以疾乞免。九年，卒。

廉兆綸，初名師敏，字葆醇，順天寧河人。道光二十年進士，選庶吉士，授編修。宣宗知其賢，將擢用，以父憂歸，遺命諸臣可大用者，兆綸與焉。咸豐元年，服除。二年，大考二等。三年，直南書房。四年，授右贊善，超擢翰林院侍講學士，督江西學政，轉侍讀學士，再擢內閣學士。五年，授工部侍郎。

時粵匪石達開擾江西，侍郎曾國藩率師禦之，寇張甚，陷州縣五十餘，逼會城。上命兆綸幫辦廣信、饒州防剿，兆綸奏言：「江西通省募勇計一萬五六千人，各不相統屬。地方有警，勝則互詡以競功，敗則爭潰而不相救。甚且擾民冒餉，乘便營私，其弊不勝枚舉。今賊勢日張，瑞州、臨江相繼失守，設有倉卒，以此散而無紀者當之，何恃不恐？惟有將所募之勇，裁去一切名號，併爲三四軍，每軍得四五千人，統以監司方面素有威望者，庶可責成功。」

六年三月，兆綸按試廣信，賊陷吉安、撫州，進據安仁，兆綸上疏請援，並以練勇千守貴溪。賊竄德興，陷建昌，廣信勢益孤，兆綸督諸生集鄉團，與廣信知府沈葆楨、上饒知縣楊昇籌防禦。遣上饒諸生郭守謙率鄉勇三百夜襲金谿，諸生曾守誠奮勇先入城，賊不虞兵至，奪西南門逸，克其城。乘勝會攻建昌，而饒州又陷，官軍敗績，廣信益危。兆綸與國藩等合疏請截留閩兵一千六百專攻建昌，分檄守謙與在籍道員石景芬防剿。六月，國藩遣都司畢金科復饒州，兆綸飭景芬、守謙等馳攻撫州。會賊連陷廣昌、南豐、新城、瀘溪四縣，八月，守謙軍撫州張家橋，三接皆捷，窮追遇伏，力戰死。時兆綸方赴鉛山，道梗，咨衢州鎭總兵饒廷選乞援。廷選率兵二千一百至，兆綸冒雨穿敵壘，復入廣信，共謀守禦，寇屢攻不下。凡七戰，捕斬其渠六，斬六千餘級。廷選與游擊穆隆阿、都司賴高翔等又屢擊破之。賊走玉山，廣信始解嚴。兆綸防守危城，盡出俸銀餉軍，貧困至不能自給，尋以病告歸。

七年，病痊，仍直南書房，署工部侍郎。八年，授戶部侍郎，調倉場侍郎。時軍事方急，兆綸疏請責成督撫辦賊，略曰：「今於督撫外另設統兵大員，其本省督撫雖有會剿之名，其實專爲籌餉之事。統兵者往往以呼應不靈，餉糈不給，漸至遷延；而督撫又往往以事權不一，供億不貲，各生意見。及至城池失守，統兵者無地方之責，或邀寬大之恩，而並未帶兵之督撫，轉受其咎。名實不符，事多掣肘，賊氛之熾，職此之由。臣惟督撫大吏，類皆朝廷簡拔之人，設其人未盡知兵，不妨擇統兵大員，畀以督撫之任，使之各淸各省，而責其成功。

方今川、黔、閩、廣，並未另派統兵大員，而本境漸就肅清。湖南北之專任督撫討賊者，轉有餘力助剿鄰境。至於江蘇一省，統兵者不一而足，而潰敗糜爛至今。平心而論，統兵大員中，豈乏公忠體國之臣？所以然者，抑其所處之地不同，用情亦異，此其故不可不深長思也。淸、淮一帶，實爲南北要衝，漕運總督不兼管地方，宜此時權設江北巡撫，抑或將漕運總督權改斯缺，所有江北各路軍務，悉歸統制，庶可控扼江、淮，聲援汝、潁。不惟江南羣逆絕其覬覦之心，卽豫東會、捻各匪出沒之區，亦可斷其一臂矣。」疏上，不報。

九年，英吉利兵北犯，疏請以戰爲和。十年，英兵掠豐益倉，兆綸疏自劾，上寬之。又疏言：「軍興以來，各省兵不足，因招募鄉勇。比來兵日少，勇日增，不可不預爲之計。此後勇丁如有技藝精嫺，戰陣得力者，請令統兵督撫大臣，卽於存營缺額挑選充補。軍事既定，願歸農者遣散，願効力者分隸各標，序補額兵。」上韙之。兆綸以交河糧商囤積穀秕，遣勇目捕治，糧商訴勇目索詐，辭連兆綸，事上聞，命刑部逮問。同治元年，京察休致。二年，諭責兆綸在任用人不當，奪職銜。

兆綸感知遇，遇事敢言，以是多齟齬。罷官歸，讓產諸弟，主問津書院，以修脯自給。六年，卒。

雷以誠，字鶴皋，湖北咸寧人。道光三年進士，授刑部主事，洊升郎中。遷御史、給事中，擢內閣侍讀學士，三遷奉天府府丞。咸豐元年，應詔陳言，請任賢能，覈名實。二年，復授太常寺少卿，屢上疏陳軍事。三年，遷左副都御史，命會同河道總督楊以增巡視黃河口岸，迭疏請撫卹茌平、東平、東阿、汶上饑民，撤山東防河兵，省各渡口冗費，皆報可。

粵匪陷揚州，以誠自請討賊，募勇屯萬福橋，扼揚州東南。賊窺裏下河，以誠屢擊走之，通、泰十餘城賴以保全。授刑部侍郎，幫辦軍務。與琦善、陳金綬會攻揚州，以誠分兵駐守要隘，焚浦口賊舟。屢會諸軍擊賊，而揚州久攻不能下，諸將以總兵瞿騰龍最勇敢足恃，詔命援安徽。以誠疏言：「臨陣易將，兵家所忌。」琦善亦以爲言，乃留勿遣。其冬，賊陷儀徵，偪運河西岸，官軍屢擊走之。以誠與浙閩總督慧成合駐軍瓜頭六牐，未幾，賊援至，鄉勇潰散，琦善奏劾，奪官留軍自効。嗣琦善請移瓜頭大營，以誠與慧成力爭，琦善復劾以誠諱飾。上責琦善諉過，飭以誠仍守瓜頭及萬福橋諸隘。賊旣自揚州退瓜洲，時來攻，以誠與陳金綬合擊敗之，加三品頂戴。尋授江蘇布政使，屢督礮船渡江會剿，攻北固山，破其土城，乘勝逐至金山，敗之。

六年，托明阿兵潰瓜洲，揚州復陷，詔責以誠等擁兵不援。又疏辨冒功，爲德興阿所劾，褫職戍新疆。以誠在戍所，呈請將軍扎拉芬代奏，言江北軍事。尋赦還，賜四品頂戴，授陝西按察使。遷布政使，入爲光祿寺卿。同治元年，京察，休致。光緒五年，以重宴鹿鳴還原銜。八年，又以重宴恩榮，加頭品頂戴。十年，卒，年七十九。

以誠在江北，用幕客錢江策，創收釐捐。錢江者，浙江長興諸生，嘗以策干揚威將軍奕經，不能用。林則徐戍伊犂，從之出關，以是知名。謁以誠於邵伯，留佐幕，餉絀，江獻策，遣官吏分駐水陸要衝，設局卡，行商經過，視貨值高下定稅率，千取其一，名曰「釐捐」，亦並徵坐賈，歲得錢數千萬緡。江與同幕五人赴下河督勸，不從者脅以兵，民間目爲「五虎」。江自以爲功，累保獎至道員，氣矜益盛，以誠不能堪。會飲，江使酒罵坐，以誠執而殺之，以跋扈狂肆、謀不軌聞。後各省皆倣其例以濟軍需，爲歲入大宗焉。

陶樑，字鳧薌，江蘇長洲人。嘉慶十三年進士，選庶吉士，授編修，纂修皇清文穎。十九年，林清之變，逆黨闌入禁城，樑方在館修書，其僕駱昇聞警，匿樑於書櫥，自當戶立，賊刃之，仆，越日事定，樑出，救之甦。仁宗回鑾聞之，召樑問狀，曰：「義僕也！」賜之金。二十一年，以知府發直隸，補永平，調正定。道光四年，擢清河道，署按察使。新城縣失過境餉鞘，歸罪外委白勤，逮訊，死於刑。上遣尙書松筠、侍郎白鎔按治，察其枉，樑坐降四級，捐復知府，留直隸。十二年，補大名知府。十八年，遷湖北荆宜施道，萬城隄決，樑復坐降調，捐復。二十二年，補湖南糧儲道，調湖北漢黃德道。二十八年，遷甘肅按察使，調山西。二十九年，遷江西布政使。入覲，授太常寺卿。

文宗卽位，檪疏言：「宣宗成皇帝天錫智勇，嘉慶十九年八月之變，當時但傳發槍斃賊，不知首逆林清姓名地址，亦由宮中訊得，立時遣捕，故渠魁不致遠颺，餘孽不致滋蔓。請敕載入實錄，以揚聖武。」上從之。咸豐二年，擢內閣學士。四年，遷禮部侍郎。六年，以病乞罷。七年，卒，年八十六。

檪早有文名，曾從侍郎王昶助其纂述。歷官所至，提倡風雅，賓接才俊，輯畿輔詩傳行世。晚登朝右，時值軍興，耆舊凋落，其猶見乾、嘉文物之盛者，惟大學士祁寯藻與檪二人，爲士林所歸仰云。

吳存義，字和甫，江蘇泰興人。道光十八年進士，選庶吉士，授編修。二十二年，督雲南學政。邊徼士風敦樸，存義力爲提倡，文風改觀。回民煽亂，存義按試永昌竟，出郭數里，城中火起，待學使去而始發也。二十八年，丁母憂歸。會江北大水洊饑，存義議賑，躬詣富室勸捐，多感其誠，出貲購米穀。存義櫂小舟散給饑民，全活甚衆。服闋，直南書房，擢侍講。咸豐五年，典試雲南，復留督學政，士益親之。回亂益棘，圍會城，城中兵鬨，掠官署民居，獨未入學政廨，民間婦孺匿考院避難者千人。存義在雲南久，習知民情，比復命奏對，陳變亂始末甚詳。累遷侍讀學士，署順天府丞。

十年，英法聯軍入京師，上幸熱河，京朝官多挈家出走，存義屬疾，語家人毋隨人妄動。事定，敍城守勞，將入存義名，存義聞之，力疾起，署牘曰：「府丞吳存義抱病家居，干掫詰姦皆無與。今病未愈，不敢冒受賞。」

未幾，擢太僕寺卿，遷通政使，署禮部侍郎。存義以文廟從祀位次多舛，奏請審定，繪圖頒行。又以諸儒增祀既繁，漸失世用其書、垂諸國冑之義，奏飭中外臣工不得濫請。署刑部侍郎。

同治二年，署工部侍郎，迭署禮、戶二部。出督浙江學政，軍事甫定，人士離散初歸，存義寬大拊循，歲考既周，秀良者始奮於學，乃導以經、史、小學，文風復興。三年，調吏部，留學政任。六年，任滿，以病乞歸。七年，卒。

殷兆鏞，字譜經，江蘇吳江人。道光二十年進士，選庶吉士，授編修。咸豐四年，遷侍講，直上書房，授惠親王子奕詳等讀。擢侍講學士，命授孚郡王奕譓讀，累遷大理寺少卿。九年，英吉利兵犯天津，兆鏞力主戰，疏請黜邪謀，決不計，詆斥主和諸臣甚力，擢詹事。九年，署兵部侍郎。詔江蘇諸省治團練，兆鏞疏言其弊，舉四害，言甚切。上海欲借英、法人助戰，兆鏞亦以爲不可。

十一年，丁本生母憂，同治元年，服除，仍直上書房。疏言：「江、皖軍威既震，大局漸有轉機。臣來自災區，敢就見聞眞切關繫重大者爲皇上陳之：一，宜飭戎行。上海兵勇號稱四萬，皆不堪用，何以今年經英、法人管帶，便成勁旅？華爾親兵六百，盡中國人，戰無不勝。無他，挑選愼，約束嚴，器械精，賞罰信耳。請敕將帥講求武備，漸事安攘。提鎭中如曾秉忠水師通賊焚掠；馬德昭掠蘇州、上海；李定泰掠湖州、嘉興；向奎每戰輒敗，敗輒行劫；馮日坤部兵掠婦女。李恆嵩兵不行劫，已共推良將。竊謂行師首禁焚掠，克城先謀戍守，否則旋得旋失，民間無孑遺矣。一，宜澄吏治。上海諸官吏，惟劉郇膏得民心，已蒙特簡。薛煥統馭無能；吳煦精心計，在上海設銀號，繳捐者非所出銀票不收；新授糧儲道楊坊，由洋行擔水夫致巨富，爲洋人所鄙；浙江布政使林福祥，杭州破後降賊，送王有齡、張錫庚柩至上海。臣意此等悖員，宜分別懲創，稍申憲典。一，宜清釐餉款。上海左近官卡、賊卡，槍船卡林立，卡稅之外，釐捐、月捐、船捐、畝捐、房捐日增月益，臣聞官吏紳商皆云日可收銀二萬，月得六十萬。兵勇四萬人，日餉三錢，月止三十六萬，而當局猶入不敷出。請敕曾國藩、李鴻章嚴密淸釐。蘇、松、嘉、湖賦額甲天下，近三十年，年年蠲緩，官民交欠，賦成虛額。現經大亂，田荒戶絕，可否俟軍務大定，敕督撫覈計，酌留商稅，核減農賦，以羨補不足，勿踰定則。一，宜撫卹遺民。江、浙交界莠民設槍船，所至焚掠，此輩視官兵盛衰以爲向背，克復時必爲內應。請敕督撫從宜處置，或令歸農，或籍爲兵，勿貽後患。至失守郡縣，陷賊士民商賈，苟非出自甘心，僅止偸生畏死，可否援脅從罔治之義，乞恩原宥。一，宜防維外人。上海孤城克保，不得謂非外人之力。自經助剿，所向無前，或云實出義舉，或云欲通商販，或云日後恃功索償，臣俱不敢逆億。各處通商，尊奉外人太過。猶幸我國新政清明，未萌覬覦。日久相習，利權盡歸，人情益附，而謂狼子必無野心，實難深信。撫御得體，尤在博知外情。請敕各口通商衙門，譯述各國新聞有關時事者，書記大則奏聞，藉資豫備。」上以所陳不爲無見，下國藩、鴻章等籌畫，並將福祥等察劾按治。尋授詹事，遷內閣學士，迭署兵、禮諸部侍郎。

四年，編修蔡壽祺疏劾恭親王，命大學士倭仁等察奏。兆鏞與左都御史潘祖蔭疏言：「恭親王輔政以來，功過久蒙睿照，重臣進退，關繫安危。倘祈持平用中，熟思審處，察其悔過，予以轉圜。庶無紊黜陟大綱，滋天下後世之惑。」上納其言。六年，督安徽學政。七年，授禮部侍郎，任滿，仍直上書房，迭署兵、工二部侍郎。尋授吏部侍郎，調戶部，再調禮部。光緒七年，以病乞罷。九年，卒。

論曰：咸豐中四方多故，文宗悒悒，恆抱疾。京師用不足，大錢鈔票，法立弊滋。王茂蔭屢進讜言，均中利害，清直爲一時之最，宋晉亦其次也。袁希祖、文瑞皆有所論列，而徐繼畬直箴君德，所舉三防，陳義尤高，發桂言軍事亦有識。廉兆綸助守江西，雷以諴分防江北，並著事功。陶樑爲文學老宿，吳存義、殷兆鏞並侍從清望，存義視學滇、浙，能得士心，兆鏞慷慨論事，於鄉邦疾苦冀有補苴，何言之深也！

# 清史稿卷四百二十三

## 列傳二百十

宗稷辰　尹耕雲　王拯　穆緝香阿　游百川 沈淮

宗稷辰，字滌甫，浙江會稽人。道光元年舉人，授內閣中書，充軍機章京。遷起居注主事，再遷戶部員外郎。咸豐元年，遷御史。疏請飭各省實行保甲，略言：「州縣宜久任，時日宜寬假，塡寫門牌當詳細核對，董事胥役毋派費累民，酌用丞簿以爲襄助，先編巨族以爲聯屬，並可申明讀法之典，兼收團練、社倉之益。」詔下直省督撫，各就地體察參酌行之。又疏言通籌出入，宜崇實去僞，舉淸查、報效、生息三端；又疏請酌改經徵處分，令州縣戴罪嚴催：並下戶部覈議。五年，聞上將謁陵，未有旨戒行，稷辰疏言：「畿南州縣被水，連歲用兵，民氣甫行休息，籲請展緩一年。」上諭曰：「每歲謁陵，事同典禮，如果畿輔民力未逮，亦必權衡時勢，暫緩舉行。今茲並未降旨何日謁陵，宗稷辰揣度陳奏，徒博敢諫之名而無其實。

此風不可長！」下部議處。

尋又奏言：「自粵匪竄據長江，數年以來，文臣武將，能戰者稀。如烏蘭泰、塔齊布、江忠源皆難得之將，而多不盡其用，且以死殉。如勝保、張亮基、袁甲三皆勇於任事，而亦未盡其用，以罪罷去。近日支持兩湖，賴有一二書生，如胡林翼、羅澤南，能以練膽為士卒先。此二人者，實曾國藩有以開之。此時若開文武兼資一科，誠足濟當時之急，而臣工多不敢薦舉者，一恐其才疏而得過，一恐其遇蹇而罔功。處愁眉焚頂之時，守蹈常習故之轍，見有敗衄，動以餉匱為辭。餉固不可不籌，試思用兵乏人，雖斂金百萬，棄如土苴，終歸無用。臣聞見隘陋，非能盡識天下之才，所知湖南有左宗棠，通權達變，為疆吏所倚重，若使獨當一面，必不下於林翼、澤南。其屢經論薦，難進易退，肝膽經術，實可取材者，有若湖州之姚承輿。其策議深沉，才識過人者，有若常州之周騰虎、管晏，桂林之唐啓華，皆關心時務，今尚鬱鬱伏處田間。誠能破格招賢，連茹並進，則得一人可以平數州，得數人可以清一路。長江雖阻，當不難分道建功，剋日平定。伏乞皇上命內外臣工各舉所知，無論已仕未仕，果能文武兼資，皆許徵起，必可網羅而盡得之。」疏入，下各督撫，命以宗棠等加考送部引見。宗棠自此膺簡拔，論者謂其知人。

遷給事中。時京師行大錢，商民苦之。稷辰上疏請復用制錢，號曰「祖錢」，而大錢改純用鐵鑄，兼行並用。下部議，格不行。又以畿輔水患，疏請急賑，從之。尋授山東運河道，捻匪入境，於濟寧牛頭河濱築戰牆，北岸六千三百丈，南岸八千六百丈，賴以守禦。以功加鹽運使銜。同治六年，引疾歸，尋卒。

稷辰父霈正，官湖南零陵知縣，廉無餘貲。稷辰事母孝。爲學宗王守仁、劉宗周。罷官後，主餘姚龍山書院、山陰蕺山書院。官京朝，請祀總兵葛雲飛本籍；官山東，請修方孝孺祠，並刻正學集：其振勵風敎多類此。

尹耕雲，字杏農，江蘇桃源人。道光三十年進士，授禮部主事，再遷郎中。咸豐五年，粵匪犯畿輔，惠親王綿愉爲大將軍，僧格林沁參贊軍務，辟耕雲佐幕府，上書論防務，爲文宗所知。八年，授湖廣道監察御史，署戶科給事中。時方多事，封章月數上。直隸總督訥爾經額坐貽誤封疆罷，復起。耕雲疏言：「訥爾經額之罪，天下共聞共見，未喻其復行起用之故。方今江、淮、楚、豫軍務未靖，秉鉞之臣，星羅棋布，所以奮不顧身，必欲滅此朝食者，固由篤於忠義，亦以國家信賞必罰，有以畏服其心。萬一效尤解體，患何可言？昔宣宗起用琦善，以陳慶鏞之言而罷。伏願紹述心傳，收回成命。」

時粵匪復窺武漢，耕雲疏言：「武漢地踞上游，北窺關陝，南脅湖湘，東撼吳越，西制巴蜀，自古南北用兵，皆出死力爭之。今賊窺伺楚北，分擾廣濟、黃岡，逼近省城，撫臣胡林翼兵勇數千，衆寡懸絕，江路綿遠，首尾不能兼顧。侍郎曾國藩忠勇樸誠，應請授爲欽差大臣，率其所部援湖北，較諸他臣事半功倍。」

粤匪陷定遠，耕雲疏言：「定遠失守，粤、捻新合，必謀北竄，恃山東爲之屏蔽。撫臣崇恩幸其不戕官據城，於賊退後虛報勝仗，內則巧爲彌縫，掩一人耳目；外則恣其朘削，竭萬姓脂膏。惟懇俯念藩籬重地，立予罷斥，簡大員往代。於洪湖多募水師，兼飭傅振邦全軍移駐固鎮、靈壁，冀收皖北，以固山東。」及廬州失守，又疏言：「昔人建省安慶，與九江、江寧爲犄角，控扼長江。上年徙治廬州，已失形勝，茲並廬州亦不能守。胡林翼等自武漢進逼九江，而安徽之賊，或自英、霍走湖北，牽我上游，或自徽、歙擾浙西，窺我腹地。我軍分道救援，罷於奔命。賊有四達之路，我無三面之圍，雖日克一城，何益？撫臣福濟屢挫損威，候補京堂袁甲三素得民心，如以爲巡撫，必奮身圖報。」

及國藩進師，疏言：「軍興以來，征調半天下，糜餉數千萬，卒未能掃穴擒渠，則以屢後時而數失機也。今曾國藩蓄養精銳，所向克捷。陳玉成、張洛行率悍賊數十萬，齊向潛山、太湖抗拒，衆寡之數，十倍於我，一有疏虞，關繫甚重。此時廬、鳳、六合賊勢必單，請飭袁甲三、張國樑剋期擣其巢穴，逼令反顧，或令間道爲楚師聲援，亦足褫其狂魄。」別疏劾河道總督庚長，請以甲三兼攝；又論雲南回匪不宜專意主撫；又陳京師本計，平糶、採買、賙恤、蓄積諸事宜並舉；又言錢法積弊：諸疏多見採納。

英、法合軍犯天津，耕雲專疏者七，會疏者二，力主決戰，上命王大臣集議。與鄭親王端華等議不合，耕雲抗辯痛哭而罷。耕雲初在禮部，肅順頗重之，及是爲所憎。九年，科場獄起，以科道失糾下吏議，而耕雲以充內監試謫獨重，鐫二級調用。十年，京師戒嚴，上將幸熱河，耕雲代團防大臣草疏諫阻，復自以書抵肅順，卒不聽。侍郎文祥提督九門，遇耕雲東城，相持哭，因爲規畫留守諸事。

胡林翼疏薦耕雲胸有權略，請起用。會副都御史毛昶熙治河南團練，疏調從軍。同治元年，率部卒五千，從僧格林沁平金樓寨教匪，又偕提督張曜克張岡捻巢，以道員記名，賜花翎。三年，署河陝汝道。西征軍購糧陝州，市斛小，責屬縣償其不足，凡數百萬斤，耕雲悉請罷之。客軍有不法者，斬以徇。境多刀匪，請得節制河、陝兵，饋餉以時，兵咸用命。

四年，張總愚犯畿輔，耕雲從巡撫李鶴年進軍磁州，建策築長圍斷賊歸路。兩署糧儲鹽法道，佐治善後事，濬惠濟河，塞河決，敍勞加布政使銜。十三年，補河陝汝道。河、陝徭役重，亞於常賦，耕雲立定制，嚴稽覈，民困稍甦。光緒三年，大旱，條上救荒七事，未及行，卒於官。

耕雲在言路著直聲，出任監司，巡撫張之萬、李鶴年皆倚重之，軍事多所贊畫。卒後，巡撫李慶翶以災荒被劾，牽及冒領兵餉事，辭連耕雲，後終得白云。

王拯，初名錫振，字定甫，廣西馬平人。道光二十一年進士，授戶部主事，充軍機章京。大學士賽尙阿視師廣西，以拯從，拯感時多難，慷慨思有所建白。咸豐間，自郎中累遷大理寺少卿。同治二年，降捻宋景詩由陝西還擾直隸、山東，拯奏言：「景詩岡屯甎圩，儼然嵎固，自陝逸回，其黨不過數百。崇厚等一再養癰，裹脅逾萬。近復於昌邑、莘、聊城、臨淸四州縣，令村莊將所獲麥與佃戶平分，運送岡屯，是其名爲降伏，心迹轉益凶悖。請密敕直隸督臣劉長佑計調來營，暴其罪而誅之。若抗違不至，直隸官軍猶能越境進剿。景詩既除，如楊蓬嶺、程順書等首惡，皆可駢誅，以除巨憝，以安畿輔。」疏入，未行。其後景詩卒以叛誅。

軍事未定，曾國藩議於廣東籌餉，勞崇光創辦釐金，諸弊叢起。拯疏言：「兩粵爲肇亂之區，岑溪、容縣，數載皆爲賊踞。信宜陳金釭尤爲巨憝，羣賊相爲一氣，滋蔓難圖。勞崇光舉辦釐金，率令紳商包充墊繳，燃眉剜肉，事何可常？及崇光去任，徵收減少。近乃有釐務委員，或爲衆所毆傷，或爲民間枷號，雖民情頑獷，而官吏惡劣亦可概見。以積年久亂之地，有負嵎圜視之賊，當一切利孔、百方搜剔之時，臣竊恐利未十而害已百。萬一兩粵復糜爛，更不知何所措手足，豈惟釐金不能辦而已？」因薦廣東道員唐啓廕、兩淮運使郭嵩燾、浙江運使成孫詒。旋用嵩燾督廣東釐金，自拯疏發之也。

三年，遷太常寺卿，署左副都御史。疏論：「總理各國事務大臣侍郎崇綸、恆祺、董恂、薛煥委瑣齷齪，通國皆知，竊恐外邦輕侮，以爲中朝卿貳之班，大都不過如若曹等，未免爲中朝恥辱。就令人材難得，或於總理衙門位置爲宜，上應量爲裁抑，或處以散職，或畀以虛銜，庶外邦服我旌別之嚴。四方聞之，亦釋然於朝廷宥納羣倫、羈縻彼族之意。」

尋遷通政使，仍署左副都御史。疏言：「近日蘇、杭迭克，直、東肅清。臣觀從來將興之業，垂成之功，未有不矢以小心，而始能底定者。金陵賊窟雖計於三四月間可拔，而丹陽與常州犄角，百戰悍賊如李秀成等，麇集死守。杭、嘉旣克，餘黨歸併湖州。其自皖南竄越江西之賊，蔓延玉山、鉛山、金谿、建昌二三百里，衆號八九萬，並有闌入福建境者。又聞李世賢自率巨股由淳安、遂安接踵而至，曾國藩、左宗棠等用兵日久，前此屢陳不亟求功旦夕，同一老謀深計，獨於皖、浙毗境豫作防維之策，則國藩意在徽、寧各飭所部分防，宗棠以爲不若併力取廣德扼賊竄路。兩議未及定，賊已由皖竄贛。賊又草竊已久，人數太衆，勢多不能聚殲而弗使一賊他遁。臣則以此賊人多勢劇，一意奔突，前股未痛剿，後股又踵接。萬一深入江西腹地，燼餘復熾，又至燎原。且由贛踰閩，可以直走汀、潮，爲數年來竄匪熟路。黃文金由此而來，石達開由此而去，前事可爲深警。疊蒙諭旨，曾國藩、左宗棠、李鴻章、沈葆楨及閩、粵各督撫諄諄戒備。當此大功將竟，惟當併力一心，互籌戰守，務將分竄諸賊，前截後追，必使所至創夷，日就衰殘零落，不得喙息，以成巨患。臣尤有請者，皖、浙諸軍與賊相持不爲不久，所需餉項，國藩、宗棠等各於江、楚等省自爲籌畫。國藩奏於江省設立總臺，以一省捐釐之數，爲皖軍十萬養命之源。浙軍固不能分撥，卽國藩所部月餉，傳聞亦祇放數成，不得已而籌及廣東釐捐，乃又不能遽辦。夫民之不能見遠而各爲其私者，情也。廣東有之，江西豈獨不然？日前沈葆楨奏請將江西茶稅、牙釐等款歸本省任收，旋用部議允留其半，在國藩等斷不至觖望。惟軍前將卒，當枕戈喋血切望成功之時，忽聞軍餉來源將減，衆心或生疑懼，何以得飽騰而資鼓舞？擬請飭贛、皖、楚、粵各疆臣，值此事機至緊，無論如何變通爲難，總當殫竭血誠，同心共濟。甘肅回氛未戢，中州餘捻尙存，汝南陳大喜等竄逸湖北，自隨、棗逼襄、樊；張總愚自南台山中出竄內、淅，時虞合併；漢中之賊，全竄寧、陝、商州一路，聞將會齊襄、樊回援金陵，誠亦未可輕忽。目前陝省軍務，政出多門，李雲麟追賊商於，忽捲旆而西，其在興安，未能遏賊竄逸，其在漢陰，遇賊避匿，縱勇淫掠，宜量加裁抑。劉蓉素嘗學問，懷負非常，漢中之賊，本所專辦，而竄擾四出，尤當誓志盪除，方爲不負。多隆阿聲望最優，衆口爭傳爲第一名將，乃近日聲望漸損，宜申聖諭訓飭。

雷正綰所向克捷，諒足當一面之寄，顧全甘官吏，未有一二正人支持其間。現聞蘭州與慶陽隔絕，恩麟權督印，不過使令便辟之材，識見陋劣；熙麟坐守慶陽、寧夏一區，又爲慶昀種種紕繆所誤。臣愚以爲亟宜遴簡公正有爲之大臣，鎭撫整飭。今之天下，何易遽言率土奠安，而南北軍務漸定，西事再能就緒，亦卽爲大致之澄清。朝廷者天下之本，宮府淸明嚴肅，與疆埸奮迅振拔之氣，相感而自通。天下大勢日轉，而亦正多難鉅之事，或遽以爲時局淸明，事機暢遂，若已治已安者然。人情大抵喜新狃常，畏難而務獲，獨有當幾至誠君子，爲能深察而切戒之。昔諸葛亮爲三代下一人，史獨稱之以謹愼。朱子進戒宋孝宗曰：『使宴安酖毒之害，日滋而日長；將臥薪嘗膽之志，日遠而日忘。』臣不勝私憂過計，冒昧瀝陳。」疏入，報聞。尋告歸，卒。

穆緝香阿，字居南，滿洲鑲紅旗人。由工部主事再遷郎中。同治四年，授山東道監察御史。疏請愼擇宦寺，略言：「皇上沖齡御極，聖學日新，知識日開，左右侍從之輩，宜豫加愼選，勿使將來蠱惑聖聰。溯自漢末及前明，朝政之失，半由宦寺。蓋宦寺出身之始，每以小忠小信，便捷逢迎，無非售其固寵邀恩之計。及黨與已成，則驕肆專橫，而箝制其上，雖英明之主，竟有百計不能除之者。當時臣民，切齒痛恨，終歸無可如何。我朝列聖相承，遠邁前代，不但不準此輩干預政事，雖應對進退間亦不假以辭色，使無由讒諂面諛，浸潤膚受。是以二百餘年，從不爲患。雖然如此嚴防，尙有防不勝防之慮。嘉慶癸酉之變，猶有通賊者，是此輩反覆已有明徵也。今皇太后垂簾聽政，洞悉其弊，杜漸防微，有鑒於前，不使宵小蒙蔽。所以知人善任，朝政肅淸。卽數年後皇上親政，亦斷不致寵任此輩，貽誤事機，何待臣下緦緦過慮？然獻曝之忱，有不能已者。當此之時，正聖學擴充之際，雖臣工皆能盡心輔佐，而宦寺尤宜加意斟酌。臣以爲宦寺之設，無非效奔走、供指使而已，萬不可使年輕敏捷之人，常侍左右。請皇太后選忠正老成者爲我皇上朝夕侍從，庶將來親政，必不致受其欺蒙蠱惑，而無疆之聖德，基於此矣！」

五年，疏論大學士曾國藩督師討捻，日久無功，請量加譴責。上以國藩迭疏引咎，特命回任專辦餉糈，雖未蕆全功，非貽誤軍情者可比，斥所奏過當，置不議。出爲山西蒲州知府，尋卒。

穆緝香阿通知國故，家藏邸報，自國初以來幾備。

游百川，字匯東，山東濱州人。同治元年進士，選庶吉士，授編修。六年，遷御史，巡西城。宗室寬和等所行多不法，奏劾懲治，一時貴近斂跡。七年，捻匪自山東竄直隸，百川奏請飭統兵大臣迅速剿辦，又請嚴禁各省栽種罌粟，上皆採納。疏論內外官署胥吏積弊，詔通飭嚴禁。復言：「除吏弊在肅官方，尤在揚士氣。請飭部院堂官於每司中擇賢雋數員，付以事權，專其責任。察有胥吏舞弊，據實上陳，仍以勤惰定功過。賞罰既明，人才自奮。至外省地方官，本有懲治胥吏之權，嚴飭各督撫爲地擇人，毋以人試地。舉賢劾不肖，再簡廉正大員，以時巡察，遇有貪官蠹吏，列狀奏聞。」

黃河北徙，山東郡邑屢被水。百川疏請賑卹，河督文彬、巡撫丁寶楨請仍挽復淮、徐故道，命廷臣集議。百川疏言：「黃水宜南宜北，必將折衷一是。如議挽復故道，論工程，論經費，引黃濟運，有未可遽定者三端：如即以大清河爲黃水經流，舊道斷不能容，河面必須加寬，民間田廬如何移徙，如何安置，則度地宜審也；且即河面加寬，仍恐萬難容納，別開支河，勢不容已，徒駭、馬頰、鉤盤、鬲津猶可指名，可否開行，有無貽害，則分水宜權也；黃水北行，其事爲創，萬一不善料理，人情騷動，物議沸騰，則相機宜愼也。請特派大臣履行上下游詳勘，然後定策。」

十二年，上親政，命葺治圓明園，奉皇太后駐蹕。御史沈淮疏請暫緩修理，上特諭宣示孝養兩宮之意，專修安佑宮供奉列聖御容，暨皇太后駐蹕之所，治事之地，量從節儉，不事華靡，此外均不必興修。百川繼疏申諫，上召入詰責，百川侃侃正言無所撓，上爲動容，一時敢諫之名動朝野。尋以憂歸，服除補官，遷給事中。光緒五年，出爲湖南衡永郴桂道，遷四川按察使，擢順天府尹，遷倉場侍郎。九年，山東河決，被災者數十州縣，命百川往會巡撫陳士杰治工賑。百川輕騎周歷河南北岸、上下游，先散急賑。會奏請築兩岸遙隄，復於其內築縷隄，使黃水不致泛濫；又奏請濬小淸河，分黃水入海：如議行。還京，以倉廒被火，罷歸。居數年，卒。

淮，字東川，浙江鄞縣人。道光二十九年舉人，授內閣中書，充軍機章京。咸豐十年，文宗狩熱河，淮不及從，慟哭欲投井，家人守之不得死。遷刑部主事，進員外郎，授陝西道監察御史。疏劾戶部主事楊鴻典攬權納賄，下刑部逮治，僅以小過議鐫級，及閻敬銘爲尙書，始奏劾譴黜。園工興，淮疏首上，當時與百川齊名。光緒元年，充順天鄉試監試，力疾從事，出闈，旋卒。家固中人產，官京師，斥賣殆盡，人尤服其淸節。

論曰：用兵之際，事機千變，京朝官以傳聞有所論列，往往不能切中。宗稷辰歸重得人，尹耕雲論諸將帥罪，王拯請調和疆吏，一意辦賊，爲能見其大。拯所言尤詳盡，蓋直樞廷，見軍報，較得諸傳聞者異矣。穆緝香阿請愼選宦寺，游百川等阻修圓明園，謇謇負直諫名，良不虛也。

# 清史稿卷四百二十四

## 列傳二百十一

吳振棫　張亮基　毛鴻賓　張凱嵩

吳振棫，字仲雲，浙江錢塘人。嘉慶十九年進士，選庶吉士，授編修。道光二年，出爲雲南大理知府，歷山東登州、沂州、濟南，安徽鳳陽知府；山東登萊青道；貴州糧儲道；貴州按察使；山西、四川布政使。咸豐二年，擢雲南巡撫。尋甸、東川回匪蠢動，粵匪由廣西闌入開化、廣南境，偕總督吳文鎔先後遣將擊平之。四年，調陝西巡撫，未行，署雲貴總督。貴州興義、普安匪起，檄安義鎭總兵金剛保等剿之。遵義亦被匪圍，合滇、黔兵力，迭戰獲勝，擒匪首楊鳳先於石阡葛莊司。五年秋，始抵陝西任。匪首陳通明受粵匪指揮，於潼關糾衆謀響應，以計擒之，並獲其黨張順、羅吉祥等置諸法，被詔嘉獎。鹽課攤歸地丁，數倍於昔，奏請改行招販，先課後鹽，民便之。未幾，擢四川總督。

七年，調雲貴總督。雲南漢、回積仇，自中原兵事亟，協餉不至，回亂愈恣。團練跋扈，動相殺掠，省城戒嚴。前任總督恆春不能制，夫婦同縊，巡撫舒興阿亦以病求去，惟布政使桑春榮困守危城。文宗知振棫熟悉滇省情形，故以代之。命選川兵三千，攜餉五萬馳往，調前山東巡撫張亮基幫辦軍務以副之。振棫至，先駐宣威，進次曲靖。疏言：「先剿後撫，勢順而易，不待智者而知。兵盛餉足，必應如是。前督臣林則徐剿永昌回匪，兵、練萬餘，本省有餉可籌；彌渡獲勝，匪旋受撫，其地祇迤西一隅中之一隅。此次匪徧三迤，情形迥不相同，非數千之兵、十數萬之餉所能蕆事。如率意逕行，徒損國威，於事無補。臣初到滇，於漢、回兩無嫌怨，惟憑藉兵威，結以恩信，有所申訴，處以公平。省城爲根本重地，省回解散，此外漸次籌辦，其負嵎抗拒者，仍當力剿。匪勢漸孤，較易得手。否則不自量度而急乘之，更無轉圜地步，禍更烈矣。現在兵無可調，餉無可籌，宵旰焦勞，事非一省。臣爲雲南一省計，並當爲天下全局計，豈容再有貽誤，致令徵調無休？故未言剿先言撫，有萬不得已之苦衷，雖成敗利鈍難以逆料，舍此亦別無良策也。」

又奏：「在籍侍郎黃琮、御史竇垿、總兵周鳳岐奉命團練，設總局於省城。周鳳岐意見不合，引嫌不肯與聞。黃琮、竇垿聯銜出示，專主痛剿，民間紛紛集練，回衆疑忌日深。地方官苦心解散，漢民往往鬨堂塞署，逼官殺回。故團練在他省爲要務，在滇省竟爲大患。

黃琮等每言省團可得六十萬人，無虞寇警。回匪初至城外，不及千人，團丁招之不來，來卽奔潰。近日省練一萬餘人，月需餉數萬，經費不敷。練頭自行管帶，不盡官派。回衆有求撫之意，梗議者忽用練往勦，妄殺邀功，致可撫者終不能撫。黃琮、竇墉係特派人員，非臣力所能制，請旨定奪。臣已咨桑春榮嚴飭守城之練，裁汰冗濫，以節糜費。練歸官統，如不奉調派，自行出隊，卽按軍法從事，庶一事權而免掣肘。」疏入，詔褫黃琮、竇墉職，許回民悔悟自新，其負固不服者，痛加勦辦。漢民借團練爲名肆行殺掠者，以軍法從事。於是振棫遣漢、回委員赴省城曉諭漢、回，解釋猜嫌，分畫所居街道，撥抵難民遺產，議定章程，遣散歸業。先後勦平霑益回匪，殲咸寧土匪李廣沅。八年四月，撫局粗定，入駐省城，偕張亮基籌辦迤西勦撫事宜。臨安回匪攻府城，遣兵擊走之，又敗之於阿迷州，解河西縣之圍。

是年冬，以病乞罷，因子春杰官雁平道，就養山西。同治元年，命會同巡撫英桂防河，尋命赴陝西會辦軍務。十年，卒，詔依例賜卹。

張亮基，字石卿，江蘇銅山人。道光十四年舉人，入貲爲內閣中書。從大學士王鼎赴河南治河，督築西壩。工竣，賜花翎，擢侍讀。二十六年，出爲雲南臨安知府，總督林則徐曾與共事河工，知其才，密薦可大用，調署永昌。邊夷滋擾，亮基用土弁左大雄擒匪首，事乃定。超擢雲南按察使，就遷布政使。三十年，擢雲南巡撫，兼署雲貴總督。粵匪漸熾，嘗密疏論軍事，文宗韙之。

咸豐二年，調湖南巡撫，在途聞賊圍長沙，疏請駐守常德。詔趣進解省城之圍，至則梯城而入，屢出隊與城外援軍夾擊，賊解圍去。破岳州，入湖北，漢陽、武昌相繼陷，湖廣總督徐廣縉以罪罷，命亮基代之，規進勦。亮基疏言宜防賊回竄，意在專顧湖南，詔趣速進。三年春，賊棄武漢東下，亮基抵湖北籌辦收復撫卹事宜。通城、崇陽、嘉魚、廣濟土匪起，平之。賊自下游分竄江西，亮基督師扼道士洑、黃石港，分兵赴援。秋，賊之分竄河南者，由羅山入湖北黃安、麻城境，水陸夾擊，殲之。

調山東巡撫，未行，江西賊由九江來犯，令道員徐豐玉禦之於田家鎮，戰失利，豐玉陣亡，亮基坐降四級留任。時粵匪李開芳等犯畿輔，踞靜海。亮基至山東，奉命扼德州，防其南逸。南路賊欲由淮、徐窺伺北犯爲應援，令按察使厲恩官率兵駐宿遷之北以防之。四年，賊入山東境，亮基馳扼濟寧，杜其北竄。尋陷鄆城，擾范縣、壽張、東平，繞出賊前截擊，敗之於臨清黑家莊。旣奏捷，幫辦軍務大臣勝保劾其取巧冒功，詔斥亮基欺罔，並追論初赴湖南不急趨長沙，及去湖北時但求自全，居心狡詐，褫職，遣戍軍臺。逾年，給事中毛鴻賓言臨清之役，勝保妄劾，御史宗稷辰亦言亮基能任事，未盡其用，乃釋回，發東河差遣，尋命往安徽隨辦軍務。

七年，予五品頂戴，命赴雲南幫辦剿匪事宜。雲南回匪方熾，團練横行省會，總督吳振棫初至，駐曲靖，裁抑練勇，招撫回衆。霑益回最悍，集衆犯宣威，亮基督按察使徐之銘等率兵擊走之。八年春，又敗之於袁家屯，殲賊甚衆，餘黨就撫，詔嘉之，授雲南巡撫。旣而振棫乞罷，擢雲貴總督，亮基薦徐之銘代爲巡撫。臨安回匪攻城，擾及阿迷，剿平之。九年，省回就撫後，踞碧雞關，刦奪近郊，分剿乃散。又剿平彝、安寧、緬寧、楚雄諸匪，武定、羅次、富民、祿豐、祿勸諸州縣先後克復。然回、練互相猜忌，亂機時起。

徐之銘旣爲巡撫，貪縱險狠，與亮基陰不相能，時搆煽其間。十年秋，回人掌教馬德新、徐元吉，武生馬現，率各屬回民來省乞撫，住城外江右館，亮基約之銘同詣撫諭。之銘陰嗾已散練丁擁至督署阻撓，諭之不可，殺通海知縣雷焱於門，遂逼殺招撫委員紳士馬椿齡、孫鈞。亮基爲所脅持，不敢入告，以病乞罷，命劉源灝代之。源灝久不至，亮基遲去。十一年，至湖北，乃疏陳滇事，劾之銘不法。會布政使鄧爾恆升任陝西巡撫，去滇，之銘嗾匪戕於路。於是罷源灝，以潘鐸署總督，命亮基赴滇查辦，督師剿匪。亮基疏請發部照募捐充餉，募勇千人然後行，與潘鐸先後至四川，欲資其餉力、兵力。四川兵事未定，無以濟之。林自淸者，亮基之舊部，方署雲南提督，與之銘及馬如龍等皆不協，回人仇之。聞亮基在四川，擅率所部號萬人入川求効用，阻之不聽。詔亮基撫諭解散，而之銘嗾馬如龍等聲言拒亮基不使入境，相持久之。同治元年，潘鐸先抵任，請暫留之銘以畢撫局，遂改命亮基以總督銜署貴州巡撫。未幾，之銘復陰嗾回衆爲變，鐸被戕，而雲南之亂愈亟矣。

二年，亮基至貴州，黃號、白號、苗、敎諸匪並熾，上下游徧地皆賊。亮基令總兵沈宏富等攻遵義螺螄堰，破之，殲餘匪於上稽場。令總兵劉義方等剿思南敎匪，復普安、安南，又連破苗匪於桐梓鼎城及水城廳馬龍胯，擒匪首何潤科等於黔西，降萬人。三年，尙大坪匪犯省城，督沈宏富等戰於郊，殲賊千計，復修文。總兵林自清、趙德昌克龍里，又復興義，解清鎭之圍，收復定番、廣順、長寨諸城，破龍泉、湄潭黃、白號匪老巢，克滇西衞城。四年，克黔西石阡、永寧、荔波，貴州地瘠財匱，饑軍索餉，時虞譁噪。亮基撫馭防剿，僅得粗安，而所部諸將多驕蹇，輿論不協，爲侍讀學士景其濬論劾。亮基乃劾總兵林自清、劉有勳，副將池有連等劫掠扣餉，不聽調度，請嚴治。詔布政使嚴樹森察奏，亮基復具疏自陳，言樹森規避貴州，安坐鄰省不親至，於是亮基、樹森並褫職。

十年，卒。湖南巡撫王文韶、貴州巡撫曾璧光先後請復原銜，各建專祠。光緒三十四年，湖南、貴州京官合詞臚陳功德在民，追謚惠肅。

毛鴻賓，字翊雲，山東歷城人。道光十八年進士，選庶吉士，授編修。遷御史、給事中，數上封事論軍務。咸豐三年，以尚書孫瑞珍薦，命回籍治團練。四年，劾幫辦軍務大臣勝保罪狀，請嚴旨查辦。五年，授湖北荆宜施道，調安襄鄖荆道，歷安徽按察使、江蘇布政使。

十一年，署湖南巡撫，尋實授。疏言：「湖南地居僻遠，向非富强，自前撫臣張亮基、駱秉章等於吏治民風實力講求，用能削平寇盜，屹爲上游重鎭，用人之效，有明徵矣。臣以爲名將不過收戰陣之功，得賢督撫，斯能造封疆之福。如左宗棠識略過人，其才力不在曾國藩、胡林翼之下，今但使之帶勇，殊不足以盡其長，倘畀以封疆重任，必能保境安民，兼顧大局。前任雲貴總督張亮基，果決有爲，雲南壤接邊陲，餉糈不給，漢、回仇釁相尋，即令經營盡善，亦僅有益一隅，似不若任以要地，俾展所長。但使東南日有轉機，則雲、貴游氛無難迅掃，此輕重之機宜審者也。」時湘軍所至有功，各省多往召募，鴻賓疏陳招勇流弊，請愼選將領以收實效，並被嘉納。

石達開竄湖南，鴻賓遣知府席寶田、副將周達武、總兵趙福元分路進擊，解會同、黔陽之圍。同治元年，進復來鳳，貴州提督田興恕兼署巡撫，軍報不實，信用左右，鴻賓疏劾之。遣兵越境勦貴州竄匪，復天柱縣城。又勦銅仁張家寨，匪首蕭文魁率衆降，克大小青兩堡。江藍廳同知椿齡指團紳爲土匪，鴻賓廉知椿齡有酷刑逼借事，劾罷之。椿齡京控，訐鴻賓借貸不遂，鴻賓自請查辦，下總督官文鞫訊，得白。

擢兩廣總督，英德土匪起，令按察使張運蘭剿平之。偕巡撫郭嵩燾奏定變通緝捕章程，獲大盜者予優擢，允之。

三年，江南既復，浙、贛餘氛未靖。鴻賓疏言：「江西南路之防猶有未備，閩、粵交界均無防兵，慮賊上竄，以粵東爲尾閭。江西當四衝之地，宜合數省兵力，乘大勝餘威，聚而殲之。已咨曾國藩調撥勁旅，繞越寧郡、石城一帶，扼賊南竄之路，臣派一軍於閩、粵交界會同進剿。並請敕曾國藩嚴守南贛，俾毋竄越。」

四年，坐前在湖南，道員胡鏞請咨引見，繳回咨文，委署道缺，降一級調用，回籍。七年，卒。宣統初，山東巡撫袁樹勛疏陳鴻賓功績，復原官，祀鄉賢祠。

張凱嵩，字雲卿，湖北江夏人。道光二十五年進士，廣西卽用知縣，歷宣化、懷集、臨桂知縣。李星沅、勞崇光並薦其能，咸豐五年，擢慶遠知府。剿平土匪王得勝等，擢左江道，調署右江道。慶遠失守，革職留任。八年，偕按察使蔣益澧破賊，克慶遠，復原官，署按察使，尋實授，遷布政使。同治元年，巡撫劉長佑赴潯州籌剿撫，留凱嵩經畫後路。荔浦張皋友陷陽朔，遣兵敗賊於鸕鴣巖，復其城，就擢巡撫。諸匪中黃鼎鳳、張皋友最猖獗，分陷貴縣、陽朔，靨集大鹿灘、馬灘，檄總兵李明惠、提督江忠義先剿馬灘，進規貴縣，破之於桂嶺，殲擒賊首張皋友、陳士養。二年，檄布政使劉坤一攻黃鼎鳳於登龍橋。賊走覃塘，進圍之。信都賊陳金剛等來援，道員蔣澤春逆擊敗之，進克容縣，坤一克覃塘。三年，克天平寨，擒黃鼎鳳。貴縣平，加頭品頂戴。

疏陳左右江積匪未淸，議三路進兵，以劉坤一統七營留防潯州，易元泰統十一營由賓州、遷江達思恩，李士恩統水陸八營由橫州達南寧，節節進剿。四年，坤一攻克大廟、江口、平墈，斬賊首梁安邦，南寧河道始通。元泰剿上林，平之。坤一擢江西巡撫去，以同知劉培一代領其軍，將親赴南寧督戰，會僞康王汪海洋竄粵，將入廣西，詔凱嵩駐防潯州。五年，凱嵩至南寧，進攻山澤，督諸軍穴地轟城，奪山入，擒僞平章蘇仲熙等。孫仁廣單騎走旺隴，追斬之。山澤爲賊所踞十餘年，至此悉平。

六年，擢雲貴總督。自潘鐸被戕，滇事益紛。行至巴東，稱病，三疏請罷，坐規避，褫職。光緒六年，以五品京堂起用，授通政使參議，遷內閣侍讀學士，署順天府尹，授貴州巡撫。十年，調雲南。請於省城設開採五金總局，以興礦利，偕內閣學士周德潤勘越南界務。十二年，卒於官。廣西巡撫李秉衡疏陳凱嵩政績，請建專祠，廣西京官論其不當，罷之。子仲炘，光緒三年進士，由翰林御史官至通政司參議，敢言有聲。

論曰：雲南地居邊遠，回、漢積仇，中原多故之秋，幾爲王靈所不及。吳振棫兼籌剿撫，實體中朝措置之難。張亮基才足有爲，誤用徐之銘，受其排擠，遂至不可收拾。自潘鐸被戕之後，無人敢任其艱危。毛鴻賓疏言內地寇平，邊方自靖，誠爲確論。張凱嵩因規避黜，後仍以舊勞起用，朝廷固鑒其情已。

# 清史稿卷四百二十五

## 列傳二百十二

李僡　吳棠　英翰　劉蓉　喬松年　錢鼎銘　吳元炳

李僡，字惠人，陝西華陰人。道光二年進士，直隸卽用知縣，補撫寧，調青縣。舉卓異，歷滄州、深州，擢大名知府。調保定，擢大順廣道，遷按察使。二十一年，擢順天府尹。二十三年，南河決，命偕侍郎成剛馳往督工。二十六年，出爲江蘇布政使，以病歸。三十年，起授甘肅布政使。咸豐元年，擢河南巡撫。長蘆鹽政疲敝，言官請變通懸岸，僡偕直隸總督訥爾經額議改直、豫懸岸，分別官辦、商販。二年，調山東。粵匪由武昌東下趨江寧，僡遣精兵二千馳援，親赴兗、沂、曹諸府察形勢，分兵扼隘防守。履行河隄，令黃河渡船悉歸曹縣劉家口、單縣董家口，斷他口私渡。檄候補道慶凱等駐兵要隘，搜捕捻匪。

三年，江寧陷，徐州捻、梟諸匪蠭起，僡再赴兗、沂、曹諸府督防。未幾，揚州陷，僡令防軍分三路：遊擊王鳳祥等駐郯縣紅花埠爲東南路，總兵百勝等駐嶧縣韓莊閘及陰平爲中路，總兵三星保巡劉家、董家二口，遏賊北竄，爲西南路。僡駐宿遷迤北，與百勝等犄角。四月，賊自浦口北竄安徽，陷滁州，逼鳳陽臨淮關。僡進駐宿遷，慮徐州守兵弱，請移山西、陝西、綏遠諸路援兵策應。五月，賊自亳州經米家集竄河南，陷歸德，擾劉家口。僡命防軍進擊，民團繼之，燬北岸船，賊不得渡。有由曹河駛入者，乘半渡擊沉之，賊敗退。尋自河南汜水北渡溫縣，西路告警，僡自曹州分兵馳援，督師繼之。比賊圍懷慶，僡會諸軍力戰，解其圍。捻匪擾歸德境，毗連曹、單，僡留陝、甘兵九百會剿，自引師回防東路。

自粵匪起，所至各行省皆瓦解，疆吏能禦賊不使入境且出境剿賊者，惟僡一人。文宗深嘉之，屢欲擢任總督，以山東爲畿輔屏蔽，倚僡爲重，故未果。尋卒於官，優詔悼惜，贈總督、太子少保，謚恭毅。子啓詔，署湖南桂陽州，殉難，贈道銜。

吳棠，字仲宣，安徽盱眙人。道光十五年舉人，大挑知縣，分南河，補桃源。調清河，署邳州。山東捻匪入境，率團勇擊走之，還清河。咸豐三年，粵匪陷揚州，時圖北竄，棠招集鄉勇，分設七十二局，合數萬人，聯絡鄰近十餘縣，合力防禦，有聲江、淮間。丁母憂，士民攀留，河道總督楊以增疏請令治喪百日後，仍署清河。太常寺少卿王茂蔭疏薦，詔詢以增，亦以治績上，特命以同知直隸州即補，賜花翎。六年，丁父憂，仍留江蘇，以剿匪功，累擢以道員即補。十年，補淮徐道，命幫辦江北團練。皖北捻匪出入，以徐、宿為孔道，山東土匪時相勾結，一歲數擾，棠督軍屢擊走之。

十一年，擢江寧布政使，署漕運總督，督辦江北糧臺，轄江北鎮、道以下，令總兵龔耀倫等破賊於阜寧、山陽，解安東圍。漕督舊駐淮安府城，棠以清江浦地當衝要，築土城駐之。捻匪大舉來撲，督軍力戰擊退，賊踞衆興集相持，令驍將陳國瑞進攻，戰十日，大破之，賊遁泗州。督屬縣築圩寨，堅壁清野，收撫海州、贛榆土匪，先後遣將擊捻匪，擒李廠子於曹八集，斬何申元於洞裏莊，殲卜里於半截樓，又破山東幅匪於郯城徐家圩、鎰陽集、長城等處。

同治二年，實授漕運總督。令陳國瑞進剿沂州，迭殲渠魁，國瑞遂隸僧格林沁軍。苗沛霖叛陷壽州，棠令總兵姚慶武、黃開榜水陸赴援。疏言：「欲拯臨淮之急，必須一軍由宿、蒙直擣懷遠，使苗逆急於回顧，臨淮始可保全。削平之策，尤須數道進兵，方能制其死命。」又密陳：「皖北隱患，淮北鹽務疲敝，悉由李世忠盤剝把持，其勇隊在懷、壽一方盤踞六年，焚掠甚於盜賊。苗平而淮北粗安，李存而淮南仍困，請早為之計。」詔下僧格林沁等籌辦。

三年，加頭品頂戴，署江蘇巡撫。四年，調署兩廣總督。棠疏陳：「江境尚未全平，請收回成命，專辦清淮防剿。」詔嘉其不避難就易，仍留漕督任。軍事初定，即籌復河運。署兩江總督，未幾，回任。五年，調閩浙總督。

六年，調四川總督。時蜀中軍事久定，養兵尚多，而協濟秦、隴、滇、黔，歲餉不貲。棠令道員唐炯剿貴州龍井苗匪，復麻哈州。道員張文玉等克黃平州，疏請遣周達武一軍入黔助剿，卽調達武貴州提督，餉仍由四川任之。平苗之役，賴其力焉。

八年，雲貴總督劉嶽昭劾棠赴川時僕從需索屬員饋送，言官亦劾道員鍾峻等包攬招搖，命湖廣總督李鴻章往按。鴻章覆奏：「川省習尚鑽營，棠遇事整頓，猾吏造言騰謗。」詔責棠力加整飭，勿稍瞻顧，斥嶽昭率奏失實，惟坐失察鍾峻等薄譴。十年，署成都將軍，奏撥捐輸銀二十萬兩賑饑民。十三年，雲南、貴州軍事先後肅清，以協餉功被優敘。灌縣山匪作亂，令提督李有恆剿平之，斬其渠余其隆。疏言：「部章新班遇缺先人員補官較易，服官川省者，報捐不惜重利借貸，其中卽有可用之才，夙累既重，心有所分，官債雖清，民生必困。請敕部另議變通，俾試用甄別年滿、歷練較久諸員，得有敍補之期，實於吏治有益。」光緒元年，剿敍永廳匪及雷波叛蠻，平之。以病乞罷。二年，卒，詔優卹，謚勤惠。

英翰，字西林，薩爾圖氏，滿洲正紅旗人。道光二十九年舉人。咸豐四年，揀發安徽，以知縣用。九年，署合肥。粵匪擾皖北，督鄉團擊敗之。又破賊華子岡、小河灣，擢同知。

十一年，署宿州。同治元年，捻匪來犯，英翰偕總兵田在田克高黃山寨，進破湖溝，擢知府，賜花翎。二年，捻首張洛行爲僧格林沁大軍所敗，回老巢，英翰擊敗之於青疃。會攻克雉河集，英翰授策降人，擒洛行送僧格林沁大營誅之，授潁州知府。巡撫唐訓方及袁甲三交章薦英翰沉勇有謀，剿澮北匪圩功多。苗沛霖復叛，攻蒙城、壽州，英翰督兵攻克蒙城附近賊圩，又擊敗沛霖所遣攻壽州兵。會總兵姚廣武破韓村賊寨，攻狼山，賊棄壘遁，蒙城糧道始通。署廬鳳道，擢按察使。復督兵援蒙城，攻蔡家圩，斷賊糧道，遣參將程文炳等四出截擊，夷賊壘數十。僧格林沁、富明阿諸軍先後至，大破賊，沛霖就殲，附沛霖諸圩盡克，賜號格洪額巴圖魯。

三年，粵匪合捻匪由陝南竄湖北，將遙爲江寧聲援，其鋒甚銳。僧格林沁調英翰赴援，賊方圍麻城，襲破柏子塔賊屯，賊渠陳得才等自白臬走閻家河，英翰督軍迎戰，破之。尋以請獎冒濫，奪勇號，降五級留任。賊自松子關竄皖境，巡撫喬松年奏調英翰回援，克金家寨。賊竄六安、青山，會諸軍擊走之。羣賊麕聚英山、霍山，連破之於樂兒嶺、土門、黑石渡。時江寧已下，僧格林沁大軍進逼，賊皆攜貳，陳得才仰藥死。馬融和有衆數萬，英翰令郭寶昌招致之。賊首藍成春亦降，餘小頭目紛紛求撫。僧格林沁以成春乃粵中老賊，斬之以徇。未至者遂散走，而張總愚、牛洛紅、任柱、賴文光等勾結復熾。論功，英翰復賜號鏗僧額巴圖魯，擢安徽布政使。

四年，捻匪自河南竄山東，僧格林沁戰歿，遂大舉犯安徽，覬復踞蒙、宿舊巢，英翰屯雉河集，爲賊所圍。道員史念祖佐英翰且戰且守，凡四十五日，援軍至，突圍夾擊，大破之，賊乃解圍引去，晉號達春巴圖魯。五年，就擢巡撫。前撫喬松年調陝西，剿西捻張總愚，以皖軍郭寶昌從行，其餉仍由英翰籌供。東捻由固始犯皖境，皖軍扼之，復竄麻城，英翰率軍防六安。六年，賊復由楚、豫入山東，方議就運河築長圍圈賊，英翰分撥皖軍，令黃秉鈞扼宿遷，張得勝扼貓兒窩灘，程文炳以騎兵備游擊，余承先率水師由洪湖入運河，捻勢漸蹙。英翰丁父憂，予假一月治喪，改署任。是年冬，捻首任柱爲淮軍所殲，餘黨散撲運河，皖軍截擊，收降數千人，賴文光走揚州就擒。東捻平，論功，予三等輕車都尉世職。

再疏請終制，報可，而西捻渡河北犯。七年春，畿輔戒嚴，英翰率軍馳援，命駐河南。英翰奏以所部交河南巡撫李鶴年調遣，請回旗守制，詔慰留之。遂會諸軍圍賊於運河東，捻衆聚殲，加太子少保，辭，不許。八年，回旗營葬，請留京，予假兩月，期滿仍回任。十年，於亳州捕叛捻宋景詩，誅之。

十三年，擢兩廣總督。粵匪悍酋楊輔淸敗逸後，猶潛匿福建晉江，令降將馬融和等往捕，至是始就擒，奏請誅之。光緒元年，入覲，晉二等輕車都尉世職。廣東闈姓捐奉旨嚴禁，英翰奏請弛禁助餉，又因隨員招搖，爲廣州將軍長善等所劾，召還京，被議，褫職。未幾，命還世職，以二品頂戴署烏魯木齊都統。二年，實授。尋卒，贈太子太保，復勇號，賜卹，謚果敏。安徽省城及鳳陽、壽州、宿州、阜陽、蒙城、渦陽並立專祠，賜其母銀二千兩，人葠六兩。無嗣，弟英壽襲世職。

劉蓉，字霞仙，湖南湘鄉人。諸生。少有志節，與曾國藩、羅澤南講學。軍事起，佐澤南治團練。咸豐四年，從國藩軍中，既克武昌，轉戰江西。五年，澤南由江西回援湖北，蓉從之，領左營。弟蕃，戰歿於蒲圻，蓉送其喪歸，遂辭軍事。尋丁父憂，胡林翼奏徵之，不出。十一年，駱秉章督師四川，聘參軍事，疏薦其才，詔以知府加三品頂戴，署四川布政使，尋實授。秉章於軍事吏治，悉倚蓉贊助，亦時出視師，藍、李諸匪以次削平。事詳秉章傳。

同治元年，石達開由滇、黔邊境入四川。預調諸軍羅布以待，秉章令蓉赴前敵督戰，達開不得逞，徘徊於土司地，窮蹙就擒。蓉親往受俘，檻送成都誅之，被旨嘉獎。時粵、捻諸匪藍成春、陳得才等竄擾陝南，踞漢中、城固等城，川匪餘孽亦入陝蔓延，勢方熾。多隆阿督師關中，注重北路回匪，於南路未能兼顧。官文疏薦蓉堪當一面，於是命蓉督辦陝南軍務，擢陝西巡撫。秉章分兵四千援蓉，總兵蕭慶高、何勝必兩軍先赴援，亦隸之。又遣將赴湖南增募萬人，蓉於十月進屯廣元。三年春，漢中粵、捻諸匪因江寧被圍急，促其回援，遂自退，趨湖北。蓉入漢中部署屯防，清餘匪。

多隆阿圍盩厔久未下，聞蓉將至，督攻益急，克之，而多隆阿受重傷。三月，蓉抵省城，多隆阿尋卒於軍，其所部雷正綰、陶茂林諸軍剿西路回匪，入甘肅；穆圖善一軍議令赴援湖北。五月，川匪合粵、捻由鎮安、孝義突犯省城，蓉集諸軍擊之於鄠、盩厔之間，尋偕穆圖善會擊於鄜縣，賊西走略陽，入甘肅，陷階州，令何勝必等會川軍周達武攻之。四年，克階州，川匪餘孽悉平。雷正綰軍譁變，其部將胡士貴率叛兵回擾涇州，蓉遣軍扼隘，散其脅從，誅士貴。

會編修蔡壽祺疏劾恭親王奕訢，牽及蓉，指為夤緣，詔詰蓉令自陳。蓉奏辨，自言薦舉本末，並訐壽祺前在四川招搖，擅募兵勇，為蓉所阻，挾嫌搆陷。復為內閣侍讀學士陳廷經所劾，命大學士瑞常、尚書羅惇衍按究，坐漏洩密摺，降調革任。陝甘總督楊岳斌疏言陝西士民為訴枉乞留，詔蓉仍署巡撫。

五年，奏薦賢能牧令龔衡齡等，請予升階，下部議駁。蓉疏言：「近來登進之途，多出於從軍，而究心民瘼者，仍潦倒於下吏。陝西瘡痍未起，急應旌舉賢能以為之勸。」上特允之。先是，蓉任鳳邠道黃輔辰經理回民叛產，設法墾治，歲獲穀數百萬斛，成效甚著，因奏：「陝西兵後荒蕪，以招徠開墾爲急務。應視兵災輕重，荒地多少，以招墾成數爲州官吏勸懲。」報可。尋以病乞開缺，上允其請，以喬松年代之，仍留陝西治軍。捻匪張總愚入陝，逼省城，蓉與松年議不合，所部楚軍三十營，統將無專主，士無戰心，屯灞橋，爲賊所乘，大潰。詔斥蓉貽誤，奪職回籍。十二年，卒。湖南巡撫王文韶疏聞，命復官，陝西請祀名宦祠。

喬松年，字鶴儕，山西徐溝人。道光十五年進士，授工部主事，再遷郎中。咸豐三年，以知府發江蘇，除松江，調蘇州。會匪劉麗川據上海，省城潮勇潛與通，松年偵知之，白上官誅其爲首者。丁父憂，總督怡良奏留，從克上海，擢道員，賜花翎，授常鎮通海道。六年，從怡良駐常州，署兩淮鹽運使。八年，丁本生父憂，總督何桂淸復奏留。

九年，授兩淮鹽運使，兼辦江北糧臺。十年，奏劾南河河道總督庚長擅提淮北存鹽變價充餉，又截留山西解江北糧臺餉銀；復劾庚長在淸江聞警猶演劇設宴，迨寇急，倉皇退守。命侍郎文俊往按得實，庚長褫職逮問。又疏論用勇不如用兵，請發京師護軍營暨北五省綠營赴江北防勦。英吉利、法蘭西兵入犯，京師戒嚴，松年請赴畿輔督兵禦敵，諭止之。十一年，設江南北兩糧臺，仍命松年辦理。敍勞，以按察使記名。

同治二年，擢江寧布政使，仍留辦糧臺，擢安徽巡撫。三年，抵任，駐防臨淮。時苗匪已平，李世忠亦解兵柄，捻匪竄河南、湖北。松年增募勇千人，就潁、宿間設防，奏請雉河集地處交衝，當建縣設官，從之。又奏苗沛霖餘黨自非積惡，請予寬貸；李世忠散遣勇丁，恐流爲盜，飭州縣整頓捕務。粵、捻諸匪自湖北麻城、羅田東竄入皖境，松年移軍壽州，急調英翰自湖北回援，令朱淮森屯正陽關，蔣凝學迎擊於英山，克金家寨。英翰等敗賊於陶家河、黑石渡，僧格林沁大軍追至合擊，諸賊窮蹙，紛紛乞降，先後凡十餘萬。賊首陳得才後至，爲蔣凝學擊敗，服毒死，獲其屍。上飭英翰等移軍進剿，松年請留英翰防皖境，郭寶昌援河南，蔣凝學赴湖北。

四年，僧格林沁戰歿，上命曾國藩督師山東。松年奏：「國藩久治軍務，氣體較遜於前。李鴻章才識亞於國藩，而年力正强，如以代國藩督師山東，必能迅奏蕩平。」疏上，報聞。時捻匪大舉犯皖北，圍英翰於雉河集，國藩遣援軍至，乃擊走之。

五年，調陝西巡撫，前任巡撫劉蓉奉命留陝辦理軍務。時捻匪張總愚竄入陝境，松年初至，與蓉意見不合，奏劾蓉軍政隳壞，留陝無益，蓉亦劾松年掣肘，貪利徇私。十二月，賊逼省城，蓉軍潰於灞橋。六年正月，提督劉松山援軍至，破賊雨花寨，連戰皆捷，省城始安。迭奏請師，鮑超軍援陝迄不至，皖軍郭寶昌應調來援，偕劉松山轉戰涇、渭之間，屢捷。總愚窺同州，欲渡河，未得逞，趨陝北。六月，總督左宗棠至陝，軍事始有統轄。松山、寶昌等連破賊於北路，至冬，總愚由垣曲渡河，循太行東趨，松山、寶昌尾追。七年春，宗棠率師入衞畿輔，陝西自捻匪出境，西路回氛仍未靖，松年以病乞假歸。九年，病痊，授倉場侍郎。

十年，授河東河道總督。奏言：「今日言治河，不外兩策：一則堵銅瓦廂決口，復歸淸江浦故道；一則就黃水現到處築隄束之，俾不至橫流，至利津入海。權衡輕重，以就東境築隄束黃爲順水之性，事半功倍。前數年大溜全趨張秋，後又決胡堰、洪川口、霍家橋、新興屯諸地，黃流穿運，節節梗阻。惟有盡堵旁洩之路，自張秋西南，沙河迤北，就舊隄修補，爲黃河北隄；又自張志門起，至沈家口、馬山頭，築新隄一百八十餘里，爲黃河南隄：俾仍全趨張秋，借以濟運。」下廷臣議行。十三年，奏請裁東河總督，以巡撫兼領河工，下部議，格不行。光緒元年，卒，諡勤恪。

錢鼎銘，字調甫，江蘇太倉人。父寶琛，湖北巡撫。鼎銘，道光二十六年舉人，從寶琛治團練。會匪劉麗川據上海，青浦周立春起應之，陷嘉定，鼎銘與嘉定舉人吳林募勇從官軍復其城，授贛榆訓導。入貲爲戶部主事，丁父憂歸。江南大營再潰，諸郡縣淪陷，巡撫薛煥退保上海一隅。曾國藩旣克安慶，團練大臣龐鍾璐等議乞援，道路梗阻。鼎銘奮然請行，乘洋商輪船溯江上，至安慶謁國藩，陳吳中百姓阽危，上海中外互市，榷稅所入，足運兵數萬，不宜棄之資賊。策畫數千言，繼以痛哭，國藩遂決策濟師。時薛煥遣將至湖南募勇萬二千，國藩知所募皆各軍汰遣，不可用，令鼎銘往解散。遇諸漢口，鼎銘簡留精壯九百人，餘悉罷歸，無譁者。還上海，籌餉十八萬，租船五，復率赴安慶迎師。於是國藩奏令延建邵道李鴻章率淮勇五千人赴之。同治元年三月，至上海，鴻章尋署江蘇巡撫，奏請以鼎銘參軍事，多所贊畫。積功，擢道員，賜花翎，加布政使銜。

五年，鴻章代國藩督師勦捻匪，令鼎銘駐清江浦，主轉運糧餉軍仗，迄捻匪滅，始終無絀誤。鴻章與漕運總督張之萬累疏薦。國藩移督直隸，奏調以從。八年，授大順廣道，就遷按察使，又遷布政使。十年，擢河南巡撫。十一年，捻匪餘孽蠢動，鼎銘令總兵崔廷桂勦平之。用直隸練軍制，就河南三鎮額兵，簡其精壯，抽練馬步各三營，重其額餉，擇駐衝要地訓練，期年成軍。修水利，鑿賈魯河故道，南自周家口，北至朱仙鎮，又西北至鄭州京水寨，疏積沙，補殘隄，俾上游無水潦，下游通舟楫。復濬勺金河、丈八溝、餘濟河、永豐渠以資灌溉。令諸州縣勸民按畝出穀，就鄉分倉，擇公正紳耆董其事，毋假手胥吏，通省積穀九十餘萬石。提督張曜一軍出關勦回，全軍餉由河南供給無缺。光緒元年，卒，賜卹，謚敏肅。

吳元炳，字子建，河南固始人。咸豐十年進士，選庶吉士。從團練大臣毛昶熙回籍治團練，從解固始圍，擊退息縣竄匪，擒捻首陳得一。十一年，汝寧捻首陳大喜竄居霍莊寨，元炳偕道員張曜攻克之。同治元年，巡撫嚴樹森奏：「元炳驍捷善戰，所向有功，軍中最得力，請散館後仍令回河南。」命免散館授檢討，仍留河南委用。大喜負固平輿，其黨踞李旗屯，元炳偕張曜先平伊莊、陳莊、劉樓賊壘，乘勝下李旗屯，進攻楊樓，破之。旋克平輿，殲捻首張鳳林。二年，克張岡賊巢，汝南肅清，擢侍講。尋攻息縣鮑家寨，克之。三年，拔譚家圩，附近賊寨，次第削平。

丁母憂，回籍，巡撫張之萬奏起赴軍。四年，以汝、光諸地稍定，請終制，允之。六年，補原官。九年，超擢侍講學士。十年，命署湖南布政使。十二年，擢湖北巡撫，調安徽，再調江蘇。光緒二年，疏陳：「銀捐新例，新班遇缺先及遇缺兩項，得缺最速，流弊亦多，於政體大有關繫，不可不嚴防其弊。請明定章程，變通辦理。」下部議行。山東、安徽比歲飢民流及淮、揚，元炳截漕撫恤，並疏高寶河、鹽運河，以工代賑。署兩江總督者三，兼署江蘇學政者一。七年，丁本生母憂，去官。十年，入覲，命察山東河工、海防，授漕運總督。十一年，調安徽巡撫。十二年，卒，賜卹。河南巡撫倪文蔚疏陳元炳戰功，遺愛在民，請於汝寧建專祠。

論曰：李德守山東，吳棠保江淮，當時皆負時望。英翰剿捻，戰績最多，及任皖疆，甚得民心。劉蓉抱負非常，佐駱秉章平蜀，優於謀略而短於專將，治陝不竟其功。喬松年在皖倚用英翰而奏績，在陝不能與劉蓉和衷，徒促僨事。錢鼎銘慷慨乞師，爲平吳之引導，治豫亦有聲。吳元炳以詞林事軍旅，其際遇特異焉。

# 清史稿卷四百二十六

## 列傳二百十三

王慶雲　譚廷襄　馬新貽　李宗羲　徐宗幹

王凱泰　郭柏蔭

王慶雲，字雁汀，福建閩縣人。道光九年進士，選庶吉士，授編修。二十七年，大考一等，擢侍讀學士，遷通政副使。慶雲通知時事，尤究心財政，窮其利病，稽其出入。文宗即位求言，慶雲疏請通言路，省例案，寬民力，重國計。其言重國計，略謂：「今歲入四千四五百萬，歲出在四千萬以下，田賦實徵近止二千八百萬。夫旱潦事出偶然，而歲歲輪流請緩；鹽課歲額七百四十餘萬，實徵常不及五百萬。生齒日增，而銷鹽日絀。南河經費，嘉慶時止百餘萬，邇來遞增至三百五六十萬。入少出多，置之不問，思爲一切苟且之計，何如取自有之財，詳細講求：地丁何以歲歲請緩？鹽課何以處處絀銷？河工何以年年報險？必得弊之所在而革除之。」奏入，上深韙焉。

時命中外大臣保薦人材，禮部侍郎曾國藩舉慶雲以應，詔擢詹事，署順天府尹。咸豐元年，授戶部侍郎，仍署府尹。內務府議令莊頭增租，佃戶不應，則勒限退地。慶雲偕直隸總督訥爾經額援乾隆間停設莊頭，嘉慶間奏禁增租奪佃兩案，奏請敕內務府不得任意加租。戶部請改河東鹽政章程，並清查山西州縣虧空，命慶雲偕浙江布政使聯英往按。

尋奏定淸查虧空章程，並會山西巡撫那蘇圖奏言：「晉商賠累，一在鹽本鉅，一在浮費多，一在運腳重。官鹽既貴，私販遂乘間蔓延。從前鹽價每石三五十兩，自坐商囤積居奇，畦地錠票，租典靡常，一業數主，人人牟利。一石之鹽，貴百三四十兩，運商安得不困？河東鹽行三省，酬應繁多，總商分派者號爲廳攤，散商自送者歲有常例，統計二十六萬餘兩，幾達歲課之半。加以石鹽腳費多至百兩，因其定價難增，遂至相率爲僞，攙沙短秤，民食愈艱。臣等公同商酌，輕鹽本必先定池價，革浮費必先行票法，減運腳必先分口岸，將緝私之法并寓其中。蓋鹽有專商，票無定販，大要在留商招販，先課後鹽，而後引目不致虛懸，課額無虞短絀。向來坐商昂價，總以缺產爲詞。臣覽池面寬廣，滷氣醲厚，即雨暘不齊，裒多益寡，足敷五千六百餘石之額。鹽貴不在缺產，而在售私。擬定白鹽一石貴止六十兩，青鹽遞減，坐商工本外有贏餘。令各商立法互稽，但使鹽不旁流，商鹽自富，錠票銷價，亦復刪芟。畦地租典，先儘運商，總期減輕成本，禁衞課官吏浮費，別籌公用。每票徵銀七分有奇，隨課收發，此外需索，坐贓科罪。其領票、招販、掣鹽、截角諸事，悉倣兩淮成例，微爲變通，以歸簡易。河東鹽行河南引地，自嘉慶二十四年改爲商運民銷，以會興鎭爲發鹽口岸，商民稱便。擬將陝西、山西、會興鎭分爲三路，不許攙越，鹽到發販隨銷，亦聽商人自運，兼防夾私，力杜作僞。統計河東全綱，比較昔價，裁浮改岸，年省七十餘萬。得人守法，商力不疲。卽間有歇業，或運商歸併，或坐商承充，永絕擧商、保商諸弊。」下部議行。

慶雲既明習計政，主部事，先後奏請淸釐江寧、蘇州、安徽三布政司例應入撥、延未造報各款，自道光三年至咸豐元年，凡千五十九款，九百三十六萬兩。又奏言：「江南賦甲他省，額徵五百二十九萬，道光十六年，豁欠五百六十餘萬，計十年蠲一年之額；二十六年，豁欠一千餘萬，計十年蠲兩年。及咸豐二年，豁欠一千三百餘萬，十年幾蠲三年。請飭江蘇督撫，熟田未完，不得混入次年緩徵。」又奏覆閩浙總督季芝昌等以閩鹺疲累，請展緩勻代額課，言：「閩鹺所以疲累，病在私鹽充斥，浮費繁重。芝昌等議停勻代課六萬餘，派認續例課二萬餘，五年之後，勻代起徵，例課仍納。朝三暮四，恐無此辦法。」又言：「芝昌等但陳料理之難，未籌補救之法，或就場徵課，或按包抽稅。應令擇一可行之策，另議具奏。」又奏覆江西巡撫張芾請撥粵鹽濟銷，言：「江西借撥粵鹽，前明總制陳南金、巡撫王守仁嘗行之，所謂不加賦而財足，不擾民而事辦，其法至善。應令速籌遵辦。」又奏：「滇、黔解運銅鉛，道遠阻兵。應令於提鎭駐紮重兵之處，籌鑄制錢，並於附近水次兼鑄大錢，運四川、兩湖易銀，並派民間交納地丁稅課。」又奏：「新疆南、北兩路駐兵四萬，歲需經費一百三四十萬，垂及百年，爲數萬萬。請停陝省官兵換防喀什噶爾等八城，卽由伊犂、烏魯木齊滿、綠營飭撥，五年更換，可歲省數十萬。」又奏請裁東河河督南河河庫道並兩河廳員修防經費，南河不得過百萬，東河不得過七八十萬，並裁漕督，歸南河總督兼管。各疏多如所議行。尋授陝西巡撫。

四年，粵匪擾河南，慶雲赴潼關，與提督豐紳、將軍扎拉芬籌防禦。又自潼關赴商南，徧歷各隘。上命豐紳率兵駐襄陽。粵匪陷武昌，慶雲請以湖北會城暫移襄陽，山西、四川協籌軍餉，保全大局。尋調山西巡撫。

五年，奏言：「潞鹽行銷山西、陝西、河南三省，陝患鹽多，晉苦值貴。擬將陝引勻銷晉省三百七十石。晉引則就地遠近，公平定價。惟河南官運已覺暢行，擬兼行民運，以廣招徠。禁止吉蘭泰、花馬池鹽侵銷。」又言：「陝省課歸地丁，輸納不前，請倣河南招販民運，於河東、河西擇地設局稽查。」又奏言：「軍興以來，各軍營用銀出納，易錢買糧，歲豐銀裕，何便如之！今用兵之地，賦稅不全，仰給鄰省，完善之區，正供不足，佐以捐輸。當此穀貴錢荒，以銀易錢，以錢易糧，耗折大半。往時兵飢，得銀可飽，恐此後以銀亦不可飽，況銀且不可常繼。擬令州縣碾動倉穀，解餉兼用制錢，舟楫可通，宜無不便。」均如所請。

又奏：「山西前明逼近三邊郡縣，率民築堡自衞。一縣十餘堡至百數十堡，星羅棊布。今惟雲中、代、朔，堡寨相連，省南各屬，則多殘缺，當令繕完。定社規，立義學，化導少壯惰游，合祭賽以聯其情，相守望以齊其力。有事則聚守，無事則散居，於無形中寓堅壁淸野之法。」又以河南南陽諸地旱蝗，請飭發倉籌賑，俾災民不爲土匪勾脅，以救災卽以弭患。捻匪擾南陽，慶雲密陳省南分三路，遣兵巡防。

擢四川總督，貴州思南敎匪爲亂，慶雲遣兵防酉陽秀山，請飭總兵蔣玉龍自鎭遠規復思南。尋奏四川舊有嘓匪，盜案多於他省，飭各屬行保甲，立限捕盜。又奏於酉陽設屯田，分設屯兵駐防城鄉要隘。又奏：「川省差役捕盜，傳證起贓，輒糾多人，持械搜掠，名曰『掃通』者，此與强盜無異。請照强盜律，不分首從皆斬，兵丁有犯同之。」均下部議行。

尋以黔匪焚掠，漸近綦南，遣兵出境攻層巒山、飛梯巖諸隘，又破胡家坪賊巢。九年，兼署成都將軍，調兩廣總督。行次漢陽，以病乞罷，許之。旋召詣京師，病未卽行。十一年，穆宗卽位，授左都御史，擢工部尙書。同治元年三月，慶雲將力疾赴召，前一日劇病，卒，謚文勤。孫仁堪，循吏有傳。

譚廷襄，字竹厓，浙江山陰人。道光十三年進士，選庶吉士，散館授刑部主事，再遷郎中。出爲直隸永平知府，調保定，遷順天府尹，擢刑部侍郎。咸豐六年，出爲陝西巡撫。直省採米運京倉，廷襄疏言：「陝西產米少，轉輸不便。請改折解款，由部召糴，費節而事集。」七年，署直隸總督。

是時英、法、俄、美四國合軍陷廣東省城，廷襄疏請封貨閉關，恩威並用，上以海運在途，激之生變，虛聲無實益，不允。八年四月，英兵北犯，占大沽礮臺，窺內河。大沽口外積沙，海舟不能直入，敵舟至，數以小汽船探測。時方議款，不爲備，不虞其驟發。欽差大臣僧格林沁劾廷襄，奪官戍軍臺。九年，以三品頂戴署陝西巡撫。上命直省禁習天主教，廷襄疏言：「天主教流行中國二百餘年，到處窮搜，轉滋駭愕。惟有密飭官吏稽查保甲，列册密記，乘機啓導。」時款議未定，或請西巡，偕總督樂斌疏陳三便三難，議乃寢。

十一年，授山東巡撫。頻歲軍興，山東諸郡縣羣盜蠭起，皖捻入境，勾結土匪，滋擾幾徧。僧格林沁大軍駐山東督剿，廷襄率兵出省協助，並督各郡縣團練防剿兼施，具詳僧格林沁傳。同治元年，兼署河東河道總督。三年，入爲刑部侍郎，調工部，又調戶部。

五年，湖北巡撫曾國荃疏劾總督官文貪庸驕蹇，並以公使錢餽四川考官胡家玉、張晉裕等，上命尚書繇森及廷襄往按，並詰家玉。家玉言自四川還京，道湖北，官文等餽贐，以道梗改水程，無州縣支應，乃受以充費。廷襄等至湖北，疏言：「丁、漕、鹽、釐、關稅、捐輸，實用實支，並無浮濫。惟漢陽竹木捐零星不請獎敍者，凡因公動用，例不報銷之項，由此動支，官文餽家玉等是實。」上爲罷官文。卽令廷襄署總督，家玉等並下吏議。

御史佛爾國春劾國荃，言國荃亦以竹木稅治公廨，嚴責廷襄蒙蔽。廷襄等復疏陳國荃上官未久，無以竹木稅治公廨事，因言：「湖北三次陷賊，百端草創，不循例案，諸廢具舉，隨事設施。今以動用官款，加以處分，亦足示警。若更罪及所受之人，路遠給貲，親喪承賻，皆罣吏議。王道本人情，瑣屑煩苛，似非政體。」於是諸受餽者皆置不問。六年，上用前事奪官文總督，是冬，國荃亦以病乞罷。

廷襄還京，署吏部侍郎，遷左都御史。再遷刑部尚書，兼署吏部。九年，卒，贈太子少保，諡端恪。

馬新貽，字穀山，山東菏澤人。道光二十七年進士，安徽卽用知縣，除建平，署合肥，以勤明稱。咸豐三年，粵匪擾安徽，淮南北羣盜並起，新貽常在兵間。五年，從攻廬州巢湖，新貽擊敗援賊，迭破賊盛家橋、三河鎮、柘皋諸賊屯，尋克廬州。積功果擢知府，賜花翎，補廬州。七年，捻匪、粵匪合陷桃鎭，分擾上下派河，新貽破賊舒城，記名以道員用。八年，署按察使。賊犯廬州，新貽率練勇出城迎擊，賊間道入城，新貽軍潰失印，下吏議，革職留任。九年，丁母憂，巡撫翁同書奏請留署。十年，欽差大臣袁甲三爲奏請復官。十一年，同書復奏薦，命以道員候補。丁父憂，甲三復奏請留軍。同治元年，從克廬州，敗賊壽州吳山廟，加按察使銜，署布政使。苗沛霖叛，從署巡撫唐訓方守蒙城，屢破賊。二年，授按察使，尋遷布政使。

三年，擢浙江巡撫。浙江新定，民困未蘇，新貽至，奏蠲逋賦。四年，復奏減杭、嘉、湖、金、衢、嚴、處七府浮收錢漕，又請罷漕運諸無名之費，上從之，命勒石永禁。築海寧石塘、紹興東塘，濬三江口。岐海爲盜賊窟穴，遣兵捕治，擒其魁。厚於待士，會城諸書院皆興復，士羣至肄業，新貽皆視若子弟，優以資用獎勵之。嚴州、紹興被水，蠲賑覈實，災不爲害。台州民悍，輒羣聚械鬬，新貽奏：「地方官憚吏議，瞻顧消弭。請嗣後有諱匿不報者參處；僅止失察，皆寬貸，仍責令捕治。」下部議行。象山、寧海有禁界地曰南田，方數百里，環海土寇邱財青等處窟其中，遣兵捕得財青置之法，南田乃安。黃巖總兵剛安泰出海捕盜，爲所戕，檄副將張其光等擊殺盜五十餘。上以新貽未能豫防，下吏議。嘉興、湖州北與蘇州界，皆水鄉，方亂時，民自衞置槍於船，謂之「槍船」，久之聚博行劫爲民害。新貽會江蘇巡撫郭柏蔭督兵擒斬其渠，及悍黨數十，槍船害始除。擢閩浙總督。

七年，調兩江總督，兼通商大臣。奏言：「標兵虛弱，無以壯根本。請選各營兵二千五百人屯江寧，親加訓練。」編爲五營，令總兵劉啓發督率緝捕，盜爲衰止。宿遷設水、旱兩關，淮關於蔣壩設分關，並爲商民擾累。新貽奏：「蔣壩爲安徽鳳陽關轄境，淮關遠隔洪澤湖，不應設爲子口。當令淮關監督申明舊例，嚴禁需索。宿遷旱關非舊例，徵數微，請裁撤，專收水關。」從之。幅匪高歸等在山東、江蘇交界佔民圩，行劫，新貽捕誅其渠。

九年七月，新貽赴署西偏箭道閱射，事畢步還署。甫及門，有張汶祥者突出，僞若陳狀，抽刀擊新貽，傷脅，次日卒。將軍魁玉以聞，上震悼，賜卹，贈太子太保，予騎都尉兼雲騎尉世職，諡端愍。命魁玉署總督，嚴鞫汶祥，詞反覆屢變。給事中王書瑞奏請根究主使，命漕運總督張之萬會訊。之萬等以獄辭上，略言：「汶祥嘗從粵匪，復通海盜。新貽撫浙江，捕殺南田海盜，其黨多被戮，妻爲人所略。新貽閱兵至寧波，呈訴不准，以是挾仇，無他人指使。請以大逆定罪。」復命刑部尚書鄭敦謹馳往，會總督曾國藩覆訊，仍如原讞，汶祥極刑，并戮其子，上從之。

新貽官安徽、浙江皆得民心，治兩江繼曾國藩後，長於綜覈，鎮定不擾。江寧、安慶、杭州、海塘並建專祠。

李宗羲，字雨亭，四川開縣人。道光二十七年進士，安徽卽用知縣，歷英山、婺源、太平。咸豐三年，粵匪陷安慶，宗羲奉檄詣廬州軍督糧械，積功累擢知府。八年，曾國藩進規安徽，調充營務處。九年，署安慶知府，以疾去官。同治元年，河南巡撫嚴樹森疏薦，命送部引見，樹森旋撫湖北，又疏調從軍。三年，曾國藩督兩江，調赴兩江筦江北釐金總局，裁定沿江釐捐科則。江寧克復，以道員歸兩江補用。四年，署兩淮鹽運使。自軍興，淮南鹽艘改道泰興，宗羲於瓜洲東別濬新河，避長江風濤之險，商民便之。遷安徽按察使，再遷江寧布政使。五年，淸水潭決，被災者七州縣，宗羲工賑並行，活民甚衆。定招墾荒田酌緩升科限制章程，及江寧七屬民衞丁漕折徵等次，民皆稱便。

八年，擢山西巡撫，劾布政使胡大任廢弛因循，罷之。令按察使李慶翺等率兵分地駐防，陝回乘河冰來犯，三戰皆捷；屢自延川、韓城東竄，並擊走之。丁母憂去官。

十二年，服闋，擢兩江總督。日本方搆釁，宗羲治江防，增築沿江烏龍山、江陰都天廟、象山、焦山、下關礮臺。又於吳淞口及江陰北岸瀏聞沙、烏龍山北岸沙洲圩次第添築，使江、海相犄角。時詔修圓明園，宗羲疏言：「外侮內患，天時人事，皆有可慮。請省營繕，減服御。」十三年，又疏言：「星變屢見，外患方熾。上年御史沈淮奏請停止園工，臣亦冒貢愚忱。茲復有不能已於言者，時局艱難，度支短絀，特一端耳。今外人入處肘腋，圓明園距京城數十里，既無堅城管鑰之固，復少大枝護衞之兵。頻年以來，每遇民、教爭鬬，外人動挾兵船要求。天津朝警，則海淀夕驚。皇上奉皇太后於此，此臣所萬分不安者也。如蒙皇上乾綱立斷，速諭停工，天下臣民，知皇上有臥薪嘗膽之思，必共振敵愾同仇之氣。人主居崇高之位，持威福之柄，苟無敬畏之念，則驕肆之心生；苟無忠謇之臣，則讒諂之人至。近日大學士文祥引疾，侍郎桂清外調，道路頗有惜詞。臣竊謂老成憂國者，宜留之左右，以輔成聖德；忠直敢諫者，宜誘之使言，以恢張聖聽。」疏入，上嘉納之。

總理各國事務衙門籌議海防六事，下各督撫詳議，宗羲上疏曰：「萬事根本，以用人爲要，而就海防言，尤以求將才爲要。宋臣楊萬里有言：『相不厭舊，將不厭新。』蓋言用兵忌暮氣，宜年壯氣銳，素有遠志，未建大功之人。至宿將勳臣，帝心簡在，固無俟臣下之論列也。古有海防無海戰，今練兵仍以水陸兼練爲主。水師戰艦不及輪船，輪船又不及鐵甲，而船之得力與否，仍視乎駕馭之人。今戰艦即不能一時盡易，應就弁兵中挑赴輪船學習，仍歸水師提督節制。更招集沿海熟習沙綫，能耐勞苦之人，參用西法，加以訓練。然沿海地廣，勢不能徧設輪船，若敵乘無備，舍舟登陸，則我船礮皆無所用，故不可不急練陸兵。同治十年，曾國藩議沿海奉天、直隸、山東、江蘇、浙江、福建、廣東七省練陸兵九萬，沿江安徽、江西、湖北三省練陸兵三萬，合成十二萬。以陸兵爲禦敵之資，以輪船爲調兵之用，海道雖極遼遠，血脈皆可貫通。今誠踵其議而力行之，各省分定數目，各專責成，貴精不貴多，宜聚不宜散。從前缺額之兵，不必再補，現在已募之勇，更加精練，是在平時之實力講求矣。西洋火器，日新月異，疊出不窮。今日所謂巧，即後日所謂拙。論中國自强之策，決非專恃火器所能制勝。然風會所趨，有不能不相隨轉移者。各國新出之礮，現在上海機器局已能如式製造。惟火器不難於用而難於不用。有事試演，尙可經久，無事擱置，立形銹壞。以後購造槍礮，應於操演之後，時時磨洗，不許銹壞，違者罪之，是珍惜巨帑之要義。臣聞自古覘國勢者，在人材之盛衰，不在財用之贏絀；在政事之得失，不在兵力之强弱；未聞以器械爲重輕也。且西人之所以强者，其心志和而齊，其法制簡而嚴，其取人必課實用，其任事者無欺誑侵漁之習，其選兵甚精，故臨陣勇敢而不畏死。不察其所以强，而徒效其器械，豈足恃哉？自福建創設機器局，上海繼之，江寧、天津又繼之，皆由槍礮而推及輪船。臣愚以爲大沽、吳淞、直、東、閩、廣等口，如能各得鐵甲一二，蚊子船三四，佐以兵輪，安配重大擊遠之礮，與礮臺相輔，亦足屹成重鎭，稍戢戎心。惟泰西各國輪船以百數十計，鐵甲船以數十計，大礮以千計，小礮以數千計，卽使中國歲籌巨款，多方製造，亦必不能如彼之多且精也。臣謂船礮當量力徐圖，而仍以修政事、造人材爲本，使各國嚮風慕義，或外侮可以稍紓。近年勸捐、收釐、津貼，無法不備，民力竭矣。煤、鐵乃中國自然之利，若一一開採，不獨造船造礮取之裕如，且可以致富强。現在磁州業已奏明試辦，而湖南、福建、江西、山西等省已成之煤、鐵廠，擴而行之，果能有效，何必舍近求遠，取給外國？為目前權宜計，將各口洋稅通提六成，專供海防之用，五年為限，當可集事。若夫節流之法，更非難行。節之必自朝廷始，誠能罷土木之工，省傳辦之費，減宮中之用，則一歲所省，何啻百萬？各省督撫，盡裁不急之費，錢漕稅釐，實力稽察，勿使乾沒，則一歲所增，何啻百萬？請敕下戶部，統籌全局，分別出入，於綜覈各項之外，指定籌防專款，應用若干，俾中外上下曉然於經費之有限，財用之有制，力求撙節，不必言利，而度支可裕矣。以上皆就原奏四事推廣言之，要必得人而後可以言持久。臣周諮博採，事之可行者，尙有三端。沿海各島，大都土瘠產薄，惟臺灣形勢雄勝，與廈門相犄角。東南俯瞰噶囉巴、呂宋，西南遙制越南、暹羅、緬甸、新加坡，實為中國第一門戶。其地產有山木，可採以成舟航；有煤鐵，可開以資製造。其客民多漳、泉、湖、嘉剛猛耐苦之人，足備水師之選。如得幹略大員，假以便宜，俾之輯和民、番，兼用西人機器，以取煤鐵山木之利，數年後可開製造局；練海師，為沿海各省聲援，絕東西各國窺伺。此中國防海之要略，事之可行者一也。海外新嘉坡、檳榔嶼、舊金山、新金山各埠，均有閩、廣人在彼貿易，每處不下數萬人。其為首領者，必有幹濟之才，足以提倡全埠。

如派領事出洋，物色人才，不論官階文武大小，有能任此事者，給以虛銜，令前往各埠結納首領，婉轉勸導，由各省督撫奏給職官，派爲練首，令其團練壯丁，隨時操演。約計經費有限，而獲益無窮，事之可行者二也。現在通商各口，外人星羅棊布，中國情事，無一不周知，而彼都情形，中國則皆未深悉。自斌椿、志剛、孫家穀出使後，至今無續往之人。竊謂宜選有才略而明大體者，隨時遣使，設有交涉，可辯論者與之辯論，可豫防者密爲設防。且於彼國有用之人才，新造之精器，均可隨時採訪，以爲招致購買之地，事之可行者三也。」尋乞病罷歸。

光緒四年，東鄉民亂，命宗羲按讞。宗羲以知縣孫定揚浮收激變，冒昧請兵，提督李有恆妄殺平民千餘，據實入告，獄獲平反。六年，召詣京師，以病未愈，疏請乞緩行。十年，卒，賜祭葬。

子方本，舉人，兵部郎中。有幹濟。總督鹿傳霖、錫良先後令董商務、學務。川東旱災，治賑，被疾，卒，贈太僕寺卿。

徐宗幹，字樹人，江蘇通州人。嘉慶二十五年進士，山東卽用知縣，除武城，調泰安。在任十年，有政聲，遷高唐知州。道光十七年，濰縣教匪馬剛等作亂，從巡撫經額布剿擒之，議解省下獄候命。宗幹請於巡撫，卽其地誅之，衆心以定。遷濟寧直隸州。金鄉民濬彭河，下游諸屯民聚衆沮之，毆官傷胥役，勢洶洶，宗幹馳往諭使解散。屯民出自首，大吏欲置重典，宗幹以爲民畏水患，非與官敵，聚衆本沮工，毆官非本意，力爭戍爲首者七人。署兗州知府，修滋陽河隄。

二十二年，擢四川保寧知府，兼署川北道。擢福建汀漳龍道，屬縣有械鬬，案久不結。宗幹率壯勇數十人直入其村，集兩造剖其曲直，令同酒食以解之，令獻犯懲治，事遂解，一時梟悍皆斂跡。總督劉韻珂密薦。二十五年，丁母憂去官，服闋，起授福建臺灣道。咸豐三年，臺灣匪洪恭等陷臺灣、鳳山兩縣，復擾噶瑪蘭廳，宗幹督兵平之。四年，擢按察使，爲巡撫王懿德所劾，解任。旋召來京，命赴河南幫辦剿匪。六年，復命赴安徽。七年，授浙江按察使，遷布政使，以短解甘餉降調。十年，江蘇團練大臣龐鍾璐請以宗幹辦理通、泰諸州縣團練。

同治元年，擢福建巡撫。三年，粵匪李世賢、汪海洋等由廣東入閩境，逼漳州，龍巖、雲霄、武平、永定、南靖、平和相繼陷，宗幹偕閩浙總督左宗棠以次剿平。五年，卒。宗棠偕將軍英桂奏：「宗幹循良著聞，居官廉惠得民，所至有聲。」優詔褒卹，謚清惠，祀福建名宦。

王凱泰，初名敦敏，字補帆，江蘇寶應人。道光三十年進士，選庶吉士，授編修。咸豐十年，以母喪歸。粵匪分犯江北，上命大理寺卿晏端書治江北團練，大學士彭蘊章薦凱泰使佐理。敍勞，累加四品卿銜。同治二年，從巡撫李鴻章軍幕。四年，浙江巡撫馬新貽薦調，命以道員發浙江，署糧道。曾國藩、李鴻章、馬新貽交章薦舉，五年，擢浙江按察使。紹興三江閘洩山陰、會稽、蕭山三縣水入江，歲久沙積，三縣民請濬治。凱泰履勘濬治，復舊利。六年，遷廣東布政使，裁陋規，省差徭，罷釐捐，丈沙田，濬城中六脈渠，增建應元書院。七年，擢福建巡撫，課吏興學，禁械鬭、火葬、溺女、淫祀舊俗，奏請撥釐金糴米二十萬石實常平倉。充鄉試監臨，奏請整飭科場積弊。臺灣獄訟淹滯，奏請勒限清釐。

十二年，應詔陳言，略謂：「宜變通者六事：一，停捐例。自捐俸減折，百餘金得佐雜，千餘金得正印，卽道、府亦不過三四千金。家非素豐，人思躁進，以本求利，其弊何可勝言？今日應以停捐爲急務，以江西、湖南北、四川、廣東、福建六省釐捐年提數萬，又於海關、洋稅關撥數萬，似可彌京銅局捐項。至外省籌捐雖難周知，而福建自十年至今，收銀不過數萬，他省可以類推。以涓滴之微而害吏治，得不償失，請下部覈議。一，汰冗員。捐納，軍功兩途，入官者衆，部寺額外司員，少者數十，多則數百，補缺無期，徒耗旅食。各省候補人員，較京中倍蓰。按例，各省試用佐貳雜職，視各項缺數多寡，酌留十之二。請援照大挑知縣名次在後，暫令回籍候咨之例辦理。一，限保舉。軍興後保案層叠，名器極濫，捷徑良多。請下部覈議，此後保舉只准得應升之階及應升之銜，其餘班次概予刪除。至一品封典，二、三品加銜，皆不得濫請。一，復廉俸。自咸豐間軍用浩繁，京外俸廉，分別減成，京員困苦，知縣疲累，早荷聖明鑒及。今欲砥礪廉隅，似廉俸復額，亦其一端。福建文職廉額年支十三四萬兩，計現年徵起錢糧羨耗支抵尙屬有贏，道府以下各員，似可照額全支。請中外廉俸改復舊額，或加成支放。一，重學額。近年鼓勵捐輸，有加廣中額學額之制。中額三年一試，無慮濫竽。至一州一縣，士風本有不齊，乃以文理淺陋者濫廁其間，甫得一衿，包攬詞訟，武斷鄉曲，流弊不堪指數。請嗣後各省捐輸，只加中額，不加學額，並敕各省學臣酌覈。如有不能足額，奏明立案，俟文風日上，再行如額取進。一，立練營。營兵皆招自本籍，月餉不足贍八口，勢必另習手藝，兼營負販。每逢操演，不過奉行故事。設有征調，兼旬累月，始克成行。兵與將不相習，兵與兵亦不相識，人各一心，安能制勝？近年削平禍亂，全賴湘、淮各勇。國家養兵，糜帑歲數千百萬，竟不得其用，其弊實由於此。往年江寧克復，臣函商曾國藩，備言江寧綠營應稍變通，以現存得勝之勇，改充額兵，設營分部，一洗舊習。國藩未及議行，旋調直隸，即設練軍，蓋亦采用臣說。左宗棠在閩浙任內，奏准減兵加餉，就餉練兵，洵爲救時良策。請敕下各省督撫照減兵加餉之說，而以所減之餉加於戰兵。按湘、楚營制，五百人爲一營，擇地分紮，隨時互調，俾卒伍皆離原籍，不致散處市廛。餉不另增，兵有實用，庶化兵爲勇，而武備可恃。」疏入，命下部議。

十三年，入覲，行至蘇州，疾作，乞罷，予假治疾。日本窺臺灣，命凱泰力疾回任。光緒元年，移駐臺灣，病劇，還福州。卒，贈太子少保，謚文勤。

郭柏蔭，字遠堂，福建侯官人。道光十二年進士，選庶吉士，授編修，遷御史、給事中。出爲甘肅甘涼道。二十三年，戶部銀庫虧帑事發，柏蔭爲御史稽察，未糾發，奪官分償，旋授主事。咸豐三年，會辦本省團練，以克廈門、防延平功，擢郎中。同治元年，引見，交欽差大臣曾國藩差委。二年，授江蘇糧道，擢按察使，遷布政使，護理巡撫。六年，擢廣西巡撫，調湖北，仍留署江蘇巡撫。方亂時，江、浙交界槍船羣聚爲匪，柏蔭與浙江會捕，獲其首卜小二置之法。禁槍船，設牌甲，稽查約束。

是年，赴湖北任，署湖廣總督。各省遣散營勇，會匪蕭朝翥約黨分布黃梅、武穴、龍坪各水次，阻截散勇，偪令從爲亂。柏蔭遣兵往捕，其黨殺朝翥以降。諸縣教匪，京山吳世英、蘄水馮和義、沔陽劉維義次第擒誅。七年，奏言：「漢口鎮華、洋雜處，散勇游匪廁其間。每遇撤營，散布謠言，句結入會。疊經懲辦，在武漢、襄樊地方分設遣勇局，凡有在鄂散勇，均令赴局報名，雇船押送回籍，酌給川資，庶無業之徒，可歸鄉里，不至流而爲匪。」又奏言：「淮南鹽引，楚岸爲大宗。自長江被擾，運道梗阻，改用淮北票私，暫濟民食，淮南銷路遂滯。請復淮南引地，禁淮北票私，停北鹽抽課。襄、鄖、德三府前此兼銷潞鹽，亦一律禁止。」八年，多雨大水，柏蔭遣吏分道治賑。九年，再署湖廣總督。十年，湖南會匪陷益陽、龍陽，柏蔭分兵防守進剿，獲其渠。十二年，以病乞罷。光緒十年，卒。

子式昌，舉人。從軍積功，以知府發浙江。巡撫蔣益澧調赴廣東，署肇慶。益澧罷，式昌還浙江，補台州。劇盜黃金滿以官吏貪酷，煽亂。式昌扼要隘，令民自守，以嚴法繩蠹吏，蠲斥苛斂。金滿乃詣彭玉麐請降。光緒二十六年，衢州民殺教士，戕西安知縣吳德潚。擢式昌金衢嚴道，諭士民安堵，得亂首誅之。三十一年，署按察使。卒。

式昌子曾炘，官至禮部侍郎。

論曰：王慶雲、譚廷襄並敭歷中外，慶雲綜覈精密，治防井井，尤爲可稱。馬新貽、李宗羲皆以循吏贊畫軍事，擢任大藩，治績卓著。宗羲諫園工，籌海防，建言遠大。徐宗幹、王凱泰清節惠政，皆有時望。郭柏蔭久任疆圻，澤施於後焉。

# 清史稿卷四百二十七

## 列傳二百十四

王懿德　曾望顏　覺羅耆齡　福濟　翁同書　嚴樹森

王懿德，字紹甫，河南祥符人。道光三年進士，授禮部主事，再遷郎中。出爲湖北襄陽知府，擢山東兗沂曹濟道。歷山東鹽運使、浙江按察使，調山東。三十年，擢陝西布政使。咸豐元年，護巡撫，奏請豁免積年民欠常平倉糧八萬餘石，擢福建巡撫。

二年，奏言：「漢患錢乏，造幣贍國；宋有交引、錢引、交鈔；元、明制鈔法，或直千文、五百不等。我朝準歲入爲出，因民利而利，帑項夙充，奚庸過慮？自海防多事，銷費漸增，粵西軍務，河工撥款，不下千數百萬，目前已艱，善後何術？捐輸雖殷，僅同勺水。督催稍迫，且礙閭閻。與其籌畫多銀，不若改行鈔引。歷考畿輔、山左以及關東，多用錢票，卽福建各屬，銀錢番票參互行使，便於攜取，視同現金，商民亦操紙幣信用。況天下之主，國庫之重，飭造寶鈔，尤易流轉。惟鈔式宜簡，一兩爲率，頒發藩庫，通喻四民，准完丁糧關稅，自無窒滯。或疑庫銀溢出，悉成鈔引，銀日以少，鈔日以賤。豈知朝廷不蓄爲寶，以天下之財供天下之用，能收能發，自能左右逢源也。」疏入，諭軍機大臣同戶部議行。兼署閩浙總督。三年，奏福建匪徒糾結滋擾，請寬地方官失察處分，俾獲盜自贖，允之。

時會匪四起，突入海澄縣劫獄戕官，又掠同安、安溪，遣兵會勦。漳州猝爲匪陷，鎮、道皆遇害。游擊饒廷選方率兵他出，聞警回援。近城鄉民及城中紳士密約，啓廷選入，擒匪首謝厚等，殲匪數百，復其城。延平亦被匪攻，副將李壽春擊走之。大田、德化有匪闌入，紳士率鄉團殺賊數百。永春爲匪所踞，游擊恩霈等會勇破賊，擒其渠，餘黨遁走，被詔嘉獎。臺灣南路亦有匪擾，懿德奏陳防勦情形，諭曰：「福建紳練素諳大義。前同安縣義民殺賊，泉州在籍副將呂大陞等自願募勇渡臺，是其明驗。務當激揚士氣，滅此羣醜。」尋以海澄、同安、廈門、安溪、仙遊相繼陷，疏請治罪，下吏議。令參將李煌、都司顧飛熊破賊，尤溪縣城失而旋復。水師提督施得高、金門鎮總兵孫鼎鼇擊賊於金門，破之。廈門、仙遊皆復。四年，上游以次定，賊首林俊尚焚燬，實授閩浙總督。

戶部議限制行鈔，奏言：「鈔之能行，不在於發而在於收。內自部庫以及各關稅務，外則丁耗錢糧、鹽典契紙各稅，果能悉收鈔票，不限成數，且示以非鈔不用，則百姓爭相買鈔。有銀之家，以鈔輕而易藏；納課之氓，以率定而無損；貿遷之商，以利運而省費。部臣見未及此，惟恐解鈔而不解銀，故限以成數。夫以爲無用，則鈔、銀均非可食可衣；以爲有用，則鈔、銀不能畸輕畸重。今於領鈔之時，區以一省，由部知照，方能行用。己不自信，人豈可强？徒開藉端漁利之門。請飭部臣及各省督撫，以此發卽以此收，無論各項度支，示天下非鈔不用。新收買鈔銀兩，積於部庫、藩庫，以爲母金。行鈔不分畛域，則銀日豐而本源厚。」

疏入，下部議，格不行。

五年，因病請改京職，不許。七年，粵匪自江西竄入境，陷光澤、汀州，尋先後克復。遣總兵饒廷選進援浙江、江西。八年，京察，詔以懿德攘外安內，布置咸宜，予議敍。粵匪復自江西竄陷浦城、松溪、政和等縣，邵武、光澤、連城亦被賊擾。周天培軍赴援，賊復回竄江西，諸城皆復。十年，以病乞罷。十一年，卒，謚靖毅。

曾望顏，字瞻孔，廣東香山人。道光二年進士，選庶吉士，授編修，遷御史。十五年，條奏整飭科場凡十四事，皆如所請行。遷給事中，再遷光祿寺少卿。上以望顏遇事敢言，褒勉之，轉太常寺少卿。十六年，擢順天府尹。二十年，出爲福建布政使。二十三年，戶部銀庫虧帑事發，望顏嘗以御史察庫，未糾發，坐奪官分償。旋授主事。咸豐三年，命以五品京堂候補，補通政司參議。六年，復授順天府尹，擢陝西巡撫。七年，粵匪自湖北竹山擾陝西平利，望顏遣游擊常有等會湖北軍克竹山。賊竄均州武當山，又遣總兵龍澤厚會湖北軍進剿，殲賊殆盡。八年，粵匪入雞頭關，侵商南，遣兵擊走之。

九年，署四川總督。粵匪入四川，攻敍州，尋引去。滇匪藍朝柱、李永和倡亂，與敍州土匪勾結肆擾。望顏遣兵進攻，斬賊目李祖資等。十年，遣提督孔廣順等攻大巖尖山賊寨，獲其渠王帶周。滇匪攻犍爲，自箭板場竄至河口，將縛筏以渡，提督皁陞督兵水陸夾擊，走之。望顏又慮賊渡河犯嘉定，遣總兵占泰等截擊。賊據觀音場，師自黃閣寺進攻，戰於羅城鋪，敗之。賊竄踞貢井、天池寺諸地，爲壘數十，飭占泰等剿之。黔匪李志高等據長阡壩諸寨，遣兵攻燬長阡壩。總兵虎嵩林自程家場進攻貢井，又遣兵攻濯水賊，獲其渠賀世愚等。諸路雖有斬獲，而滇匪勢日熾，藍朝柱擾青神、邛州，李永和攻嘉定，省城戒嚴。詔斥望顏不能制賊，下吏議。

給事中李培祜疏劾任性妄爲，濫保浮銷，縱子干預。命陝甘總督樂斌偕署巡撫譚廷襄按治。覆奏望顏尚無贓私，惟舉劾屬吏多粗率謬誤，不能約束子弟僕隸。部議褫職，命暫留署任。復爲知府翁祖烈所訐，下將軍崇實按治，辭復連子捷魁及其僕，乃命解任，仍留四川。十一年，命回籍。同治元年，召詣京師，以四品京堂候補。五年，補內閣侍讀學士。九年，卒。

覺羅耆齡，字九峯，正黃旗人。初授工部筆帖式，中式道光十七年舉人，升刑部主事，累遷郎中。出爲江西廣信知府，調南安。歷署建昌、撫州、吉安、袁州諸府。咸豐三年，調赴省城筦官團局。粵匪攻南昌，耆齡佐守禦，賜花翎。尋補贛州知府。五年，擢吉南贛寧道。賊竄義寧，耆齡率兵赴援。六年，擢布政使，命駐防饒州，偕畢金科等分屯扼守。賊三路來犯，金科乘勝追賊，而贛軍營壘被襲，城遂陷。旋卽合攻破賊，復之。奉檄移軍南昌。侍郎曾國藩奏：「耆齡在饒州聯絡鄉團，屏障東北。今九江重兵已盡赴省城，耆齡宜仍駐饒州，毋庸移調。」時江西司道多統軍，曾國藩及學政廉兆綸皆以耆齡爲善，而訾議巡撫文俊。七年，詔罷文俊，擢耆齡爲巡撫。

江西郡縣半淪於賊，存者惟南昌、廣信、饒州、贛州數郡，戰事多倚湘軍。未幾，曾國藩偕弟國荃以奔喪歸湖南。圍吉安久不下，國荃去後，軍無所統，益疲。耆齡奏起國荃仍督吉安軍，乃復振。七月，劉騰鴻克瑞州。十二月，劉長佑克臨江。八年四月，李續賓克九江，蕭啓江、劉坤一克撫州。八月，曾國荃克吉安。詔起曾國藩督師規浙江，於九月至南昌。國藩前於五年初至江西，兵餉俱困，地方官吏狎侮掣肘，事多艱阻。至是，耆齡奉令惟謹，主客大和，軍事日有起色。九年三月，克南安。六月，克景德鎮。江西全境暫告肅清。九月，調廣東巡撫。粵匪翟明開自南雄攻江西安遠，耆齡遣兵越境解圍。十一年，賊自安遠敗竄平遠，入福建，陷武平，耆齡分兵收復。

同治元年，命督軍入福建援浙江，擢閩浙總督。粵匪陷處州，耆齡遣總兵秦如虎等分道進攻，直偪城下。賊竄縉雲，遂克處州，進收縉雲，再進復奉化。二年，復進克湯溪、永康、武義、龍游、蘭谿諸縣，及金華府城，浙東略定。調福州將軍。尋卒，賜卹，謚恪慎。

福濟，字元修，必祿氏，滿洲鑲白旗人。道光十三年進士，選庶吉士，授編修。擢侍講，四遷少詹事，大考二等，復三遷兵部侍郎，兼鑲白旗蒙古副都統、總管內務府大臣。調工部，復調吏部，兼右翼總兵。二十八年，命偕右庶子駱秉章往河南、江蘇、山東按事。歸德知府胡希周貪劣，鞫實，論如律。河南賈魯河工糜費虛報，工竣河復淤，巡撫鄂順安以下皆坐譴。蘇州知府鍾殿選等濫刑諱盜，鞫實，論如律。又按山東鹽運使韋德成訐巡撫崇恩，勒令開缺，請交刑部逮治。復調戶部。二十九年，授正白旗護軍統領。命偕刑部侍郎陳孚恩按山西巡撫王兆琛贓汚，兆琛坐譴。三十年，轉左翼總兵。醫士薛執中坐妖言得罪，事牽福濟，奪官。尋予四品頂戴，署山西按察使，授山東按察使。咸豐二年，授奉天府尹，擢南河河道總督。三年，調漕運總督，命暫行督辦淮北鹽務。

時粵匪踞江寧，擾江北，福濟會琦善敗賊揚州，授安徽巡撫。福濟調漕河標兵六百自臨淮關赴廬州，疏請飭琦善撥精兵二千扼關山、澗溪，防賊北竄；又請仍兼督淮北鹽課，藉濟安徽軍餉：皆允之。四年，至廬州，土匪陷六安，下部議處。福濟奏言：「抵廬後，統計調兵約二萬餘，月餉不下十五六萬。請飭浙、魯、秦、晉各撫臣協濟。」復請以前江南河道總督潘錫恩、安徽學政孫銘恩會辦徽州、寧國、廣德三府州防勦，俱從之。提督和春以欽差大臣督辦軍務，福濟與會師克六安，收英山、霍山。五年十月，克廬州，加太子少保、頭品頂戴。於是廬江、巢縣、無爲相繼克復，被優敍，賜御用棉袍、翎管、搬指、荷包。十一月，移軍桐城。

七年，無爲、廬州附近各縣復爲賊陷，桐城被圍，屢擊却之。二月，賊大至，福濟率兵潰圍出，還駐廬州。詔斥調度無方，下部議處。未幾，六安復陷，福濟因病請開巡撫缺，專辦軍務，不許。時安徽本省無兵，軍務實主於和春。賊踞安慶，皖南數郡懸隔，遙轄於浙江。淮北捻匪蔓延，袁甲三任之，巡撫號令所及，僅十餘縣。兵後荒蕪，賦稅無出，餉絀兵譁，遺失巡撫關防，自請嚴議，上原之，薄譴而已。會江南大營潰，和春移赴督師，惟總兵秦定三、鄭魁士兩軍仍留，倚以戰守。粵匪大股由湖北入皖，捻匪縱橫於皖、豫之交，省爭調定

三、魁士二人。奏上，皆報可，福濟依違無可否。定三久攻桐城未下，魁士亦奉命而至，兩軍爭餉生嫌，賊乘隙撲營，遂致大潰。八年，滁州、來安、鳳陽、懷遠相繼失陷。福濟以病乞假，詔斥日久無功，褫宮銜、頭品頂戴，命來京。尋授內閣學士，予副都統銜，充西寧辦事大臣。九年，以安插投誠野番功，還頭品頂戴。十年，授工部侍郎，署陝甘總督，兼正黃旗漢軍都統。十一年，授成都將軍，調雲貴總督。文宗崩，福濟奏請謁梓宮，不許，詔斥規避滇、黔軍務，褫職，予四品頂戴，仍赴雲南，交署總督潘鐸差遣。

同治元年，予副都統銜赴西藏查辦事件，道梗未往。四年，還京。六年，授科布多幫辦大臣，調布倫托海辦事大臣。八年，授烏里雅蘇台將軍。九年，回匪陷烏里雅蘇台，褫職。十二年，捐銀助賑。直隸總督李鴻章爲陳在安徽前勞，還原銜。光緒元年，卒，依巡撫例賜卹。

翁同書，字藥房，江蘇常熟人，大學士心存子。道光二十年進士，選庶吉士，授編修。大考屢列二等，擢中允。咸豐元年，應詔陳四事：請撫恤失業良民；察舉潔己愛民守令；興修江、浙、湖廣水利；訓練嶺海水師。三年，命赴江南佐欽差大臣琦善軍事。擢侍講學士，轉侍讀學士，遷少詹事。六年，自軍中奏言：「安民先足兵，足兵先理財。雲南運銅道梗，請於滇中設局鼓鑄，運錢至荆州充軍需及河工之用。沿江戒嚴，淮南鹽引不行，請以浙鹽行江西，而以蘇、常、鎭、太四府州改食淮鹽。江、浙漕米改由海運，數不及全漕之半，請分米雇民船仍由運河行轉搬之法。馬政廢弛，請令營馬量減數成，牧馬除借營用，令變價解庫。各省營兵應調赴戰，請飭將傷病撤回。空糧缺伍，實力整頓。軍興各省州縣倉穀或遭蹂躪，或備供億，實存綦少，請令地方官勸富民納粟入倉，量予獎勵。」又疏陳江防五事，曰：扼要津，聯陸路，斷岸奸，議火攻，增小船，並下部議行。琦善卒，托明阿爲欽差大臣，同書仍留佐軍事。粤匪再陷揚州，托明阿坐罷，德興阿代之，詔同書幫辦軍務。德興阿連復揚州、浦口，進規瓜洲、鎭江，軍事日有起色，多出同書贊畫。克瓜洲，命以侍郞候補，賜黃馬褂。

八年六月，授安徽巡撫。時廬州再陷，粤匪、捻匪相勾結，淮南北蹂躪殆徧。上命同書幫辦欽差大臣勝保軍務，安徽境各軍均歸節制。同書移軍定遠，賊自天長犯三河集，擊破之，復天長。捻匪擾定遠，粤匪亦來犯，同書督兵擊卻之。九年，捻匪大舉陷六安，攻定遠，同書與勝保夾擊，大破之，復六安。捻匪復合粤匪數萬人來犯，定遠陷，同書移軍壽州，下吏議，革職留任。同書奏：「近來可用之兵，莫如楚師。諜聞楚師順江而下，已破石牌。倘別遣勁旅間道急趨英、霍，徐圖懷、定，此上策也。如楚師轉戰未能深入，用苗沛霖輔以官軍，先拔懷遠，此中策也。若二者皆不能行，則以勝保攻明光，李世忠踰清流關以保東路，臣守壽州，與傅振邦、關保相應援，制孫葵心、劉添福二巨捻以保西路，此下策也。」葵心攻潁州，同書遣兵擊之，敗走，復霍山。十年，遣兵攻鑪橋，焚賊壘，進擊舒城援賊，破王家海賊圩。勝保議招葵心，上詔同書，同書言師方攻程家圩賊巢，不必曲意招撫。俄拔程家圩。

英法聯軍犯京師，勝保請召苗沛霖練勇入援，命同書傳旨；同書亦自請開巡撫缺，率之同行：尋併諭止之。粵匪陳玉成攻壽州，同書力禦，尋退。苗沛霖本懷反側，見時方多故，益猖恣，因與壽州團練徐立壯、孫家泰等有嫌，會其所部數人爲立壯所殺，遂圍攻壽州。同書密疏陳沛霖跋扈，詔飭會袁甲三查辦。沛霖抗不聽命，圍攻益急，縱兵四擾。立壯所部多舊捻，素騷擾爲民怨，十一年，坐其通捻，殺之。又下孫家泰於獄，家泰自殺。以蒙時中付沛霖，沛霖仍不息兵。召同書還京，以賈臻代署巡撫。同書令署布政使張學鵬勸諭沛霖，始撤圍。奏言：「沛霖過猶知改，請量加撫慰，責剿捻贖罪，俾袁甲三、賈臻籌辦善後事宜。」

同治元年，曾國藩奏劾同書於定遠失守時棄城走壽州，復不能妥辦，致紳練有讐殺之事。迨壽州城陷，奏報情形前後矛盾，命褫職逮問。王大臣會鞫，擬大辟。父心存病篤，暫釋侍湯藥。心存卒，復命持服百日仍入獄。二年，改戍新疆。三年，都興阿請留甘肅軍營効力，以花馬池戰捷，獲賊渠孫義保，賜四品頂戴。尋卒，復原官，贈右都御史，謚文勤。

嚴樹森，初名澍森，字渭春，四川新繁人，原籍陝西渭南。道光二十年舉人，入貲爲內閣中書。改知縣，銓授湖北東湖，捐升同知。以防剿功，晉秩知府，署武昌府。巡撫胡林翼薦之，八年，擢荆宜施道，遷按察使。十年，遷布政使，擢河南巡撫。

時皖捻縱横於河南境內，又有汝寧土匪陳大喜、金樓教匪郜永淸皆猖獗。十一年正月，捻匪姜台淩自歸德犯省城，援軍集，遂南趨陷唐縣，攻南陽府城，圍鄧州、裕州，三月，始回巢。孫葵心犯光州、陳州，亦至三月始出境。苗沛霖黨勾結陳大喜等擾陳州、汝寧邊境。五月，雷彥等圍鹿邑，經月始回巢。七月，劉狗大股分黑、白、花三旗擾歸德，結金樓教匪攻馬牧寨。樹森出駐陳州督剿。八月，劉狗竄朱仙鎭，犯省城。樹森率兵回援，賊竄汜水、鞏縣，掠黑石關，回竄鄭州，仍由歸德回巢。姜台淩亦犯沈丘、裕州，越樊城，復入荆子關，擾南、汝兩郡，由柘城、鹿邑回巢。十月，劉狗復大舉援金樓寨，爲官軍所阻，未得逞。時苗沛霖復叛，結張洛行，與汝寧、正陽、息縣諸匪連絡，將犯河南。樹森偕團練大臣毛昶熙合疏請調宜昌鎭總兵李續燾及鮑超部將陳由立，各募楚勇三千赴豫，又調吉林馬隊一千，以資防勦，請增兵之後，山西、陝西月協銀各二萬兩，允之。樹森老於吏事，在湖北從胡林翼治兵久，堅愎自是，與毛昶熙不合，事相掣肘。治河南年餘，禦賊雖有擒斬，軍事不得要領，迄無起色，調湖北巡撫。

同治元年，粵匪陳得才自南陽趨陝邊，捻匪竄永寧，延及雒南。樹森疏言：「當今賊勢，不患其併力南趨，特慮其潛窺陝境。西、同、鳳三府爲全陝菁華所萃，宜急驅出關，會合夾擊，以保完善之區。」五月，賊犯鄖西，令總兵何紹彩敗之何家店。會道員金國琛赴鄖策應，令周鳳山分兵勦正陽、羅山，破賊巢，克邢家集、龍井、陡溝、明港。粵、捻諸匪合陷隨州，陳大喜陷京山，馬融和陷德安，令舒保擊敗德安賊，穆正春復京山、應城，襄北稍定。因星變，奏劾欽差大臣勝保。又奏言：「藩、臬任重，不得以軍功擅請記名。標兵缺額，請以戰勇充補。陣亡卹賞欠發，許作子孫捐項，敍給官階職銜貢監。京官五品以下，官俸實發不折。」下部分別議行。

二年，捻匪竄麻城，樹森赴黃州視師，督舒保、穆正春等擊走之。三年，粵、捻諸匪由陝南合趨湖北，詔總督官文出省督師，樹森留防省城。官文奏劾樹森把持兵柄，舊營悉改隸撫標。上斥其任意妄爲，降道員。四年，授廣西按察使，貴州巡撫張亮基被劾玩兵侵餉、縱暴殃民諸款，命樹森馳往查奏。五年，授貴州布政使。樹森逗遛不進，未至，卽奏覆參案。六年，疏請開缺，詔斥其規避取巧，褫職，發往雲南差遣委用。十一年，予四品頂戴，署廣西按察使。光緒元年，遷布政使，就擢巡撫。二年，卒，賜卹。

論曰：王懿德治閩，悍寇未深入。鎮轄萑苻，尚能保境。曾望顏在言路有聲，治兵無術，蜀亂遂成。耆齡輯睦湘軍，因人成事。安徽兵餉俱絀，四郊多壘，福濟固一籌莫展。翁同書亦據蔟終凶。嚴樹森恃才器小，效胡林翼而適得其反者也。

# 清史稿卷四百二十八

## 列傳二百十五

秦定三 郝光甲 鄭魁士 傅振邦 邱聯恩 黃開榜
陳國瑞 郭寶昌

秦定三，字竹坡，湖北興國人。道光六年武進士，授二等侍衞。出爲廣西桂林營游擊，洊擢貴州鎮遠鎮總兵。三十年，平湖南李沅發之亂，賜號鏗勇巴圖魯。咸豐元年，率貴州、雲南兵赴廣西剿匪，克武宣三里墟賊營。進剿象州，以賊竄逸，坐褫花翎，降三級留任。尋連破賊馬鞍山、竹園村，復之。偕副都統烏蘭泰破賊新墟，又奪雙髻山、豬仔峽要隘，被嘉獎。又擊賊於永安州，力戰受傷。二年，破水竇賊壘，賊棄永安潰圍走，擒賊首洪大泉。賊趨桂林，定三偕烏蘭泰追之。急不暇結營而戰，定三止之，勿聽，烏蘭泰以傷歿。定三代將其軍，克花橋。桂林尋解圍，以保守省城被優敍。追賊入湖南，破賊於道州桃花井、五里亭、龍安橋，進援長沙。總兵和春營妙高峯，爲賊所圍，定三分兵襲賊營，得解。尋賊竄岳州，定三坐不能遏賊，革職留任。進援武昌，戰於洪山。三年，賊浮江東下，向榮率大軍由陸路追之，令和春及定三爲前鋒。甫至九江，而江寧已陷。踰月大軍始至，迭戰城下，賊堅壁以拒。

四年，賊分黨陷廬州，和春疏調定三及鄭魁士率所部往助勦。時廬州久爲賊踞，旁縣並陷，定三連戰破賊，復六安，屯三角井。會江寧賊分黨入安徽，圖北犯，以援畿南竄匪，道經舒城；賊首羅大綱、石達開、胡以晄、秦日昌等合衆數萬，四路來撲。定三所部僅二千，堅守十餘日，陣斬羅大綱，賊始挫，引去。定三集團勇攻舒城，悉破城外賊壘，又伺賊出截擊，連破之。圍之數月，六年，賊營火藥自焚，乘其亂，薄城奮攻，梯而登，遂復舒城，殲賊四千餘，予騎都尉世職。進屯軍鋪，賊自廬江、桐城分路來犯，定三往來馳擊，大破之，復五河、廬江二縣。進規桐城，奪小關、下關、白河嶺諸隘，屯陳家鋪。是年冬，賊由安慶來援，定三血戰十八日，賊乃退。又破賊於桐城北門外，燬其城樓。

捻匪擾河南，詔定三赴蒙城、亳州會勦，以鄭魁士代任桐城軍事。巡撫福濟疏言定三圍攻方得手，留之。改以魁士援北路，而魁士軍已至。定三初與魁士同列，及和春赴江南督師，魁士會辦安徽軍務，權位出定三上，又因爭餉，定三心不平，上疏劾之。福濟所恃惟兩軍，難左右祖，軍飢且渙。七年春，賊又陷廬江，進犯桐城。官軍爲所圍，不戰而潰，坐褫翎頂。文宗知定三頻年苦戰，敗非其罪，原之，故薄譴，命赴江南大營，隸和春軍，屯句容。大軍方攻鎭江，令移駐溧水以遏援賊。尋卒於軍，詔念前勞，依例賜卹，謚恭武。

郝光甲，直隸任丘人。道光十八年一甲一名武進士，授頭等侍衞。出爲山東撫標中軍參將，巡撫李僡薦之，超擢陝安鎭總兵。咸豐三年，率陝、甘兵援山東，從解懷慶圍。追賊至山西，破之於平陽。賊入畿輔，光甲從勝保追勦，陝甘總督舒興阿勦賊河南，互相爭調，光甲以擅自移營褫職。尋隨舒興阿援安徽，其軍改隸秦定三。戰舒城，迭破賊，詔予三品頂戴，署陝安鎭總兵。從克廬州，復舒城，復總兵頂戴，賜花翎。尋調赴河南勦捻，誤往徐州，被劾，革職留營。擊潁州捻匪於江集，擒捻首王鳳林。復以調赴蒙城遲延，降二級。七年，援桐城，兵敗，歿於陣。詔復原官，依總兵賜卹，予騎都尉世職，謚武節。

鄭魁士，直隸萬全人。由行伍洊擢湖南提標守備。道光三十年，平李沅發之亂，擢鎭筸鎭標都司。從提督向榮赴廣西勦匪，屢捷，賜花翎。擢湖南九谿營游擊，以參將升用。咸豐二年，守桂林，援長沙，擢副將，賜號沙拉瑪巴圖魯。援武昌，遂從向榮追賊沿江東下。以違軍令被劾，褫職留營。尋戰江寧有功，給都司翎頂。四年，提督和春調率所部赴廬州，進攻屢捷，復其職。尋署安徽壽春鎮總兵。廬州數縣皆陷，府城賊衆糧足，殊死守。和春一軍倚魁士及秦定三二人，定三分兵攻舒城；而廬州軍事專恃魁士。圍攻歷年餘，安慶、江寧援賊屢來援，皆擊走。至五年冬，攻愈急，魁士潛至城下以雲梯登城克之。被優敍，加提督銜。六年春，追賊至三河，焚其巢，而捻匪日熾。魁士率兵赴宿州擊破之，乃分路竄入河南境。巡撫英桂疏請魁士赴援永城，和春方倚辦皖賊，疏留，令往來策應。於是迭擊捻匪於懷遠茅塘集、河溜等處，擒其酋褚瀫等四十餘人。又破之於蒙城，焚其積聚。駐守懷遠，賊分隊來犯，魁士被圍，力戰，身被二十餘創，卒破賊，解圍去，詔嘉其勇，賜黃馬褂。又督團練敗賊於太和。會和春督師江南，詔安徽軍務以魁士繼任，會同巡撫福濟督辦，實授壽春鎮總兵。迭克舒城、廬江、無爲，下部優敍，頒賜御用衣服及珍物。又以魁士躬冒鋒鏑，被創甚劇，特詔嘉獎，賜藥調治。先後分兵復和州、潛山。

先是秦定三攻桐城，賊堅守不下，魁士往會剿，迭戰，並擊退援賊。時悍賊石達開往來桐城、安慶，勢甚張；又勾通捻匪，蔓延皖、豫之間。詔秦定三移兵蒙城剿捻，尋又留攻桐城，以魁士代之，會同河南巡撫英桂節制三省剿捻之兵；而桐城兵事方棘，福濟復疏留不遣。值歲荒餉匱，定三軍原取給地方捐給，魁士兵至，悉取轉供。定三疏爭，福濟一無措置，兩軍遂成水火。詔促魁士速赴蒙城，亦迄未行。

七年春，廬江、潛山連陷，賊由安慶大舉來犯，城賊突出，官軍飢疲不相顧，不戰潰圍而走。於是詔褫魁士翎頂，罷其剿捻會辦，歸福濟節制。退保廬州，粵、捻各匪會合來犯，魁士迎擊挫之，復翎頂。尋克桃鎮、派河，進扼全椒、滁州以杜北竄。八年，調赴江南大營，授浙江提督，督辦寧國軍務。九年，克灣沚，進剿貴池、南陵。尋命駐防高淳、東壩。

十年，以傷病乞假，詔斥屢次退卻，以總兵降補。從漕運總督袁甲三剿賊，授甘肅寧夏鎮總兵。十一年，以病罷。尋召來京候簡。同治五年，捻匪北犯，命赴直隸東路協剿。六年，署直隸提督。八年，乞病歸。十二年，卒。大學士李鴻章疏陳魁士久於軍事，堅苦剛毅，疊受重傷，詔依例賜卹，謚忠烈。

傅振邦，山東昌邑人。道光十六年武進士，授三等侍衞。二十三年，出爲湖南長沙協中軍都司，署鎮筸游擊。三十年，從平新寧土匪李沅發，受槍傷，賜花翎，實授游擊。咸豐二年，赴援桂林。三年，從向榮追賊抵江南，擢湖南撫標中軍參將。以圍攻江寧功，賜號綽克托巴圖魯。四年，擢貴州定廣協副將，署江蘇徐州鎮總兵。賊由蕪湖犯東壩，陷高淳。向榮令迎擊敗之，復其城。又偕鄧紹良克太平府，偪秣陵關，破賊於采石磯。六年，蒞徐州署任。捻酋張洛行、夏白、任乾圍宿州，振邦敗之夾溝、符離，解城圍。再敗張洛行於瓦子口，毀其巢。擊退蒙城賊於灘口。又偕伊興額破捻酋紀學中、王得六於永城鐵佛寺，毀柳集、臨渙集賊巢，擒紀學中，實授徐州鎮總兵。

會江南大營失利，命振邦馳援。偕總兵明安泰、秦如虎破賊東壩，進攻溧水。七年，克之。又破賊湖墅，追至龍都，偕張國樑克句容，加提督銜。八年，援寧國，拔灣沚、黃池，郡城解嚴。四月，回軍徐州，命幫辦袁甲三軍務。時捻匪蠭起，振邦馳逐江北、皖、豫之間，擒石得珍於山套；覆李大喜於符離；殲孫葵心於茨河，歸德、陳州均肅清，以提督記名。九年，命代袁甲三督辦三省勦匪事，副都統伊興額副之。尋復命幫辦欽差大臣勝保軍，仍留督辦三省勦匪事。

澮北捻渠劉添福糾衆三萬圍團練苗沛霖營，振邦馳救，毀賊壘二十四。乘勝攻澮南，陣斬賊酋任乾，夷其圩，授雲南提督。蒙城王家圩諸圩鬨任乾死，俱乞降，獨淝南板橋集賊陸連科負隅久抗。振邦設計招降黃家圩，李華東爲內應，擒陸連科誅之，淝南北六十餘圩悉就撫。六月，賊陷定遠，振邦馳援，破賊於宿州。賊竄固鎮，破之於方家坎渡口。孫葵心竄唐家寨，窺濟寧，截擊之，賊退走。

十年，詔袁甲三代勝保爲欽差大臣，振邦專任徐、宿勦匪事。捻匪屢窺徐、宿，其老巢袁、徐兩圩跨澮南、河北，振邦進勦，連破其衝要臨渙、韓村、趙家海、張圩，餘多自拔就撫。

遂渡澮河攻袁圩。捻酋劉添福自豫回竄，擊敗之，再破之褚莊、邱家圩、檀城，五戰皆捷，殲賊六千有奇，擒其酋任護、任大牛。東路捻匪擾宿遷、睢寧，振邦戰於苗村，大破之。閏三月，偕田在田克閻圩，擒任虎、鄧三麼等誅之。復破援賊，擒李大喜。四月，連克澮南解溝、五溝、任圩賊巢，斬賊目李四喜、任友得三十餘名，收撫童亭、藕池四十二圩。五月，會攻袁圩。捻酋劉添祥等大舉來援，分軍擊之；而永城捻萬餘直趨童亭，窺孫疃大營，振邦令副將龔耀倫擊敗其衆，擒捻首趙學煥等。七月，拔蒙城西洋集賊圩十四。潁、亳捻首姜台淩等北竄澮南，扼險截擊，擒賊目百餘。尋因傷發，請假回籍醫治，允之。十一年，命督練民團防堵登、萊、青三府，振邦病未已，疏辭防堵，請專任團練，報可。是年冬，命來京候簡。

同治元年，勝保奏調振邦幫辦皖、豫軍，爲山東所留，不果行。二年，僧格林沁調統前軍，從攻淄川、白蓮池，援蒙城。三年，從破捻酋張總愚於湖北隨州。四年，以疾告歸，未幾疾愈，留督軍青、萊，移扼張秋河防。六年，會剿直隸梟匪，賊降復叛，褫翎頂。尋破賊夏津，復之。五年，西捻平，補直隸提督。光緒六年，調湖北。九年，以傷發回籍，未幾，卒於家，賜卹，諡剛勇。

邱聯恩，字偉堂，福建同安人，浙江提督良功子。襲男爵，授乾清門侍衞。道光二十三年，出爲直隸通州協副將，調河間協。咸豐四年，從勝保剿粵匪於靜海李家莊，擊敗之，又破梁頭、孫家莊賊營，擢南陽鎮總兵。剿光州捻匪，擒其渠丁心田，賜花翎。五年，捻首李世林敗死，其黨易添富糾汝陽、息縣諸匪，戕烏龍集州判，陷息縣，據光山。聯恩督兵圍攻，賊宵遁，追擊，大破之，斃賊千餘，擒斬王黨、黃五雷等。

六年，皖捻首張洛行、龔瞎子等擾歸德，聯恩間道赴援，甫至，賊三路來撲，擊走之。尋以進剿遲延，革職留營。連破賊於穀熟集、界溝集，殲斃甚衆。進剿亳州五馬溝，大破之，殲賊千餘，擒賊目三十餘人，復原官。其冬，襄樊土匪起，入河南，陷鄧州、內鄉，聯恩馳擊，復其城，殲賊渠朱中立等，轄境得安。七年春，張洛行擁衆掠光州、固始，分據洪河南北。勝保大軍扼北岸，聯恩率兵千餘擊南岸，進攻方家集賊巢。五月，諸軍合擊，聯恩直擣賊壘，破圩而入，乘勝追殺，焚洪河橋，兩岸賊皆潰，殲斃三千餘。是役功最，賜號圖薩蘭巴圖魯。九月，剿角子山捻匪，都統德楞阿敗賊確山，聯恩乘勝躡擊。賊竄沁陽、嵩縣諸山中，搜捕數月，賊氛始清。八年，回軍援固始，圍尋解。粵匪犯湖北，陷麻城。聯恩扼沙窩坊、虎頭關，防光山、商城一路。十月，捻首孫葵心竄周家口，聯恩破之槐店。

九年春，張洛行、龔瞎子復擾歸德，聯恩馳援，連破之。追至五溝營，賊分爲二，其東竄者分兵擊潰於商水南，而自躡其西，孤軍獨進。巡撫恆福劾其追賊遲延，革職留營。賊犯西華，進擊解其圍。追至舞陽北舞渡，日已暮，人馬皆未食，遇賊奮戰，進至殺虎橋，賊騎四面兜圍。聯恩身被重創，馬仆，步戰，手殺十餘賊，力竭，死之。詔復原官，依提督陣亡例優卹，予騎都尉並一雲騎尉世職，謚武烈。南陽、同安並建專祠。無子，以族子嗣，炳忠襲男爵，炳義襲世職。

黃開榜，湖北施南人。初入湘軍，從塔齊布戰武、漢、蘄、黃間，累擢至都司。咸豐七年，從勝保剿捻匪，克正陽關，擢游擊。八年，偕副都統穆騰阿戰馬頭，開榜失利，褫翎頂。復六安，加副將銜。九年正月，會豫軍毀潁上南照集賊巢，率水師攻蚌埠、長淮衞，戰七晝夜，獲賊船百餘，斃賊千餘，又焚賊舟糧，破懷遠水路諸卡，毀文昌閣賊壘，殺賊甚衆，賜號勤勇巴圖魯。合諸軍擊退援賊，直抵懷遠城下，先登，復懷遠，擢副將。十年，袁甲三圍鳳陽，開榜會攻爐橋，捻首張洛行來援，會諸軍夾擊破之。賊酋鄧正明潛乞降，覘府城虛實，開榜請聚師城外，示以兵威。總兵張得勝誘擒賊首張隆，令縛獻賊酋悍黨十四人，磔於市。開榜梟張隆首示城賊，賊衆縛獻其酋乞降，誅悍者三百餘人，餘遣散歸業。功最，以總兵記名。偕總兵田在田等破賊王家營，復清江浦，遂駐防。江寧大營潰，降賊薛成良叛入邵伯湖，開榜偕副將劉成元等燬賊船三百餘，殲賊殆盡，成良赴水死。加提督銜，授江西九江鎮總兵。十一年，攻天長，疊平賊壘。

同治元年，捻匪竄寶應，開榜督礮船擊走之，又敗賊於山陽、汊河。偕道員張富年破賊宿州觀音寺、仁和集，擒賊酋王春玉於邳州，拔猫兒窩賊柵。僧格林沁劾開榜飾詞冒功，下漕運總督吳棠按究，得白，薦統徐、宿軍，兼節制水師。二年，攻長城賊堡，克之，收撫附近諸墟。破部家花園、孫疃賊巢，以提督記名。

粵匪渡江北犯，開榜扼高郵，賊掠船渡湖犯天長，開榜往援，焚賊筏，軍於隄上。賊列陣以拒，開榜令副將龔雲福由陸路迎擊，參將陳浚家率礮划潛出小河口，轉戰而前，與長城兵夾擊，破賊於三汊河，天長圍解。提督楊岳斌復江浦、浦口，開榜破七里洲賊壘，焚船六十餘艘。助攻九洑洲，拔之。開榜奉調赴臨淮，偕總兵普承堯平七里河岸賊壘。三年，率所部師船防通州，江寧平。四年，赴九江鎮任。十年，卒，謚剛愍。

陳國瑞，字慶雲，湖北應城人。年十餘歲陷賊中，出投總兵黃開榜，收爲義子，冒姓黃氏。在軍每戰衝鋒。咸豐九年，從攻懷遠，率七人夜渡河攀堞先登，擲火燔譙樓，斬悍賊十餘人，師畢登，遂克懷遠，自是以勇聞。欽差大臣袁甲三進圍定遠，捻首李光等來援，國瑞陷陣，脅中槍，裹創力戰，賊辟易，乘勝破二圩，賜號技勇巴圖魯。奉檄援壽州，中途聞賊犯鳳陽，回軍夜往，連破賊壘，立解圍，超擢游擊。十一年，江、皖賊合衆窺揚州，國瑞馳剿湖西，屢破賊，加副將銜。

同治元年春，捻匪犯淮安，國瑞率五百人繞出賊後，與總兵龔耀倫夾擊，賊驚潰，馬賊悉遁，步賊萬餘回拒，國瑞偕總兵王萬清合戰破之。再破賊黨李城於版牐。賊由衆興集撲清江浦，擊走之。以礮船三十遏運河，夜襲桃源北岸，破賊圩四，直取衆興，拔十餘壘，擢副將。三月，率步卒八百敗賊於涇河，轉戰至新河，賊逼隄而陣。國瑞麾隊猛進，手燃礮殪執旗賊目，斬級千餘，以總兵記名。進剿泗州捻首韓老萬，敗之。四月，戰於邳州新村，捻衆亙三十里，國瑞分三路迎擊，斬賊渠王春玉，擲其首賊陣中，賊駭亂，夜冒雨襲破其三營。別賊趨救，昏暗不辨，自相殺，乘勢蹙之，殲數千。捻勢遂衰。

時山東棍、幅各匪麕集郯城，漕運總督吳棠檄國瑞進剿，連克數圩，斃悍酋孫化祥，餘黨多就撫。五月，會攻兗州鳳凰山，約副將郭寶昌、參將康錦文分路設伏，躬率小隊抵白蓮池，誘賊出，伏發，截賊隊爲二，擒悍匪劉雙印。緣崖先登，諸軍繼之，克鳳凰山，戮逆首宋維鵬等，賜黃馬褂、頭品頂戴。國瑞呈請歸宗，復陳姓。

會苗沛霖叛，僧格林沁移剿，檄國瑞先發，漕運總督吳棠奏請國瑞幫辦軍務。國瑞至蒙城，先襲破紅里賊圩以通糧道，繼克王圩，越重壕進逼賊巢。皖軍總兵宋慶會攻，國瑞以賊壘連屬不易下，密令郭寶昌自全家集凫水支浮橋，宋慶守之，親引軍渡河焚賊糧屯，連破數壘。沛霖夜遁，爲人所殺。淮甸平，以提督記名。三年，授浙江處州鎮總兵，屯正陽關。僧格林沁剿捻湖北不利，檄國瑞赴援，坐遷延，降三級調用，奪所部隸郭寶昌。國瑞觖望，人言其將反。八月，國瑞率千餘人謁僧格林沁於光山，請爲前鋒，偕翼長成保等剿柳林大小諸寨。深入失利，國瑞力戰兩晝夜，始突圍出。追賊蘄水、蘄州、羅田、廣濟，屢捷。賊竄英山、霍山，合諸軍戰於土漠河，殲斃數千，生擒數百。時羣賊因江寧已克，降散過半。敍功，復原官。四年正月，翼長恆齡追賊至魯山，遇伏，與副都統舒倫保等同日陣亡，國瑞力扼橋口，餘衆得還。

賊犯襄城，國瑞乘夜大雪，出賊不意，火其壘，賊潰走。時賊被剿急，來往飄忽，僧格林沁率騎軍窮追，國瑞步隊從其後。三月，遇賊於確山，與諸軍合擊，大破之。賊僅餘馬隊，由遂平、西平直走睢州，過舊黃河，入山東境。僧格林沁以國瑞與郭寶昌戰最力，奏賞所部軍士各銀五千兩，又請獎寶昌遇提督簡放。詔謂國瑞確山之戰最出力，命酌量保奏。賊從臺莊渡運河，遂趨江北，國瑞躡之，屯沭陽。

四月，賊復折入山東，僧格林沁戰於曹州，兵挫遇害。詔罪諸將不能救護，國瑞以受傷免議。素恃功桀驁，自僧格林沁外，罕聽節制。曾國藩奉命督師，諭戒甚切，飭赴援歸德。至濟寧，與劉銘傳交惡，發兵爭鬭，殺傷甚多，踞長溝相持不下，詔嚴斥之，亦未加之罪。國藩疏論：「曹州之役，國瑞與郭寶昌分統左右兩翼，寶昌革職拏問，國瑞不應倖免。」遂撤去幫辦軍務，褫黃馬褂，暫留處州鎮戴罪立功。尋養病淮安，益縱恣不法，欲殺義子振邦。漕運總督吳棠劾其病癲，褫職，押送回籍，收其鹽本、田產充公；存銀二萬五千兩儲湖北官庫，分年付貲生計，毋令失所，俟其病痊奏聞。既而病痊，疆吏張之萬、譚廷襄等交章論薦，召至京，予頭等侍衞。

六年春，捻匪張總愚猝犯畿南，命率師迎擊。國瑞兩晝夜馳抵保定，詔嘉之。數敗賊，追至河南境。行軍輒自由，不聽節制，所部尤無紀律，屢被彈劾。擊賊於濟陽、德平，皆捷。洎捻平，悉復原職、黃馬褂、勇號，予雲騎尉世職。以傷發，乞假居揚州。

李世忠與有嫌，相鬨，世忠縛諸舟，將斃之。曾國藩劾世忠，革職，國瑞降都司，勒令回籍。國瑞復潛至揚州，因總兵詹啓綸毆斃胡士禮獄，牽連論罪，戍黑龍江。逾數年，朝廷猶念舊功，以詢大學士李鴻章，鴻章謂其情性未改，精力已衰，遂不復用。光緒八年，歿於戍所。給事中鄧承修、山東巡撫福潤、安徽巡撫沈秉成、湖廣總督張之洞先後疏陳戰績，詔允復官，並於立功諸省建專祠。

郭寶昌，安徽鳳陽人。投効臨淮軍中，從戰數有功。尋改隸陳國瑞楚勝軍。咸豐十一年，國瑞擊捻匪於高郵、寶應，寶昌率驍健十八人爲前鋒，陷陣得捷，又率兵三百破賊於天長龍崗，擢守備，賜花翎。同治元年正月，捻酋李成、任柱等犯淸江浦，楚勝軍禦之，戰車橋鎭。賊分衆劫淮關，寶昌追截，奪還所劫稅銀數萬兩。賊奔還衆興集，寶昌潛師夜襲，連破二十餘壘，賊引去，擢游擊，賜號卓勇巴圖魯。捻黨劉添福等糾餘匪擾泗州，山東棍匪亦響應，寶昌連破之汊河、沙浦莊，匪勢漸衰。二年，匪首孫化祥就擒。積功洊擢副將，楚勝軍名益著。

僧格林沁調令助剿白蓮池、鳳凰山，從陳國瑞迭出奇兵力戰，生擒賊首劉雙印，斬其黨劉金春等於陣。任柱糾棍匪、教匪諸黨來援，並擊走之。白蓮池平，論功，以總兵記名。移軍剿苗沛霖。寶昌偕陳國瑞先至，攻破王家圩，渡河築三壘，與賊對峙，斷其餽運。賊悉銳來爭，擊卻之，賊氣奪。大軍至，諸圩以次下，沛霖走死，加提督銜。

三年，調援湖北，與陳國瑞分軍，名曰卓勝營，始獨當一面。八月，粤、捻諸匪由湖北入安徽，至英山東北，寶昌合諸軍敗之黑石渡。賊首馬融和擁衆十萬，議投誠，未決。寶昌單騎入其營，曉譬禍福，融和卽日降。事聞，賜黃馬褂。四年，從僧格林沁轉戰楚、豫之交，功多，特奏保提督記名。尋以曹州之敗，詔斥不能救護主將，革職遣戍新疆。五年，曾國藩、喬松年奏請免發遣，留營効力。六年，從喬松年赴陝西，偕提督劉松山剿回匪於臨平，克之。

捻魁張總愚率衆萬餘犯富平，寶昌縱間伺隙出奇襲之。令部將宋朝儒等設伏村墟，自率親軍挑戰，伏起夾擊，斬馘數千，又敗賊於大荔大濠，復原官、勇號。進復綏德州，授安徽壽春鎮總兵。七年春，捻匪由山西、河南直犯畿輔，寶昌馳援，日行百餘里，抄出賊前抵保定。賊至，見官軍盛，引去，晉號法凌阿巴圖魯。躡賊入河南，敗之封丘、黃河套。張總愚匿村舍中，寶昌單騎獨出，突遇賊，受傷墮馬，部將宋朝儒翼之出。事聞，予假兩月調理，賜尙方珍藥。未幾，捻匪平，復黃馬褂，以提督簡放，予騎都尉世職。命從左宗棠赴陝西剿回匪。

八年，傷愈，西行，破賊於宜川，平綏德州叛卒。回匪東趨，命赴山西防河。九年，河西土匪起，寶昌渡河擊破其衆。奉檄搜捕北山土匪，悉平。十年，赴壽春鎮任。十一年，霍丘蔡家集土匪李六倡亂，率輕騎百人往剿，誅渠魁而還。事定，加頭品頂戴。光緒二年，平永城、渦陽土匪，被優敍。寶昌剿捻功最多，鎭壽春先後三十年，淮北恃爲保障。調廣東南韶鎭，未任，尋還故官。俄羅斯、法蘭西、日本三次開兵釁，調防南北，事定仍回本任。二十六年，卒於官，賜䘏。

論曰：秦定三、鄭魁士並向榮得力之將，和春克廬州，悉賴二人，遂與皖事終始。桐城之潰，由於爭餉不和，亦疆臣無調度之方以致之。傅振邦老於軍事，持重無失。邱聯恩名將之子，在豫軍中最號忠勇。陳國瑞勇足冠軍，剽悍不受繩尺，不能以功名終。郭寶昌戰績亦與並稱，材武不及，而器量差勝焉。

# 清史稿卷四百二十九

## 列傳二百十六

江忠義　周寬世　石清吉　余際昌
林文察　趙德光　張文德

江忠義，字味根，湖南新寧人，忠源從弟。咸豐二年，忠源率楚勇援長沙，忠義年十八，從軍，轉戰湖北、江西。忠源殉難廬州，遂分將其軍。五年，從提督和春復廬州，擢知縣。七年，劉長佑援江西，攻臨江不利，時忠義在籍，巡撫駱秉章檄率新練勇千人往助之，至則破石達開於平墟。臨江既克，擢知府，賞花翎。八年，克崇仁，進攻新城，五戰皆捷，加道銜。江西肅清，凱歸。

九年，石達開犯永州，忠義赴援，連戰破之，擢道員。又敗賊新寧麾訶嶺，扼武岡。賊圍寶慶，忠義進援，會諸軍迭戰解圍，賜號額爾德木巴圖魯。十年，駐守綏靖，母病歸。賊遂陷綏寧、城步，圍武岡，忠義聞警，分軍守新寧，自援武岡，破其衆。新寧之賊走踞東安，一戰克之，加按察使銜。又破賊於寧遠四广橋。十一年春，連破賊於全州白芒營、宜章栗源堡，還軍屯新寧，遣參將江忠朝扼全州，賊目余成義斬其酋以降。加二品頂戴，特擢署貴州巡撫。石達開復自粵竄楚，衆號十萬，忠義以三千人扼會同，大破之。賊糾湖北來鳳賊黨肆擾，擊走之，遂克來鳳。達開走入四川。十二月，丁母憂，請終制，詔允開署缺，仍在湖南剿賊。

同治元年，移師援黔，克天柱，改授貴州提督。調援廣西，克修仁，殪賊渠張高友。皖南賊熾，曾國藩疏調援皖，廣西巡撫劉長佑請留不遣，命署廣西提督。二年，江西、廣東皆調援，先後報可，忠義以廣東兵有餘糧，他將足辦賊；江西餉絀兵單，賊數十萬，萬一不支，東南全局瓦解，乃奏請力援江西。檄道員席寶田率前部先發，會剿陶家渡，自將攻湖口，逼賊營，屢出奇兵抄擊，斷文橋，攻太平關，賊酋黃文金受重創遁去，賜黃馬褂。進援靑陽，分三路進戰，破賊壘，圍解，太平、石埭、寧國諸城賊次第出降，詔嘉奬，予優敍。會疾作，返就醫南昌，未至，卒於吳城，年甫三十。優詔悼惜，依總督例賜卹，贈尙書銜，謚誠恪，立功地建專祠。光緒十一年，加贈太子少保。

從弟忠珀，記名提督。同治八年，剿貴州苗，攻克鎭遠、府衞二城，中礮亡，謚武愍。

周寬世，字厚齋，湖南湘鄉人。咸豐初，從湘軍，隸李續賓部下。戰城陵磯、花園、半壁山，皆有功，擢千總。從援江西，攻廣信，戰烏石山，寬世出左路突陣，爲諸軍先，復其城，擢守備。破賊義寧，擢都司。回援武漢，戰通城，寬世馳斬馬賊三，生擒七，以遊擊補用。從攻武昌，六年，李續賓夜出偵賊，遇之雙鳳山，突戰，寬世潛繞山趾橫擊之，賊敗奔；又戰鷹嘴，受礮傷，假歸。累功擢參將，賜花翎。

旣而羅澤南卒於軍，續賓代將，召寬世回營。迭破賊於雙鳳山、魯家港、小龜山，克武漢，復大冶、興國，擢副將。七年，從攻九江，破援賊於童司牌，毀其壘，賜號義勇巴圖魯。破小池口賊屯，會克湖口，復彭澤。賊由臨江犯興國，寬世率千六百人擊走之。八年，回援湖北，戰麻城西南斗坡山。賊設伏，以馬隊誘戰，寬世待其近，突擊之，遂破其伏軍，進克黄安，而麻城亦下。大軍克九江，論功，以總兵記名。

從李續賓進軍安徽，戰楓香鋪、小池驛，克太湖、潛山，搗舒城，寬世皆爲軍鋒。十月，進攻三河，續賓戰沒，寬世斂餘衆守二日，彈丸俱盡，夜率親卒突圍，受重傷。是年冬，授湖南永州鎭總兵。九年，石達開犯湖南，巡撫駱秉章令寬世募新軍二千援祁陽。破賊長慶橋，又敗之長葉嶺。進援寶慶，屯城東，連敗賊長沖口、五里牌。李續宜援師至，會諸軍內外夾擊，賊解圍走。回剿永州土匪，平之。十一年，擢湖南提督。

同治元年，赴安徽助剿，駐守桐城。二年，捻匪馬融和犯桐城，擊走之，移防六安。皖北漸定，調守安慶。三年，赴援江西，克東鄉。四年，破霆軍叛勇，追賊入廣東，會諸軍殲賊於嘉應。五年，回湖南提督任。傷發，乞休。光緒十三年，卒。

石清吉，字祥瑞，直隸沙河人。道光二十一年武進士，官三等侍衞。咸豐初，出爲湖北鄖陽鎭守備，從剿黃陂、崇陽、應城，累擢參將。克安陸、京山皆有功，以勇稱，所統曰飛虎軍。尋隸將軍都興阿軍，常從多隆阿轉戰。七年，援蘄州，拔太湖，攻安慶。八年，由安慶退保宿松，大戰破賊。九年，攻太湖。十年，大戰小池，克太湖，功皆最。十一年，安慶既下，會諸軍克桐城。

同治元年，從攻廬州，清吉屯城西北，破賊壘，擒斬數千。進毀賊柵，樹雲梯攻城，賊方死拒，而陳玉成兵敗遽去，遂由西門攻入，克廬州。清吉累以戰功賜號幹勇巴圖魯，擢總兵，加提督銜。多隆阿督師赴陝西，以清吉統五千人留守廬州。二年，苗沛霖復叛，廬、壽、開土𥺌匪起，清吉悉剿平之。粵、捻諸匪合擾豫、楚之交，清吉赴援湖北，屯孝感、黃岡，拔難民近萬。

三年九月，匪酋陳得才、馬融和合犯蘄水，圍副都統富森保於關口。清吉率軍馳援，會大霧，賊馬步數萬麕集。清吉進至藥山，賊渡河抄後路，圍數重，截其四營爲二。自辰至午，血戰，被九創，殞於陣。從戰歿者，副將江星南、谷明發，游擊曾占彪、段會元。事聞，詔視提督陣亡例賜卹，入祀京師昭忠祠，予騎都尉世職，謚威毅，建專祠。

余際昌，湖北穀城人。咸豐初入伍，剿匪積功至守備，署撫標右營遊擊，爲巡撫胡林翼所識拔。七年，從戰黃梅、廣濟。八年，陳玉成自太湖竄蘄州，際昌奉檄防皖、楚之交，敗賊南陽河，毀賊壘三十餘，擒賊目。賊走英山，追躡之，復其城，擢遊擊。又破賊彌陀寺，晉參將。李續賓軍覆三河，潛山、太湖復陷，際昌屯英山，遏潛、太之衝。九年，進拔天堂。賊大舉來爭，際昌敗諸王婆坳，追至雞冠嶺而還。再敗賊槎水畈，斬馘千餘。時大軍圍太湖急，陳玉成糾黨十餘萬相持小池驛。十年正月，際昌偕金國琛由間道出高橫嶺，與諸軍夾擊，大破之，遂復太湖，乘勝會攻克潛山，擢副將，署湖北督標中軍副將。陳玉成自六安回援安慶，霍山復陷。際昌偕總兵成大吉擊破之，復霍山，加總兵銜。十一年，陳玉成入霍山，自黑石渡撲樂兒嶺。際昌軍潰，賊上竄黃州，革職留營。尋從克黃州，率新募昌勝五營援河南。

同治元年，屯陳留。捻匪麕集杞縣，際昌馳擊，大破之，進拔焦、趙二寨，復原官，賜號偉勇巴圖魯。十月，攻捻於汝寧，破平輿寨，生擒賊酋陳文，詔以總兵記名。僧格林沁嘉其勇，令充翼長，從剿渦河，斬賊渠楊興太等。二年春，追破陳大喜於阜陽吳老莊。捻首張總愚竄侯集，際昌會張曜夜襲之，擒其黨獨角虎、周馬，授河北鎭總兵。夏，逐賊楚、豫間，敗之廠城，躡至方家寨，中伏力戰，受三十餘創，死之。贈提督，予騎都尉世職，諡威毅。

林文察，字子明，福建臺灣人。咸豐八年，從剿臺灣淡水土匪，捐餉助軍，以遊擊留福建補用。十年，九龍山匪郭萬淙掠建寧、邵武間，汀州、龍嚴匪胡熊擾寧洋、永安。文察隨軍進剿，擒其黨百餘人。郭萬淙遁據邵武上山坊，文察合軍殲之，降其衆，復破胡熊於東板土寨，擒之，擢參將，賜號固勇巴圖魯。十一年，援浙，克江山，晉副將，晉號烏訥思齊巴圖魯。汀州、連城相繼陷，文察回援，破賊金雞嶺，設伏，敗之江防，遂拔連城，乘勝克汀州，以總兵記名。冬，杭州旣陷，調援浙，文察領臺勇二千人駐衢州。同治元年，破處州賊屯，而遂昌陷，文察進軍逼之。李世賢自江山來援，文察設伏大柘、大廍及石練山之前後，賊至，擊走之。夜，賊來劫營，復爲伏兵所敗，復遂昌，進克松陽。會總兵秦如虎攻處州，賊棄城遁，並克縉雲，授福寧鎭總兵。尋擢福建提督。

二年，臺灣不靖，總督左宗棠令渡臺號召舊部，統領諸軍。文察分軍攻彰化及斗六，克之。諭降諸莊，賊渠戴萬生、林戇晟遁走。三年，破樵溪口賊莊，斬其酋林傳，毀張厝莊、四塊厝賊巢，戴萬生、林戇晟並伏誅。

粤匪李世賢、汪海洋合陷漳州，文察倉猝率二百人內渡，遇賊萬松關，歿於陣，贈太子少保，予騎都尉世職，謚剛愍。本籍及漳州建專祠。

子朝棟，光緒中，法兵犯臺灣，陷基隆，朝棟率家兵助戰有功，捐鉅貲，賜四品京堂，有聲於時。

趙德光，原姓張，貴州郎岱人。從副將趙德昌轉戰雲南，德昌弟畜之，故冒姓趙氏。拔補千總，擢都司。咸豐十年，自領一軍，戰獨山，屢敗賊，擢遊擊。十一年，賊窺省城，德光擊走之。又敗之羊場平寨，設伏於主戎山麓，殪賊無算，擢參將，賜號豪勇巴圖魯。教匪踞玉華、尙大坪，以王卡爲屛蔽。德光率所部攻破楊義司、郭家莊、馬籠口賊營，斷其援，又破腰蘿溪、新寨巖要隘，進偪王卡。德光先登，賊大潰，救出男婦數千人，擢副將。

同治二年，壩芒匪首潘明杰由龍里窺伺省城。德光迎擊三江橋，賊敗走。進攻甲秀閣賊巢，遂克龍里舊縣，補都勻協副將，以總兵記名。三年，尙大坪匪撲省城，德光與布政使襲自閎等固守，賊尋退，加提督銜，署古州鎮總兵。旋解清鎮圍，克龍里、廣順、定番、長寨，以提督記名。四年，匪首何二久踞開州、尙大坪，擾近省州縣，無寧歲。德光選精銳過清水江剿之。賊糾集苗匪、教匪沿江以拒，乘間過江攻開州。德光固守十餘日，殺賊八九百人，乘勝追擊，克沿江獅子坉、鎭江坉、三龍營賊屯。進克濱江賊巢，斬馘二千餘，何二棄尙大坪而遁，被優敍，署安義鎭總兵。

五年，署貴州提督。攻克永寧，解安順圍。六年，援定番，乘雷雨破賊，斬賊首許八十等，平花山賊屯，拔底季賊巢，晉號博奇巴圖魯。尋剿賊安平蘆荻哨，深入賊伏，中鎗陣亡。詔依提督陣亡賜卹，贈太子太保，予騎都尉兼一雲騎尉世職，謚剛節，建專祠。遺腹生子秉鈞，襲世職，復姓張氏。

張文德，湖南鳳凰廳人。幼育於文氏，從姓文，名龍德。入行伍，隸鎭筸營。咸豐初，從剿江寧、廬州，敍把總。六年，從提督和春攻三河賊壘不下，文德請獨身持檄諭賊降，投誠者相繼至，遂克三河。七年，從復鎭江，擢都司。八年，從援福建，下浦城、松溪、政和、崇安，賜花翎。九年，敍援浙江功，晉遊擊。十年，從張國樑解鎭江圍，援賊復至，文德扼水柵七晝夜，賊引去，擢副將。自是從將軍巴棟阿、提督馮子材守鎭江。十一年，補廣東羅定協副將。

同治元年，賊屢攻鎮江，皆擊退。馮子材奏言：「文德力挫賊鋒，重圍疊解，實爲特出之材。」授貴州鎮遠鎮總兵，賜號翼勇巴圖魯。文德以生父年七十無子，養父文氏有二子，陳請復姓，更名文德。二年，連破賊牧馬口、薛村，克柏林村賊壘，加提督銜。賊由東路來犯，文德禦諸駭溪、諫壁，腹中礮，腸出，裹創而戰，援軍至，賊乃退；又破之博洛村，攻丹陽，毀賊壘，擒賊目。三年，克白埝鎮及寶堰，賊黨紛紛來降。會鮑超攻丹陽，招賊酋蔣鑑爲內應，克其城，斬賊酋陳時永，擒賴桂芳，以提督記名。江南平，予一品封典，命赴鎮遠鎮本任。

四年，總督勞崇光令募楚勇規荔波、獨山。丁父憂，解職。六年，署貴州提督。七年，克開州，破鼎照山賊砦，克龍里、貴定，斬賊酋潘名桀，餘賊多降，被珍賚。進攻平越，擒金大五，連克麻哈、都勻，賜黃馬褂，晉號達桑阿巴圖魯。請假歸葬親，文德既去，賊復熾。八年，回貴州，以糧匱軍潰，都勻復陷。詔原之，免議，署古州鎮。十年，授威寧鎮總兵，督軍剿古州苗。由九甲、五臺山、扁擔山及古州、丹江分路雕剿，年餘，苗渠先後伏誅。十三年，全黔肅清，予雲騎尉世職。光緒元年，加頭品頂帶，擢貴州提督，剿平黎平侗匪。七年，卒，賜卹，貴陽建專祠。

論曰：江忠源諸弟並從治軍，忠義最爲傑出，將大用而早沒，時論惜之。周寬世爲李續賓所倚，無役不從，及自將亦未著奇績。石清吉、余際昌、陳大富、林文察、趙德光等，皆久歷行閒，以死勤事。張文德佐馮子材守鎭江，功最著，底定黔疆，與有勞焉。

# 清史稿卷四百三十

## 列傳二百十七

雷正綰　陶茂林　曹克忠　胡中和 何勝必　蕭慶高　楊復東
周達武　李輝武　唐友耕

雷正綰，字偉堂，四川中江人。由把總從軍湖北，積功至游擊，賜號直勇巴圖魯。咸豐八年，從多隆阿援安徽石牌、潛山、太湖、桐城，諸戰皆功最，累擢副將，以總兵記名。十一年，敗黃文金於蔣家山、項家河、江家河、麻子嶺，一月五捷，授陝安鎮總兵。同治元年，克廬州，以提督記名。

從多隆阿援陝西，詔正綰先赴本任，未至，擢陝西提督，幫辦軍務，駐西安。二年，多隆阿既克東路，令正綰規三原，屢破賊。會解鳳翔圍，進援甘肅，連戰靈臺、鎮原，皆捷。三年，破賊崇仁、新城，進逼平原。會多隆阿卒於軍，都興阿繼督師甘肅，正綰仍奉命爲副。

克平涼，斬賊首鐵酉、羽輕林，賜黃馬褂。於是固原踞賊悉竄龍山鎮，追擊敗之。賊回竄，又陷固原。正綰疾趨蓮花城，欲襲其巢穴，遇伏，受矛傷，部下亡千餘人，裹創攻蓮花城，克之，詔嘉其勇。四年春，克固原，進攻黑城子，斬賊首黑虎。克官橋、李旺二堡，擒賊首木棍等。乘勝薄預望城，破下馬關、半角城賊壘，進規靈州，分兵解安定圍。

七月，偕曹克忠攻金積堡，軍餉不繼，爲賊所圍，饑潰。正綰自劾，褫勇號、黃馬褂，黜幫辦，歸總督楊岳斌節制。正綰弟總兵雷恆及副將李高啓等以主將失職，煽亂，犯涇州，正綰不能制止，憤欲自裁。詔念前功，不加罪，責令整軍剿賊圖自贖。命巡撫趙長齡會楊岳斌按訊，正綰縛送雷恆等置之法。當事變初起，謠諑紛淆，詔斥劉蓉張皇妄奏，許正綰專摺奏事以慰之。所部招集增募僅三千人。

五年，蘭州兵變，回匪窺伺，正綰支拄於平涼、固原之間，破賊於橫河川，克平涼，復黃馬褂、勇號。六年，左宗棠入陝督師，正綰率軍助剿，援慶陽。七年，兩破賊於長武，克黃家堡。八年，會攻董志原，克之，晉號達春巴圖魯。又破白彥虎於李旺堡。會攻金積堡，當西路，屢克要隘，合圍。及馬化隆伏誅，被優敍。

光緒十年，法越兵事起，命率甘軍駐鳳凰城，固邊防，事定回任。兩遇萬壽慶典，加太子少保、尙書銜。二十一年，循化撒回倡亂，督剿無功，革職留任。二十三年，罷，卒於家，仍以前勞賜卹。

陶茂林，湖南長沙人。以武童入湘軍，轉戰湖北、江西，積功至游擊。咸豐八年，胡林翼調爲楚軍營官，扼黃州，破賊霍山、舒城，克建德，擢參將。十年，從多隆阿破賊於桐城掛車河，擢副將。十一年，破賊施家山，擒其渠，及克安慶，賜號鍾勇巴圖魯。同治元年，克廬州，先登，以總兵記名。

遂從多隆阿西征，破賊於武關。從剿回匪，解同州圍。克羌白鎮、王閣村賊巢，功皆最，授漢中鎮總兵。鳳翔被圍久，茂林率三千人往援，連戰解圍，擢甘肅提督。粵匪出寶鷄山口，擾郿縣、盩厔，茂林要擊雨門鎮、二嶺關，迭敗之。進克汧陽、隴州。遂會雷正綰分道規平涼，陣斬賊首木仲沅訥三等，克之，賜黃馬褂。進拔張家川賊巢，破龍山鎮、蓮花城援賊，解安定圍。克金縣，破賊惠城，擒其渠黑牙古。四年，克黑城賊巢，解靖遠圍。進攻會寧，所部索餉譁潰五營，賊乘之，六營皆陷。茂林調後路四營來援，突圍出，退駐安定。巡撫劉蓉疏陳甘軍積弊，論茂林不職，茂林亦以兵潰自劾。詔斥廢法營私，以致兵潰而叛，遂罷職，歸。

十年，貴州巡撫曾璧光調茂林赴黔協剿。復新城，克安順賊巢，平古州、丹江苗，復原官。光緒二年，收復下江、永從各城，破六𡶶賊巢，加頭品頂戴，晉號愛星阿巴圖魯。十六年，署古州鎮總兵，卒於官。

曹克忠，直隸天津人。初投効湘軍，嗣從多隆阿，積功至都司。咸豐十年，令募五百人爲忠字營，大破援賊於潛山、太湖，洊擢參將，賜號悍勇巴圖魯。掛車河之捷，擢副將。克桐城、宿松諸城，以總兵記名。同治元年，克廬州。

後從多隆阿西征，武關、同州諸戰皆從。二年，攻羌白鎭，克忠單騎往諭賊，賊請降，察其詐，潛師會攻，下之，乘勝奪王閣村，予一品封典。尋率烏拉馬隊及楚勇七營屯長安、鄠縣之間。光泰廟爲入省要衝，賊踞之以扼糧路，克忠擊走之。分隊淸西路餘匪，省城始安。以提督記名，授河州鎭總兵。渡渭連破賊於白起營、馬家埠、白吉原，邠州平，陝回西趨。三年，平麟遊諸匪。會援甘肅，連破賊於西河口、黑水峪，赴河州本任。克秦安，解秦州圍，賜黃馬褂。

四年，攻蕭何城及馬定嘴，將臺、隆德諸堡，悉平。克海城，回匪併竄李旺堡、同心城，攻下之。偕雷正綰規取金積堡，屯强家沙窩，數有斬獲。輕進，爲賊所包鈔，正綰軍先潰，克忠亦退。因前功免罪，授甘肅提督。時陶茂林、雷正綰軍相繼譁變，回氛益熾，自楊岳斌楚軍外，僅克忠一軍與之相持。克忠援鞏昌，賊敗走，又毀董家堡賊巢。五年，援洮州，次李岐山，回目馬芳乞降，誅其酋丁重選等而還。

蘭州標兵變，楊岳斌令克忠移軍鎭懾。克忠至，人心稍定，然糧餉俱竭，乞病回籍。十年，詔起赴陝接統淮軍，專防肅州。十一年，所部有結會匪者，甘軍馬世俊騎兵亦變，降捻多叛應，克忠遣兵平之。復乞病解軍事。十一年，署甘肅提督，尋解職歸。

光緒九年，命募六營防山海關。十年，授廣東水師提督。十一年，病罷，食全俸。二十年，命治天津團練，統津勝軍。二十二年，卒，賜卹。

胡中和，字元廷，湖南湘鄉人。咸豐初，從湘軍剿粵匪，積功擢把總。六年，從蕭啓江援江西，復袁州，超擢都司，賜花翎。七年，從克臨安，中礮傷，以游擊留湖南補用。八年，破賊上屯渡，乘勝復撫州，擢參將。九年，復南安，擢副將。石達開由寶慶竄廣西，陷興安，遣黨攻桂林，自率悍賊屯大溶江。中和從蕭啓江往援，大破賊於大溶江，賊竄貴州境，加總兵銜，賜號伊德克勒巴圖魯。十年，蕭啓江率軍援四川，中和從之。啓江卒於軍，中和偕何勝必、蕭慶高等分領其衆。

剿滇匪李永和於井研，連戰皆捷，賊解圍遁，以總兵記名。尋授四川建昌鎭總兵。十一年，永和竄踞富順牛腹渡，兩岸築堅壘，背水而陣。中和選銳卒沿河設伏，自率羸師誘之，賊大出，伏發，截其歸路，俘斬無算，賊壘盡夷，進解大邑之圍，予二品封典。

駱秉章督師蒞蜀，檄中和偕緒軍援緜州。滇匪藍朝柱在諸賊中最狡悍，圍緜州日久。軍至，連破之，圍始解，又敗之西山觀。朝柱竄丹棱，與李永和合攻眉州。中和馳援，賊分路來撲，中和突陣，矛傷顋，血殷衣，不顧，奮擊破之，解眉州圍。進攻丹棱，朝柱遁走，復其城，以提督記名。同治元年，擢雲南提督。李永和自眉州敗後，竄踞青神，諸軍進剿，數敗之，永和遁犍爲龍究場，負嵎死抗。中和圍之，壘石牆，編木栅，外浚深壕，密布梅花樁。賊知必死，突攻蕭慶高營，中和截擊，敗退，連戰七日。賊伏不出，乃使降賊譚仁曲持書約降，期會於豬市坡，預伏兵賊巢旁。永和與其黨卯得興數十騎來會，伏起分攻，焚其巢。永和、得興駭奔，追擒之，降其衆五千。詔嘉中和運籌決勝，生擒渠魁，賜黃馬褂。

石達開擾蜀邊，中和偕蕭慶高、何勝必合擊於橫江，走之。二年春，達開復分路犯蜀，自率大隊數萬由米糧壩渡金沙江。中和督軍扼化林坪、瀘定橋，擊破之，賊走邛部土司山中，達開旋就擒。調四川提督。三年，破滇匪於敍永廳。初，李永和既誅，餘黨竄陝西，至是入甘肅，陷階州。四年，中和偕總兵周達武往剿，毀龍王廟、三官殿賊壘，逼階州城下，掘地道轟城，克之，斬賊酋蔡昌齡，盡殲其黨。階州平，被珍賚。

冬，剿苗匪於建武，腰中彈傷，力戰敗之。五年，剿屛山賊，解馬邊廳圍，誅賊酋宋任杰等，餘匪悉平。十三年，調雲南提督。光緒二年，抵任。三年，平騰越夷匪。七年，丁母憂歸里。九年，卒，賜卹。

何勝必，湖南湘鄉人。咸豐中，勝必應募入湘軍，從蕭啓江轉戰江西、廣西，積功至副將。從入蜀，分統湘果右軍，破李永和於井研，又破之於資州，陣斬賊酋王二官，賜號禦勇巴圖魯。十一年，會破滇匪藍朝柱於西山觀，又敗諸青衣壩，解眉州圍，追至青神，擒斬甚衆，授甘肅肅州鎭總兵。同治元年，會諸軍克青神，追賊宜賓，擒賊目周廷光。偕胡中和誘擒李永和於犍爲龍究場。二年，偕蕭慶高援漢中，戰油坊街，不利，漢中、城固相繼陷，革職留軍。三年，會攻法慈院賊壘，再敗之牟家壩，乘勝薄漢中城下，捻渠陳得才遁走，克漢中，復原官。又破陳得才於上元觀，克城固，進規階州。四年，卒於軍，賜卹，諡威慤。

蕭慶高，湖南湘鄉人。隸楚軍，積功至副將。蕭啓江援蜀，調從軍，以井研之捷，賜號果勇巴圖魯。破李永和於資州，以總兵記名。會剿藍朝柱，解緜州圍。同治二年，偕何勝必援漢中。油坊街之戰，勝必先敗，慶高赴援不及，同革職留軍。三年，克漢中，同復官。追賊至城固，梯城而入，賊潰走。四年，進攻洋縣，遣死士入城爲內應，克之。賊酋曹燦章走踞八里坪，夾攻破之，燦章就擒，授漢中鎭總兵。五年，卒，諡武毅。

楊復東，湖南瀏陽人。咸豐十年，從胡中和援蜀。十一年，戰富順牛腹渡，解大邑圍，擢守備。敗藍朝柱於綿州，擢都司。又破朝柱於崇慶，燬石羊場，焚賊巢，擢游擊。同治元年，復丹棱，擢參將。克青神，平鐵山賊壘，擒李永和。擢副將。五年，總督駱秉章疏陳復東歷年防剿滇、黔諸賊功多，以總兵記名。七年，授四川川北鎮總兵。光緒二年，調雲南開化鎮。六年，卒。

周達武，字夢熊，湖南寧鄉人。咸豐四年，應募入李續賓營，從克岳州、武昌，累功擢守備。戰湖口，晉都司。達武每戰陷陣，手大旗盪決，續賓異之，使領百人曰信字營，常爲軍鋒。八年，克黃安，擢游擊，賜花翎。從續賓攻舒城，達武率死士先登，左耳受槍傷，克城後，留守。俄續賓覆軍三河，舒城守軍亦潰，達武以創重回湖南。九年，石達開圍寶慶，巡撫駱秉章令達武募五百人號曰章武軍，從知府劉嶽昭援寶慶，守東關，屢拒戰破賊。圍解，擢參將。十年，援廣西，克富川平古城、連塘賊壘，復賀縣，擢副將，加總兵銜。石達開分黨犯永明、柘牌，連戰破之，擢總兵。十一年，會諸軍克會同，賊走湖北，陷來鳳。同治元年春，從劉嶽昭攻克之，予二品封典。

駱秉章督師四川，調達武從剿。抵涪州，會賊酋周紹勇由大寧竄陝西，達武扼之窄子口，地當兩山間，令部將李輝武踰險而入，賊潰走，追至大竹安吉場，擒紹勇及其黨吳崇禮等，檻送成都斬之，賜號質勇巴圖魯。又破郭刀刀於儀隴大儀寨，陣斬其弟占彪及悍黨馬玉音，追奔至巴州鼎山鋪，擒刀刀，餘黨皆降。紹勇與刀刀並爲蜀中劇賊，至是悉平，授四川建昌鎮總兵，加提督銜。二年，護理提督。

粵匪陳得才圍漢中，衆號十萬，石達開亦由高縣走寧遠，全蜀大震。達武增募軍四千人，往來遊擊。三年，得才之黨梁福成合川匪蔡昌齡由漢中竄甘肅階州，達武議以剿爲防，率師越境，攻克江東水、嚴家灣賊壘。進攻階州，自將台山穴地達城根，地雷發，城崩，選鋒四百人先入，大軍繼之，遂克階州，斬福成、昌齡。以提督記名，並頒珍賚。尋平松潘叛番，授貴州提督，仍留防重慶，備滇邊。五年，剿平馬邊廳教匪，斬匪首宋仕傑、熊文才。

六年，捻匪竄陝西，左宗棠咨調會剿，令部將李輝武率三千赴陝。七年，破越嶲倮夷於普雄，進克西昌交腳夷巢，斬級數千，諸夷悉降，賜黃馬褂，晉號博奇巴圖魯。九年，詔赴貴州提督任，率所部六千人行，沿途平苗砦。先是貴州剿寇仰客軍，出省城百里即莫能制馭。達武與巡撫議增募至三萬人，分任戰守，由龍里進凱渡，截上下游賊爲二，復都勻，分軍破賊永寧、威寧。十年，遣鍾開蘭攻克厤哈州之高水塘等地數十砦；遣何世華破粵賊李文彩、苗酋李高脚於都勻、獨山，收復八寨、三脚諸城，並克鎭寧、歸化及吳秀河、斑竹園諸苗砦，復清平、黃平二城。始與楚軍席寶田合。十一年，會席軍敗苗酋張臭迷之黨於茶牛坡，斬馘甚衆，降者數萬。追至冷水溝，生擒賊酋，餘黨李高脚、李文彩竄荆蓬坎，分三路追擊，盡殄之。旋破羣苗於清平香爐山，寶田擒張臭迷。苗疆平，予騎都尉世職。光緒元年，乞病歸。三年，授甘肅提督。十年，肅州妖民王林倡亂高臺，討平之，斬王林。十九年，萬壽慶典，加尚書銜。二十年，卒官，賜卹，建專祠。

弟康祿，從達武剿賊廣西、湖南，歷保知縣。同治元年，從赴蜀，破周紹勇，擢知州。四年，從克階州，擢知府。從至貴州，總理營務。十一年，下游肅淸，擢道員。駐軍普安新城，招撫流亡。十二年，會匪煽亂，康祿督親軍百人往討，衆寡不敵，死之。贈內閣學士，予騎都尉世職，謚壯節。

李輝武，湖南衡山人。周達武部將。咸豐中，從剿粵匪，洊擢游擊。十一年，從入四川，剿涪川鶴遊坪踞賊，擒賊酋周紹勇、郭刀刀。輝武功爲多，擢副將，賜號武勇巴圖魯。同治三年，從援階州，輝武由伍家坪進軍，扼州城外北山條竹埡。四年，攻破橋頭里賊壘，又破賊於孟家莊，殲城外賊殆盡。穴地破城，輝武先登，擒賊目蔡四。巡部，以總兵記名。從討松潘叛番，拔其巢。尋攻黑河番，焚芝蔴第五寨，餘寨皆降。乘勝連破大松樹及竹自三寨，以提督記名。

六年，捻匪竄陝西，輝武率步隊五營赴援，剿破汧陽、隴州、寶鷄諸賊，西路肅清。八年，剿董志原竄匪，斃賊目王明章，晉號福淩阿巴圖魯，授漢中鎮總兵。九年，偕提督劉端冕分擊北山回匪，破翟三、禹得彥於縣頭鎮、陳村。十一年，擢甘肅提督，仍留防漢中。光緒四年，卒，賜卹。

輝武在漢中久，軍民相安。疏濬府城東河道達漢川，旁引溝渠以資灌溉，民食其利；又修復褒斜棧道，商旅便焉。沒後，士民籲請建祠，從之。

唐友耕，雲南大關廳人。咸豐中，滇匪起，陷賊，至四川敍州，自拔來歸。從戰有功，授千總，署通江營守備。賊擾鹽井，屢從戰擊走之，擢守備。十年，戰峨眉索橋，受傷，破賊雙福場，進平天全茅山賊壘，擢都司，賜號額勒莫克依巴圖魯。十一年，援潼川，破賊解圍，擢副將。駱秉章督師至蜀，檄友耕會諸軍援緜州，令自石橋鋪進攻，友耕觀望不前，被劾，褫職留營。既而會援眉州，友耕軍先至，戰比有功，圍解，復原官。戰青神，陣斬賊目張輿，身被二傷，裹創力戰，賊大敗。

同治元年，破石達開黨賴裕新於卭州。三月，達開圍涪州，友耕馳援，解其圍，授四川重慶鎮總兵。會諸軍復長寧，賊引去。是年冬，達開屯敍州雙龍場，分黨屯橫江，友耕攻破江岸賊壘。二年春，賊由橫江竄新灘溪，與屏山隔一水，友耕慮賊乘間偸渡，乃濟江設伏，誘賊深入，敗之。六月，達開謀渡金沙江，官軍扼之不得進，改趨天全土司地，友耕擊沉賊筏；達開奔老鴉漩，復爲土兵所遏，遂就擒。友耕擢雲南提督，留屯川南。四年，丁母憂，詔改署提督，友耕請終制，許之。七年服闋，署四川總督崇實奏緩陛見，令募勇防川北。八年，調赴雲南，招降回寇李本忠等，賜黃馬褂。光緒六年，署四川提督，八年，卒。

論曰：雷正綰、陶茂林、曹克忠皆多隆阿部下戰將。多隆阿歿後，甘肅軍事實倚三人，以餉匱兵變，遂難成功。克忠較有謀略，其軍獨全，終以病引退，後猶稱爲宿將。胡中和、周達武等皆以楚軍平蜀寇。唐友耕以蜀軍頡頏其間，並躋專閫。達武晚任貴州軍事，與席寶田同定苗疆，建樹較閎達焉。

# 清史稿卷四百三十一

## 列傳二百十八

郭松林　李長樂　楊鼎勳　唐殿魁　唐定奎
滕嗣武　駱國忠

郭松林，字子美，湖南湘潭人。咸豐六年，隸曾國荃軍，從援江西，克安福，從剿永新、太和、萬安、蓮花廳、龍泉，敍獎把總。進圍吉安府城，七年，石達開率悍黨來援，邀擊於吉水三曲灘，松林首陷陣，多斬獲，收復新喩、峽江、吉水。八年，隨克吉安，擢守備。九年，克景德、浮梁，賜花翎。十年，圍安慶，會剿陳玉成於小池驛，進壁集賢關，每戰皆捷。十一年，克安慶，擢遊擊，賜號奮勇巴圖魯。克廬江、無爲、運漕鎭，下沿江要隘，擢參將。

同治元年，李鴻章率淮軍八千赴上海，松林從，與僞忠王李秀成僞慕王譚紹光大戰滬西，破賊衆十萬。會攻太倉，礮擊城墮，士卒爭進，浮橋斷，賊乘之，死數百人，松林力禦，始得收軍。二年，克太倉，松林敗賊茜涇、支塘，會克崑山、新陽，以總兵用。李秀成合水陸數十萬援江陰，犯常熟，劉銘傳謀乘賊未定擊之。賊北自北漍，南至張涇橋，東自陳市，西至長壽，縱橫六七十里，築壘憑河，勢大熾。銘傳進北漍攻其左，松林進南漍攻其右，周盛波等進麥市橋爲中路，黃翼升以水師助之。松林敗賊陳市，越南漍趨張涇，揮刀盪決，血染衣盡赤，賊大潰走。銘傳、盛波等同破賊，自顧山以西皆盡，以總兵記名。尋克江陰，以提督記名。又破賊緱山、梅村、廊塘橋，松林受矛傷，旣而蘇州、無錫皆復，加頭品頂戴。

三年，克宜興、荊溪，敗賊張渚，毀賊壘，收溧陽，解常熟圍，授福山鎭總兵。大破三河口賊營，賊爭道，六浮橋盡斷，尸塞河，水爲不流。克常州，進剿浙西，克長興，復湖州，功皆最。賊走廣德、徽州，合江寧、杭州賊自江西竄閩。四年，李鴻章檄松林率五千人航海赴援，克漳州、漳浦、雲霄、詔安，賊竄廣東嘉應，遂破滅。

五年，曾國荃調松林率新募湘軍剿捻匪於德安，克應城、雲夢，復敗之皂河、楊澤。追至臼口，中伏，松林傷足，臥地不能起。將卒不見松林，復闖入陣，負而出之。弟芳鈐戰死。松林以創重假歸。六年，創愈，李鴻章令統萬人號武毅軍。時東捻任柱已斃，餘黨走壽光，松林要擊，破之杞城。賊沿海南走，阻瀰河，捻酋牛喜子麾白旗賊犯劉銘傳軍；賴文光麾藍旗賊犯松林軍。兩軍縱擊，賊大潰，壽光民圩皆出助殺，賊赴瀰河死，浮尸二萬餘，俘萬餘人，奪獲羸馬二萬匹。賊酋徐昌先、范汝增、任定皆伏誅。賴文光亀水南奔，松林疾馳六百里，追至淸江。文光死奔，至揚州瓦窰鋪，爲吳毓蘭所擒。東捻平。

七年春，西捻犯畿輔，松林敗之安平，再破之茌平。自臨邑築長圍至馬頰河，松林偕潘鼎新、王心安守之，敗賊於海豐，追至德州，歷十六晝夜，斬捕過半。六月，松林會潘鼎新大破之沙河，俘斬四千。捻走黃、運、徒駭河間，松林與銘傳縱橫要擊，張總愚赴水死。西捻平，賜黃馬褂，予輕車都尉世職。授湖北提督，調直隸。光緒六年，卒於官，優卹，建專祠，諡武壯。

李長樂，字漢春，安徽盱眙人。同治元年，以外委從郭松林隸淮軍，充營官。克柘林、奉賢、南滙、川沙、金山，解松江圍，復青浦，擢千總。戰四江口，松林軍方泰鎭，長樂率所部深入，近賊壘。夜半，趣軍士起，曰：「今陷賊中，且明賊覺，無得脫者。盍出奇計劫之！」遂投火賊幕，鼓角乘之，賊驚擾，長樂奮呼進，大破之。又設伏黃渡，擊之半濟，又敗之吳淞江南。四江口圍解，擢都司，賜花翎。

二年，進屯常熟王莊，援賊踞陳市，阻官軍進路。從松林自南瀏攻賊右，連破賊營，直趨長涇。長樂陷陣傷脛，裹創力戰敗賊，擢參將，賜號侃勇巴圖魯。尋克江陰，規無錫，出新塘橋。賊憑壘鳴礮俯擊，長樂濡絮裹身越溝進，敗之；逐奔至亭子橋，刺賊酋黃子隆中肩，又設伏兵敗援賊。李秀成圍大橋角營，從松林往援，奪其舟，賊退走，盡平梅村諸壘。會諸軍圍攻無錫，率輕騎掩至，梯城入，黃子隆就擒，長樂獲其子德懋。尋坐失察部勇，褫職留軍。進規常州，援總兵唐殿魁於奔牛，解其圍。三年，敗賊上湖橋，克宜興，復官。移軍溧陽、金壇，戰皆捷。回援常熟，解其圍，連破賊於楊舍、華墅、周莊、三河口，會攻常州。四月，合圍，長樂先登，賊酋陳坤書、黃和錦就擒，復常州，擢副將，賜號尙勇巴圖魯。

從松林進克浙江長興，以總兵記名。進湖州，破呂山賊。攻賊酋黃文金於尹隆橋，官軍不利，長樂率三營別屯李家港，保糧道。賊傾巢來爭，長樂偕易用剛夾擊之，斬賊酋黃十四，破尹隆橋，遂復湖州。四年春，從松林援福建，戰於海澄赤嶺。松林分兵爲八隊，長樂居中當賊首李世賢，破走之，竄漳州。長樂進屯古田，據山東形勝，賊悉銳力爭，擊卻之，復漳浦、雲霄。南趨詔安，破之梅村，復其城，加提督銜。福建平，旋師江蘇，屯鎭江。

曾國藩督師勦捻匪，松林已歸，長樂代將其衆以從，兼統忠樸三營，爲遊擊之師，轉戰河南、山東間。六年，李鴻章代國藩督師，松林復至軍，增松林軍至二十餘營，號武毅軍，長樂所部曰武毅軍前軍。破任柱於贛榆，要賴文光於濰縣，長樂等併力奮擊，賊凫水東走，躡至余家寨，賊受創甚鉅，復要之壽光南北洋河、巨瀰河間，擒斬三萬，文光竄揚州被擒，賜黃馬褂。

七年，從剿西捻，戰安平，馬軍失利，長樂等以步卒馳援，賊大潰；追至饒陽楊家村，又要之深州李家村，破其馬隊，斬獲無算。三月，敗賊大坯山。援提督陳振邦於大河村，解其圍，追挫之茌平、滄州，援副都統春壽於海豐郝家寨。六月，追至樂陵，擒總愚子正江、弟得華，戰商河，槍傷總愚。西捻平，以提督總兵遇缺題奏，晉博奇巴圖魯。十年，署湖北提督，尋實授。光緒五年，調湖南。六年，調直隸。近畿海防重要，奏令長樂駐蘆臺，扼大沽、北塘門戶。十五年，卒官，優卹，謚勤勇。

楊鼎勳，字少銘，四川華陽人。咸豐二年，應募從軍，初隸湖北按察使李孟羣，克漢陽，擢把總。七年，隸提督鮑超軍。八年，戰湖口，擢千總。十年，鮑超與陳玉成大戰小池驛，鼎勳見玉成立陣中指揮，獨從壯士十數人突前擊之，玉成駭走，復太湖、潛山兩城。敍功，賜花翎。李秀成踞黟縣，鼎勳擊賊城下，奪門入，大軍繼之，復其城。十一年，復建德，擢都司。破安慶赤岡嶺賊壘，擢遊擊。初，小池驛之戰，鮑超嘉其功，令將五百人，所向有功。諸將嫉之，譖於超。

同治元年，李鴻章督師上海，遂去超從淮軍。虹橋、四江口諸戰有功，累擢副將。募淮勇千人，號勳字軍，屯金山張堰，扼平湖乍浦要衝，習西洋槍隊，每戰輒爲軍鋒。二年，破新昌賊壘，連克楓涇，斬賊四千，生擒五百；再戰西塘，裹創奮擊，大敗之，擢總兵，賜號鋒勇巴圖魯。從程學啓規蘇州，鼎勳攻下城外堅壘，蘇州復，加提督銜。三年，會克宜興、荊溪、溧陽，解常熟、無錫圍。攻常州，賊因蘇州之殺降，惟死守。鼎勳以蜀人將淮勇，懼諸將輕己，每戰輒先，晝夜環攻，盡毀城外賊壘，血戰三日。造浮橋，率死士先登城，礮彈洞胸達背，左右扶之，絕而復蘇，遂克常州，以提督記名簡放。創愈，進克浦口，復長興，招降湖州賊黨，會克其城。追賊至皖境，克廣德。四年，偕郭松林援福建，攻烏頭門賊壘，復漳州，授江蘇蘇松鎭總兵。

五年，調赴河南勦捻匪，敗賊朱仙鎭，躡擊至定陶、睢寧。六年，破賊於黃陂、孝感，擢浙江提督，調湖南。十月，破賊於山東濰縣，追至夏灣，賊酋陳懷忠乞降，分軍出周家寨襲賊，大破之。追擊於諸城、膠州。東捻平，論功，予騎都尉世職。七年，馳援畿輔，破捻匪於安平，追至楊家村，降賊酋張志淸。偕郭松林擊賊濬縣大邳山，又敗之衞輝，陣斬賊酋王建瀛、熊八，擒悍賊何士喜、周久於龍王廟。賊竄山東，自德州趨天津，鼎勳守運河，修牆浚壕，賊來犯，輒擊走之。會舊傷發，遽卒，數日而西捻平。李鴻章疏聞，贈太子少保，謚忠勤，建專祠。

唐殿魁，字蓋臣，安徽合肥人。咸豐十年，巡撫翁同書檄率鄉團援壽州，力解城圍。又從克合肥三河汛，解六安圍，敍千總。同治元年，李鴻章率淮軍援上海，殿魁從，隸劉銘傳，克南匯、川沙、奉賢、金山衞、柘林五城，積功累擢都司，賜花翎。二年，克江陰楊舍汛城，擢遊擊，賜號振勇巴圖魯。復江陰縣城，擢參將。尋克無錫，以總兵記名。

從劉銘傳攻常州，銘傳受重傷，令殿魁偕副將黃桂蘭督兵進。甫至奔牛鎭，而常州、丹陽兩路賊麕至，圍之。殿魁據石營依河岸，壁壘悉爲賊轟毀，堅守二十餘日。銘傳裹創往救，殿魁從內夾擊，苦戰數日，圍始解。三年，克常州，生擒賊首陳坤書，以提督記名。四年，增募所部至三千人。從劉銘傳渡淮勦捻匪，破張寨賊壘。五年，授浙江衢州鎭總兵。追賊至湖北，克黃陂。捻匪自山東回竄，銘傳督兵追至烏官屯，殿魁繼進，殺賊五百餘。六年，調廣西右江鎭。

捻首張總愚竄安陸。銘傳與鮑超約會戰於永漋河，銘傳欲先出，殿魁請少待，不從。超未至，銘軍先遇賊，部將田履安、李錫增戰沒。殿魁戰小挫，受重傷。及聞霆軍大捷，復裹創力戰，遂殞於陣。贈太子少保，予騎都尉兼雲騎尉世職，謚忠壯，建專祠。

唐定奎，字俊侯，殿魁弟。偕兄轉戰江蘇。從劉銘傳剿捻於山東、河南、安徽、湖北，積功累擢副將，賜花翎。同治六年，殿魁戰歿永潍河，定奎方省母回里，奔赴軍，誓殺賊復讎，遂代領兄舊部，轉戰河南、山東。六年，殄任柱於贛楡，破賴文光於壽光，所部殺賊最多。東捻平，以提督記名。七年，從剿西捻於直隸、山東，賜號呼敦巴圖魯。銘軍凱旋，告歸終養。九年，丁母憂。劉銘傳赴陝西剿回匪，調定奎接統銘武軍，定奎請終制，命俟陝西軍事平，回籍終制。十年，定奎回防徐州。

十三年，日本擾臺灣，生番滋事。船政大臣沈葆楨奏請援師，李鴻章薦定奎率所部往。七月，至臺灣，駐鳳山，擇險分屯。龜紋番社引日兵與刺桐脚莊民尋仇相鬨，定奎示以兵威，日人引去。時疫流行，士卒先後死千餘人，定奎拊循周至，兵氣不衰，賜黃馬褂。

楓港、獅頭諸社番屢出戕害良民，光緒元年，遊擊王開俊進剿，中伏死。內外番社結黨刦殺，各社就撫，皆懷觀望。定奎分遣七營屯東港南勢湖，自率四營當其衝，葆楨檄諸軍並聽節制。定奎上書陳兵事，略曰：「逆番晝伏莽中，夜燎山頂，精於標鎗，伺間輒發。專恃深林密箐，狙擊我師，我進彼隱，我退彼見。今欲掃其巢穴，必先翦其荆棘。宜增募土勇，導引兵丁，隨山刊木，務絕根株，然後分道進兵，草薙擒獮。其有奸民接濟鹽米火藥者，按軍法，庶幾一舉可以成功。」葆楨據以入告。於是開山進兵，攻克萃山、竹坑、本武諸社。獅頭社猶負險抗拒，定奎令諸將得險卽守，自剿獅頭兩社，別遣師扼斷外援，遂攻下之。移營駐守，被脅十餘社皆歸命，給衣履酒食，譯示朝廷威德，咸受約束。設招撫局，示約七條，曰：遵薙髮，編戶口，獻凶逆，禁讐殺，立總目，墾番地，設番塾。以龜紋番酋充諸社總目，赦其脅從。臺南大定，詔褒獎，命內渡休養士卒。授直隸正定鎭總兵。尋擢福建陸路提督。沈葆楨調兩江總督，奏統所部駐防江陰。九年，傷發乞休，不允。法越用兵事起，海防戒嚴，詔促力疾赴防。十一年，和議定，病請開缺，允之。十三年，卒，優卹，謚果介。

滕嗣武，湖南瀏陽人。咸豐初，從軍湖北。十年，小池驛之戰，功多，超擢都司。從攻安慶，嗣武率所部扼要築礮壘，壘未成，賊突出萬餘來爭，嗣武力擊破之。十一年，克安慶，敍功擢參將。同治元年，改隸淮軍，從李鴻章至上海，解松江圍，賜號偉勇巴圖魯。屯北簳山扼賊衝，賊犯寶山，與諸軍夾擊破之，進拔南匯，以總兵記名。

二年，偕程學啓規蘇州，敗賊於正義鎭。地當要衝，以嗣武守之，輔以水師，分軍伏橋口伺賊。崑山賊勢蹙，啓西門遁。伏起，水師以巨礮環擊，賊大潰，立復其城。移軍會攻江陰。賊自無錫來援，連營數十，栅壘碁布。軍分三路進，嗣武率八營當中路，攻麥市橋，以輕兵伏河隄，燃礮毁賊壘，賊潰走，追及之三巴橋，殲獲殆盡。進攻無錫城下，賊首李世賢以全軍拒戰。嗣武身先士卒，怒馬突陣，敗之謝家橋，又敗之蕩口。賊退據朱王橋堅守，嗣武出奇兵襲擊，擒斬千餘，加提督銜。旣而克無錫，以提督記名。

三年，會攻常州，破援賊於奔牛鎭，攻下宜興、荆溪，嗣武傷右股。四月，會圍常州，嗣武當南門，轟毁城垣，克之。七年，從李鴻章剿捻。畿輔事平。八年，授湖北鄖陽鎭總兵。十一年，卒，賜卹，謚武愼。

駱國忠，安徽鳳陽人。初陷於粵匪，授僞職，知賊必敗，陰圖反正。常熟久爲賊踞，福山與狼山夾江對峙，賊設屯以扼後路，國忠任城守。同治元年，李鴻章蒞江蘇，兵威日振，國忠因水師遊擊周興隆舉城薙髮降。鴻章令興隆、國忠選驍健萬人，分守水陸要衝，以防蘇州竄賊。福山守賊胡經元、江勝海原約俱降，國忠遣人召之，比至福山，不得入。國忠夜率兵往，令其弟國孝攻其南，自與興隆攻其北，斷賊登舟之路，槍殪賊將侯得龍，賊舟師遁走。經元、勝海殺賊渠數人，率所部出，與國忠合。國孝越重壕毁賊壘；興隆等分兵盡拔許浦、白茅、徐涇諸壘，賊將錢壽仁亦自太倉率所部二千詣鴻章降。總兵鞠耀乾率師船泊徐涇，千總袁光政入城助守。

十二月，李秀成等以衆數萬自蘇州來攻，連營十餘里。國忠乞濟師，常勝軍五百人自海道往援，而賊由江陰再陷福山，聲援隔絕。鴻章令潘鼎新、劉銘傳、張樹珊以三千人趨福山，與黃翼升水師並進。福山城小而堅，攻之不下。常熟被圍愈亟，國忠斂兵入城，與隆屯城西虞山相犄角，爲死守計。二年，賊以礮壞城東垣，國忠力拒不得入，樹雲梯緣城，亦擊卻之。賊增壘掘隧，數道並進，城危甚。會鼎新、銘傳諸軍急攻福山，賊分兵赴援，留者僅數千，國忠乃開城出戰，毀賊壘，擒其渠朱衣點。福山既克，諸軍來會，城圍始解。捷聞，優詔嘉獎，擢授國忠副將，加總兵銜，編降衆爲忠字八營。會攻江陰，戰甚力，既克，賜號勁勇巴圖魯。署京口水師副將，留守江陰。三年，破丹陽援賊，以總兵記名。尋克常州，以積勞傷發，乞假歸。

五年，從劉銘傳剿捻匪，轉戰湖北、河南、山東，所嚮有功。六年，東捻平，以提督記名，賜黃馬褂。九年，銘傳督辦陝西軍務，調國忠從行。十二年，卒於乾州軍中，賜卹，謚勇肅。

論曰：郭松林、李長樂、楊鼎勳、滕嗣武皆由湘、楚舊部改隸淮軍，平吳、平捻，卓著聲績。唐殿魁淮軍驍將，惜未竟功。定奎席兄餘光，名位轉出其上，固有幸有不幸哉。駱國忠智勇堅毅，識時爲傑，當時名滿江南，成績可紀也。

# 清史稿卷四百三十二

## 列傳二百十九

蕭啓江　張運蘭　唐訓方　蔣凝學　陳湜　李元度

蕭啓江，字濬川，湖南湘鄉人。少賈於蜀，後始折節讀書。咸豐三年，入塔齊布軍。四年，從平岳州，克武昌、漢陽、興國、大冶、蘄州，敍縣丞，晉秩州同。五年，廣東賊犯湖南，湘撫駱秉章檄啓江募兵協剿，曰果字營，自是獨將一軍。攻茶陵踞匪，率壯士數十人薄南門，賊自民廛躍出，攢矛環刺，啓江手擒數賊，賊莫敢逼。尋會克其城，賊走江西，陷弋陽、興安。啓江偕羅澤南復兩城，進收廣信，賜花翎，擢同知。

六年，劉長佑援江西，總統諸軍，啓江屬焉，駐師瀏陽。賊陷萬載，啓江大破之櫧樹潭、大橋、竹阜，遂復萬載；而崇通賊復犯瀏陽，援賊大至，撲營，啓江鏖戰敗之，躡至八角亭，毀其壘。會曾國華馳至，偕由洪塘、新昌、上高擣瑞州。前軍至登龍橋，擊退袁州賊，進攻新昌、上高，拔之，擢知府。進攻袁州，啓江與長佑分地扼賊。長佑攻西南，啓江攻東北，盡平城外賊屯。城賊惶懼，啓江策臨吉賊必來援，設伏敗之，盡奪其輜重。尋破賊合山，克分宜，加道銜。進攻臨江，七年正月，大捷陰岡嶺，斬其酋。賊勢以孤，乃潛約撫、建、新淦援賊趨太平墟，犯長佑營。長佑戰失利，營陷，賊乘勢回犯陰岡嶺。部將田興恕、楊恆升突陣，斬悍酋數人，師從之，賊崩潰，夷其壘四十七。城賊窮蹙乞降，而賊首仍負嵎死拒，乃誘其出戰，啓江揮軍疾進，薄城而登，遂克之，擢道員，加按察使銜。長佑尋以病歸，劉坤一代之。啓江與進攻撫州，連下宜黃、崇仁。撫州賊屯樟樹鎮，將伺官軍渡贛襲臨江，啓江與坤一回擊，大破之。進次上頓，距撫州十五里，築壘甫畢，賊至，迎擊敗之。進攻高橋，賊棄城遁，追斬千七百有奇。撫州復，加布政使銜。

九年，賊陷南安，糾衆數萬犯贛州，踞新城墟及池江諸地。時曾國藩督援浙軍，啓江率所部從，檄援贛州。啓江遣田勇三千誘賊，賊爭出赴利，啓江摧鋒直進，斬級數千。田勇者，江西募農夫防賊，貪鹵獲，倚湘軍無所畏，集者四萬。啓江曰：「衆而不整必敗。」禁之不可，遇伏果潰。湘軍爲少卻，部將胡中和力戰斷後，復進敗之，平新城墟、池江、小溪、鳳凰城諸賊壘，賊退入南安。南安故有二城夾水，賊分屯相犄角，軍至皆棄而走。啓江進屯城外青隴、黃隴，結壘自固，令曰：「入城者斬。」有頃，賊果還南城，攻之，敗走。啓江曰：「賊狡而弱，吾直驅之耳！」攀堞以登，賊奪西門走，追殺數十里，賜號額埒斯圖巴圖魯。進信豐，會總兵遮克敦布攻吳家嶺，啓江率中營進。賊萬餘來撲，擊敗之，破先溪橋賊壘，城兵出而夾擊，立解其圍。時江西郡縣皆復。

石達開由崇義竄湖南，郴、桂所屬皆告警，啓江馳防。賊已由永州竄圍寶慶，啓江自臨、藍趨永州，扼東安，屯白牙市。劉長佑、李續宜解寶慶圍，追至白牙，啓江會軍夾擊，擒其酋楊家廷、馬繼昌於陣。賊竄入廣西，陷興安，盡集悍黨大溶江遏追師，遣別賊直犯桂林。啓江由全州趨興安，復其城；攻大溶江，大捷，解桂林圍，以按察使記名。移軍回湖南。四川軍事急，命啓江率師往援。十年春，甫至，以疾卒於軍。詔贈巡撫，從優賜卹，謚壯果，湖南、江西並建專祠。其所部留四川，駱秉章用以平賊焉。

張運蘭，字凱章，湖南湘鄉人。咸豐初，從王鑫轉戰衡、永、郴、桂，積功擢同知。六年，戰通城，運蘭設三伏，營前斬賊酋張庸忠，擒酋三元，克通城，又大破賊于崇陽白蜆橋，賜花翎。七年，從王鑫援江西，迭捷於臨江、吉安、樂安、新城、廣昌，功皆最。王鑫卒于軍，運蘭與王開化分領其衆。吉安賊窺永豐，運蘭屢敗之，擢知府。又破賊於峽江橋阜灘、獅子山。移軍吉水，扼賊三曲灘，相持數日，血戰十數次，斬賊渠黃錫崑。渡贛江，破石達開於朱山橋，達開焚屯而遁，遂解永豐圍，擢道員。八年，略定樂安、宜黃，逼建昌，敗賊于厚坪。破水南賊巢，分剿南源、裏塔墟、劉家坑，直擣謝坑，毀賊壘，斬其酋廖雄篙等，復南豐。建昌之圍始合，五月，克之，加按察使銜。賊復犯南豐，擊走之，追及新城杭山，降賊衆數千。

時詔起曾國藩督師規浙江，國藩行次江西，賊已入閩，疏調運蘭及蕭啓江率所部從。會賊陷安仁，別將失利，運蘭進擊，大破之，殲賊數千，克安仁，賜號克圖格爾依巴圖魯。由杉關進剿破賊順昌，回援景德鎭，戰於李村，斬馘二千餘，解散千計。九年，援饒州，敗賊于栗樹山，克浮梁，加布政使銜。

是年秋，粵匪犯湖南寶慶，運蘭回援，疊破賊於宜章、星子、市禾洞，追至廣東連州，破九陂、石塘、白虎墟賊巢，殄賊逾萬，授開歸陳許道。十年，曾國藩軍祁門，運蘭偕鮑超破賊黟、歙。十一年，克休寧，擢福建按察使。再復黟縣，盡夷賊壘。時運蘭統五千人防徽州，尋移防寧國，值大疫，悍賊麕集，與霆軍力拒之。同治元年，拔旌德。二年，命援廣東，擣陽山石瑩賊巢，降其衆三千，擒巨酋李復猷于連州。

三年，赴福建按察使任。時江、浙逸賊衆猶十餘萬，由江西入閩，蹂汀、漳二郡。運蘭率五百人趨武平，遇賊，衆寡不敵，總兵賀世楨、王明高，副將雷照雄皆戰歿；運蘭被執，罵賊，支解之。事聞，贈巡撫，予騎都尉世職，謚忠毅。武平及湖南、廣東建專祠。

唐訓方，字義渠，湖南常寧人。道光二十年舉人，大挑教諭。咸豐三年，曾國藩創水師，訓方領副右營，嗣改入陸軍。從羅澤南克蒲圻，復武昌，又從攻興國金牛堡。國藩命募常寧勇五百人統之，曰訓字營。從克田家鎮、蘄州、廣濟，拔黃梅，進軍瀯港，敗悍酋羅大綱。是夕，賊謀襲大營，訓方巡營驚覺，賊退走。明日，攻孔壠街口，訓方率壯士踏肩陟高墉，諸軍乘之，遂破孔壠。

五年，從澤南援江西，克弋陽、興安、廣信、德興、浮梁。援義寧賊屯城外雞鳴、鳳凰二山，與城犄角。訓方逼雞鳴山下，督隊先登，賊驚潰，乘勝拔其城。從澤南援武漢，克蒲圻，進攻武昌。累擢知府，賜花翎。六年正月，率三百人夜由鮎魚套至藕塘，奪二壘，又破援賊於豹子海。會襄陽土匪高二倡亂，圍府城，巡撫胡林翼令訓方偕舒保馬隊往剿。破賊於峪山，援賊至，又敗之。進克樊城，追至呂堰驛，斬女賊宋氏。援宜昌，破賊於南漳，權襄陽知府。七年二月，川匪劉尙義犯宜城，揚言趨荆門，而使南漳賊襲府城，訓方備之，急扼武安堰，賊奔據武安城，進攻之。會都統巴揚阿來招降，訓方進剿高二於壕灣，乘雪夜進攻，擒之；而巴揚阿所撫賊復叛，掠鄖、房、保山、竹山、竹谿、保康、興山。訓方會陝西軍連破之武當山金頂，斬其渠，餘賊降。襄郡悉定。先以克武漢論功以道員記名，至是加按察使銜，授湖北督糧道。

陳玉成合捻匪犯蘄、黃，訓方自襄陽赴援，連戰敗賊，進屯張家塝。胡林翼令於蘄州境內建碉卡，訓方以二千人守之，賊迭來攻，皆擊退，賜號奇齊葉勒特依巴圖魯。調援臨淮。尋以李續賓軍覆三河，回防湖北，屯陳德園。九年，會攻太湖，賊圍鮑超於小池驛，多隆阿不能救，令訓方移軍近鮑營為接應。甫至，築壘未就，為賊所乘，乃退屯新倉。十年，解軍事，赴糧道任。未幾，連擢湖北布政使。十一年，胡林翼駐軍英山，病甚。賊上犯黃州，抵灄口，武昌震動，訛言繁興。訓方處以鎮靜，誅亂民數人，人心始定。灄口賊亦擊退。

同治元年，安徽巡撫李續宜因母喪奪情，請假回籍，舉訓方自代，命暫行署理。苗沛霖反側久，遂叛，安徽諸軍皆不能制。二年，僧格林沁大軍至，始平之。撫循降圩，收其兵械，奏移鳳臺，治下蔡雉河集，增立渦陽縣。都統富明阿奏劾訓方，降調。三年，署湖北按察使，尋署巡撫，授直隸布政使，兼統練軍出省防剿。七年，西捻平。請開缺省墓。光緒三年，卒于家。湖北請祀名宦祠。

蔣凝學，字之純，湖南湘鄉人。咸豐初，在籍治鄉團。五年，從羅澤南克武昌，獎國子監典簿。六年，率湘左兩營從巡撫胡林翼攻武昌。屯賽湖堤，引江水入湖，合長圍，進薄城下，平賊壘十餘。武昌復，論功擢知縣。從克黃州、大冶、興國，逼九江。七年，分統三營屯北岸陸家嘴，攻小池口，屢戰皆捷。都興阿檄攻童司牌。童司牌背江據湖，通黃梅要隘，賊五六萬踞之。至則賊數搏戰，凝學堅持不退。尋陳玉成來援，衆議退兵，凝學曰：「童司牌不克，水師往來失所據，九江之師亦掣肘，勢所必爭。」請增兵千人，宵濟合水師，連日鏖戰，破之，平賊壘數十，進克黃梅，擢同知。八年，會攻九江府城。凝學穴地道迤東而南，地雷發，壞城垣百餘丈，從缺口入，殲賊甚衆，擢知府，賜花翎。連復麻城、黃安，擢道員。

十月，李續賓三河軍覆，官文檄凝學間道遏剿。會多隆阿、鮑超擊賊於宿松花亭子，破之。賊退太湖、潛山，凝學駐防荊橋。九年，移屯黃州羅田，會攻太湖。十二月，陳玉成大舉來援，凝學移軍龍家涼亭，與鮑超小池驛之軍爲犄角，留四營遏太湖東門，城賊出，擊退之。十年正月，鮑營被圍急，凝學進援，甫拔營，賊大隊來抄，凝學揮軍截擊，多隆阿率馬隊應之，戰竟日，擒斬二千餘。乘勝攻羅山，衝賊壘，諸軍合擊，賊大潰，加鹽運使銜。十一年，陳玉成復犯湖北，凝學回援武昌縣，敗賊赤壁山下，復其城。會總兵成大吉等攻黃州數月不下，招降賊目劉維楨，復蘄州，選出衆五百人爲忠義營，使維楨詐稱援軍，誘城賊出，擊之，遂克黃州，以道員記名，加布政使銜。

苗沛霖叛，陷壽州，凝學進屯六安，克霍丘，增募水陸軍。苗黨姚有志、潘塏等乞降，各圩多反正，授甘肅安肅道。同治元年，移屯潁州。二年，粵匪李世賢北竄，凝學移軍舒城，擊敗之，又追敗之六安，賊引去。苗沛霖復圍壽州，凝學回援，破賊於牛尾岡。壽州尋陷，凝學坐救援不力，褫布政使銜，仍駐防潁州。會僧格林沁督師剿沛霖，凝學克霍丘各圩，水師分駐三河尖、臨淮關，進破黃梁集，克潁上，收附近城各圩，斬賊黨苗呆和、苗呆花，復懷遠。沛霖勢日蹙，遂走死。

三年，粵匪陳得才等糾衆三十萬自陝西回竄，圖救江寧。凝學屯英山，遏賊金家鋪，敗之。賊復自麻城犯霍山，凝學退石家嘴，與按察使英翰相犄角，伺賊過狙擊，殪千餘人，拔出難民數千。英山解嚴，復布政使銜。進援湖北，收復羅田、蘄水、麻城三縣，解蔡家河圍。賊復竄安徽，凝學躡追，沿途襲擊，繞出賊前，遏之霍山長嶺庵。路險，賊不虞兵猝至，多墜澗死，降者三四萬，賊首陳得才仰藥死。簡降衆爲步隊五營、馬隊三營，餘悉遣散。

是年冬，陝甘總督楊岳斌奏調凝學赴甘肅，行次樊城，會霆軍譁變。凝學所部亦以欠餉不靖，請於巡撫鄭敦謹，借款資遣湘左八營，留忠義營於湖北，自請回籍養病。命兩月假滿仍赴甘肅。五年，募湘勇二千，號安字營。至西安，巡撫劉蓉奏請凝學屯涇州，兼顧關隴。六月，敗回匪於華亭，與提督雷正綰、總兵張在山等約夾擊，深入被圍，士卒死傷七百餘人，總兵周太和、周清貴，副將黃德太等均歿於陣。凝學潰圍出，屯平凉，轉戰而前，至省城，署蘭州道。六年八月，回匪犯蘭州，守城兵僅凝學所部千餘人，登陴固守，屢出奇兵焚賊壘，賊尋退，以按察使記名。八年，署按察使。九年，復署蘭州道，擢山西按察使。光緒元年，遷陝西布政使。四年，以病解官，未行而卒。賜卹，贈內閣學士。

陳湜，字舫仙，湖南湘鄉人。咸豐六年，曾國荃赴援江西，招湜襄軍事，從克安福、萬安。七年，進圍吉安。國荃奔喪去軍，湜代領其衆。尋以父憂歸。八年，從蔣益澧援廣西，克平樂。賊趨桂林，湜率四營遏之於大灣車埠，敗之，乘勝剗蘇橋壘。從攻柳州，克潯州。九年，石達開圍寶慶，湜募千人出祁陽赴援，與李續宜夾擊破之。十年，曾國荃圍安慶，使湜總軍事。湜規地形，請堨樅陽口蓄水阻援賊，力扼集賢關，從之。賊酋陳玉成來援，阻水，趨集賢關，擊破之。十一年，克安慶，自是獨領一軍。循江而東，會克諸城隘，累擢至道員。

同治元年，從國荃攻江寧，建議先併力九洑洲，斷江北接濟，先後會諸軍擊走李秀成、李世賢援衆。二年，城圍合，湜當西路，克江東橋、七甕橋、紫金山諸隘，賜號著勇巴圖魯。三年六月，克江寧，湜入旱西門，遇李秀成率死黨出走，逆擊反奔，尋爲他軍所擒，以按察使記名。

四年，授陝西按察使，調山西。捻匪方熾，陳籌防五策，建水師於龍門、砥柱間。五年，捻酋張總愚謀渡渭，湜令水師焚三河口浮橋，督民團備渭北，賊不得逞。六年，命湜駐汾州，節制文武。冬，總愚乘河冰合，竄入山西，七年春，犯畿輔。湜以疏防褫職，譴戍新疆，巡撫鄭敦謹疏請留防。冬，陝回將乘隙渡河，屢擊走之，詔免發遣。

左宗棠西征，檄湜率五營出固原，斷漢伯堡賊南趨河州之道，殲余彥祿餘黨於羅家嶮。九年，金積堡平，復原官。十年，進規河州，宗棠令湜盡護諸將渡洮進攻。連克陳家山、楊家山、董家山諸回堡，逼攻太子寺老巢，破其外壕。十一年，提督傅先宗等戰歿，賊乘勝來攻。湜陽置酒高會，密令總兵沈玉遂急擣之，馬占鼇窮蹙乞降，縛悍酋狗齒牙子等以獻。河州平。十二年，叛酋馬桂源、馬本源踞巴燕戎格，湜率軍進討，二酋敗遁。湜善視其孥，遂因占鼇來降，數其罪誅之，並斬馬五麻諸悍目，賜號奇車伯巴圖魯。四月，逾河收循化。循化撒拉回素獷悍，恃險擾邊。湜深入其阻，羣回縛悍目馬十八、沈五十七等二十餘人獻軍前，繳械受約束。湜規地勢，修城設官，分營扼駐，與西寧、碾伯、河州聲息相通焉。尋謝軍事回籍。

光緒八年，兩江總督曾國荃奏調統水陸諸軍，兼治海防，駐軍吳淞。以私行游讌被劾歸。十二年，復出統南洋兵輪，總湘、淮諸軍營務，授江蘇按察使。二十年，遼東兵事起，詔集舊部防山海關，移屯關外鞍山站。二十一年春，進駐大高嶺，遣將援遼陽。和議成，擢江西布政使。命剿甘肅叛回，未行，復駐山海關。二十二年，卒，贈太子少保。

湜從曾國荃最久，後屢蹶，仕久不進。世稱爲宿將，光緒中，命繪中興功臣於紫光閣，徵集諸將之像，湜與焉。

李元度，字次青，湖南平江人。以舉人官黔陽教諭。曾國藩在籍治團練，元度上書數千言言兵事，國藩壯之，招入幕。咸豐五年，國藩移軍江西，令元度募勇三千屯湖口。六年，移屯撫州，偕江軍林源恩合防。與賊相持久之，餉絀，分軍克宜黃、崇仁；而賊自景德來援，撫州賊出攻江軍營，林源恩死之。元度突圍出，移屯貴溪，防廣信。七年，賊二萬來襲玉山，守卒僅七百人，元度迎戰，斷賊浮梁，賊以步隊綴軍，騎賊趨上游跳水渡。乃回城拒守，被攻兩晝夜，元度立埤堄間，彈中左頰。賊忽罷攻，鉦鐃雜作，知其穴地道，乃掘壕以防，伺其穿隧及壕殪之。賊技窮引去，伏兵邀擊，安仁、弋陽、廣信皆平。元度先已累擢知府，以道員記名，至是加按察使銜，賜號色爾固楞巴圖魯。八年，率所部平江軍援浙江，敗賊玉山子午口。會克常山、江山，授浙江溫處道。

十年，曾國藩督師皖南，調元度安徽寧池太道，防徽州。至甫三日，賊由旌德糾合土匪散軍入績溪叢山關。遣同知童梅華、都司單綏福率千人往援，敗挫。賊趨郡城，元度退走。國藩奏劾，褫職逮治。會浙江巡撫王有齡奏調援浙，元度不待命，回籍募勇八千，號安越軍。將行，粵匪犯湖南，巡撫文格留其軍守瀏陽，偕諸軍破賊，詔賞還按察使銜，並加布政使銜。

會杭州陷，王有齡死，詔左宗棠代之。元度率軍入浙，與李定太守衢州，授浙江鹽運使，署布政使。國藩以元度罪未定，不聽勘遽回籍，復劾革職，交左宗棠差遣。言官再論劾，命國藩、宗棠按治。國藩奏：「徽州之失，元度甫至，情有可原。」宗棠疏言：「杭州失陷，非因其逗留所致。惟落職後求去索餉，不顧大局。」論遣戍。沈葆楨、李鴻章、彭玉麟、鮑超等交章薦其才，代繳臺費，免罪歸。同治初，貴州巡撫張亮基奏起剿教匪，以功復原官，擢雲南按察使。光緒八年，丁母憂。服闋，補貴州按察使，遷布政使。十三年，卒于官。

元度擅文章，好言兵，然自將屢僨事。所著先正事略、天岳山館文集，並行世。

論曰：蕭啓江、張運蘭功在江西，在湘軍中資勞最深，中道而殞，故卹典特隆。唐訓方、蔣凝學轉戰功多，舊部散亡，再出遂不競。陳湜、李元度皆躓而復起。元度文學之士，所行不逮其言，軍中猶以宿望推之爾。

# 清史稿卷四百三十三

## 列傳二百二十

金國琛　黃淳熙　吳坤修　康國器　李鶴章 弟昭慶　吳毓蘭

金國琛，字逸亭，江蘇江陰人。咸豐中，以諸生謁羅澤南於江西，使參軍事。每出戰，部伍嚴整，倉猝犯之，屹然不亂。轉戰弋陽、廣信、武昌、黃州，累功擢知縣。七年，李續賓代澤南，使總理營務。率師會襲湖口，克之。進復彭澤小姑洑、泰坪關，擊退援賊，晉秩同知直隸州。八年，從克九江，窺安徽，下太湖、潛山、桐城。續賓戰歿三河，國琛與其弟續宜招集散亡，勞徠撫慰，重申紀律，軍勢復振。

九年秋，石達開犯湖南，圍寶慶。國琛從續宜赴援，毀田家渡賊壘，又敗賊賀家坳，斬悍賊胡德孝，賊走廣西，擢知府。其冬，胡林翼、曾國藩規皖，精兵猛將萃於潛山、太湖。陳玉成糾衆數十萬，結捻匪襲睹子圍鮑超於小池驛，救兵迭失利。先是林翼以國琛行軍善規地勢，令率十四營冒雪趨天堂備援。至事急，乃出高橫嶺，屯仰天庵，俯視賊營，皆在目中。賊驟見旗幟，大驚。十年正月，賊乘霧登山來犯，國琛揮軍突起躪之，合山下軍奮擊，斬馘逾萬，乘勝克潛山、太湖。林翼疏陳：「非鮑軍之堅忍，不能久持；非國琛之出奇制勝，不能轉危爲安。」論功，擢道員。

十一年，粵匪復犯湖北，國琛馳援武昌，連復孝感、雲夢，進攻德安。賊酋馬融和死鬭，卒以長圍克之，加布政使銜。尋授湖北安襄鄖荊道，仍兼治軍。樊城地衝要，商賈所集，督軍士築土城，不煩民力，賴爲保障。時捻匪西擾關中，命國琛率師赴援，以鄖西戒嚴，留未行。

同治元年，馬融和以衆六萬圍南陽，國琛越境往援，力戰解城圍，拔出難民數萬。巡撫嚴樹森忌之，劾其不遵調度，以同知降補。二年，曾國藩調統義從營。擊賊徽州，屢捷於豹嶺、佛嶺、黃備口、小溪。皖南肅清，復原官，補甘肅鞏秦階道。以母老假歸。光緒元年，起復廣東督糧道，擢按察使。五年，卒于官。

國琛以儒生治軍十餘年，堅苦踔厲，號爲名將。居官亦有政聲。

黃淳熙，字子春，江西鄱陽人。道光二十七年進士，湖南即用知縣，歷署綏寧、會同。

剛直爲時所忌，引疾閒居。咸豐三年，巡撫駱秉章廉知其賢，使强起之。七年，署湘鄉，有異政。尋丁父憂。鄱陽方陷賊，移家於湘鄉。曾國藩方起督浙江軍，辟參軍事，不就。九年，石達開犯湖南，秉章檄淳熙募勇千六百人防省城，時出剿賊。達開由寶慶竄踞嶺東，分黨犯江華，淳熙破之於掛勾嶺，遂夜襲嶺東賊營，躡至江、藍，殲殪甚衆。進剿賊黨賴裕新，乘霧敗之，破杉木根、黃馬寨而還。十年，達開黨衆四出，淳熙轉戰於永、道、綏、靖諸州，復宜章、桂陽。前後三十餘戰，皆捷，累擢知府，以道員記名。所部曰果毅營，增至三千人。

駱秉章奉命赴四川督師，湘軍名將勁兵多從曾國藩、胡林翼，劉蓉薦淳熙兵精善戰，秉章遂以淳熙與劉嶽昭從行。至荆州，嶽昭復留，獨淳熙以所部當軍鋒。分道泝峽上，次萬縣，聞順慶被圍，率師赴援。五月，至，賊走定遠，追之，距定遠二十里，望賊屯城西南，連十餘里，城東北江水環繞，賊方造浮橋渡水。淳熙分三路進，遇賊卽前搏之，擲火焚其屯，賊大亂爭走，二十餘壘悉潰，擒斬數千。殲首賊何國樑，解散脅從萬餘人。賊黨彭紹福率衆千餘屯東岸，收集潰賊，竄二郎場，淳熙銳進，欲一戰平之。二郎場在山中，羊腸曲逕，通遂寧兩路，均爲涪江阻。別賊朱甲衆數千由青岡壩至，四路設伏。淳熙遣偵不見賊，五鼓師行，遇賊燕子窠，擊走之，逼二郎場。賊分兩路遶山麓上，淳熙知有伏，令諸營左右搜捕，自率中軍策應。兵分，伏賊起，徧布山岡。官軍走田塍，泥深輒陷。淳熙率親卒拒戰，被圍，策馬突陣，陷淖中，棄馬，手刃十餘賊，中矛仆，擁至場，支解燔之。賊懾其軍勇猛，不復追，餘部整隊還，賊亦遁走。淳熙雖戰歿，湘軍之威因之頓振。詔贈布政使，賜卹，加贈內閣學士，謚忠壯。

吳坤修，字竹莊，江西新建人。捐納從九，分發湖南。道光二十九年，賑湘陰水災，勤於事。從剿李沅發，以府經歷、縣丞補用。咸豐二年，粵匪犯長沙，以守城功擢知縣。曾國藩創立水師，坤修司軍械。四年，水師攻九江，入鄱陽湖，爲賊所阻不得出，令坤修單騎往南康，導往吳城、南昌。五年，率舟師防瑞豐。以父憂歸。既而武昌復陷，坤修從羅澤南援湖北，復咸寧、蒲圻、崇陽、通城，累擢同知，賜花翎。進規武昌。

六年，江西軍事不利，胡林翼令坤修領新募軍曰彪字營，會湘軍援江西。復新昌、上高。由新昌取道羅坊攻奉新，梯城而登，賊死守不能拔，乃先下安義、靖安，後萃軍奉新。時江西餉絀，坤修傾家貲，幷勸族里富人出銀米餉軍；又籌銀四萬兩解省垣，收集平江潰勇。七年春，克奉新，累擢道員。尋授廣東南韶連道，仍留軍，克瑞州。是年冬，東鄉師潰，被劾褫職。九年，駐師撫州。江西巡撫耆齡檄督辦撫、建、寧三屬團練，始立團防營，駐貴溪。移德興，出援徽州。十年，克建德。秋，徽防軍潰，坤修方假歸，其弟修敳攝軍事，守嶺外郭邨。調回江西，曾國藩令守湖口，而巡撫毓科檄援建昌。賊由金谿竄東鄉，坤修自撫州迎擊於鄧家埠，大破之。賊復出貴溪竄安仁，遏之不得渡河，乃竄德興、萬年，將擾景德鎮。坤修由饒州馳援景德，以固祁門大軍後路。會賊由建德上犯，國藩令援湖口。坤修且戰且進，先賊至，城恃以完，加鹽運使銜。

同治元年，李秀成自蘇州援江寧，分犯蕪湖，會軍擊卻之，又會克金保圩、高淳、溧水及溧陽、東壩各要隘，遣散降衆數萬。三年，加布政使銜。江寧克復，以按察使記名。四年，署徽寧池太廣道，授安徽按察使。五年，署布政使。六年，巡撫英翰駐潁州，出境勦捻，坤修轉輸餉運，未嘗遲乏。七年，署巡撫，實授布政使。東捻平，請假回籍補終父母喪。九年，回任。十一年，卒。巡撫英翰疏陳其戰功政績，賜卹，贈內閣學士。

康國器，初名以泰，字交修，廣東南海人。少爲吏員。道光末，從軍，以勞授江西贛縣桂源司巡檢。咸豐初，粵匪犯江西，土寇蠭起，國器募死士三百，贛南道周玉衡檄擊賊烏兜、良口，克萬安。造船三十艘，習水戰。六年，從克饒州，累擢知縣，署南城。石達開陷瑞、撫、臨、吉四郡，國器從克樟樹鎮，連戰瑞州、臨江、鉛山、安仁，擢同知。十一年，廣東巡撫耆齡檄剿陽山賊。賊踞藍山，地阻絕，負隅十餘年。國器緣崖歷磵出賊後，破石栅九，奪礮臺，毀其老巢。遣子熊飛單騎說降劇賊練四虎，其魁梁柱走豬頭寨，穴山攻獲之。進軍赫巖，擒賊渠周裕等。藍山平，擢知府。同治元年，援浙，從蔣益澧圍湯溪，明年春，克之，擢道員。三年，克餘杭，功最多，授福建延建邵道，始專統一軍。

粵匪汪海洋犯閩，陷武平、永平，李世賢踞漳州、龍巖與之合，旁郡縣多沒於賊。左宗棠議三路進兵，國器自請當龍巖。進軍雁石，令熊飛壁鐵石洋，三戰薄城下，破其衆數萬，並敗古田援賊。四年正月，遂克龍巖。賊走永定，分踞苦竹、奎洋，勢猶熾。國器進擊苦竹，乘夜大霧，火賊營，破二十餘壘。海洋以悍黨來援，敗之於東阬，又敗之大溪，乃竄廣東大浦境。未幾，海洋復犯永定，國器馳燬羅灘橋；賊分七路來撲，海洋自陣獅龍嶺，所部皆死黨，旗幟徧巖谷。國器曰：「賊精銳盡萃於此，若摧之，餘衆必奔。」乃堅壁深溝，伺怠出擊。先破其伏，分道猛進，斬馘數千，盡獲其軍實，海洋跳而免。時漳州亦下，李世賢西遁，遇國器於塔下，縱兵擊之，降其衆二萬人。海洋走廣東，踞鎭平。國器進壁鎭平東南高思塘，分軍扼程官埠，賊數來犯，卻之。國器知海洋將襲高思而虛攻程官埠，乃戒程官軍勿爲動，設伏兩山間。海洋果率悍黨來撲，誘入，伏突起，槍斃其梟汪大力、黃十四，海洋傷腕，陣斃及墮巖磵死者無數。胡瞎子攻程官，亦敗走。尋克鎭平。十二月，會諸軍擊賊嘉應，海洋伏誅，餘孽悉平。

五年，擢按察使。七年，遷廣西布政使。十年，護理巡撫。十一年，內召，以疾歸。光緒十年，卒。左宗棠疏陳戰績，請卹，格於吏議，特詔允之。

國器治軍能以少擊衆，常傷足而跛，軍中號康拐子，悍賊皆畏之。子熊飛，積功至浙江候補道，勇而有謀，常爲軍鋒。國器數獲奇捷，實資其力云。

李鶴章，字季荃，安徽合肥人，大學士鴻章弟。諸生。從父兄治本籍團練，屢出戰有功，以州同用。咸豐十一年，從克菱湖賊壘，復安慶，擢知縣，賜花翎。同治元年，從鴻章援江蘇，常率親兵佐督戰。北新涇、四江口諸役，功皆最。又攻枝福山、許浦海口賊壘，招降常熟踞賊錢森仁。鴻章引嫌，奏捷不敍其勞，特旨詢問，命一體議敍，以知州用，加四品銜。二年，會克太倉，規蘇州。分諸軍爲兩路，其進崑山一路，以程學啓爲總統；由常熟進江陰者，鶴章督之。迭戰於常熟之王莊，江陰之南漍、北漍、顧山，毀賊壘，破援賊，會克江陰，擢知府。進攻無錫，踞賊黃子隆死守，李秀成屢來援；及蘇州既克，潰賊亦麕聚，鶴章督水陸諸軍力戰克之，以道員記名簡放。詔嘉鶴章：「能與兄同心戮力，爲國宣勤。此次未行破格之獎，爲鴻章功不自私，俾得報勞將士，鼓舞衆心。指日常州、金陵次第奏捷，克成全功，更當與郭松林、劉銘傳等同膺懋賞。」鶴章進趨常州，與劉銘傳會攻，破援賊，解奔牛之圍。三年四月，克常州，賜黃馬褂，授甘肅甘涼道。是年冬，曾國藩調其軍赴湖北。四年，以甘肅回亂棘，命赴本任，鶴章以傷發未行。尋疾甚，國藩爲奏請開缺，留襄營務。未久，乞病歸，遂不出。以捐助山西賑金，加二品銜。光緒六年，卒於家。曾國荃疏陳：「李鴻章平江蘇，鶴章與程學啓各分統一路。請將戰績宣付史館，於立功地建專祠。」允之。子經羲，官至雲貴總督。

弟昭慶，初從曾國藩軍，淮軍既立，國藩留五營，令昭慶領之，駐防無爲、廬江。同治元年，從鴻章至上海，解常熟圍，克嘉興、常州，皆在事有功。四年，國藩督師剿捻匪，昭慶總理營務，統武毅、忠樸等軍。及鴻章代國藩，令赴前敵擊賊，馳逐鄂、皖、東、豫之間，累擢至記名鹽運使。捻匪平，留防江、淮。十二年，卒，贈太常寺卿。

吳毓蘭，安徽合肥人。咸豐十年，粵、捻合擾皖北，毓蘭以從九品偕兄毓芬集團練助剿鳳、潁间，從解壽州圍，擢縣丞。同治元年，李鴻章率師援上海，毓蘭從軍東下，克柘林、奉賢、南匯、川沙、青浦、金山，皆與有功，擢知縣。二年，克嘉定，解北新涇、四江口之圍，加同知銜，領華字副營。擊賊吳江八斥、牛尾墩、同里等處，進克平望、黎里，調守嘉善。三年，率所部從總兵程學啓攻嘉興，戰於合歡橋。毓蘭率槍船冒險渡河，先破賊卡，繞出賊營後，立拔之。進抵城下，賊以巨礮拒河口，學啓被傷，毓蘭率先鋒攻益厲，掘河口架橋濟師，晝夜環攻，轟陷城垣百餘丈。賊死抗不下，賊酋黃文金自湖州來援，力擊走之，遂克嘉興。毓蘭緣梯先登，擢直隸州知州，賜花翎。

調守溧陽，降賊屯城中，勢岌岌，突有金壇賊至，毓蘭與兄毓芬議乘賊初至破之，設伏以誘。賊敗走烏鴉嶺，毓蘭與毓芬兩路夾擊，擒斬無算。窮追至建平境，陣斬賊目林得英、黃有才，擒黃金龍。溧陽既定，調守長興。時大軍已破湖州，毓蘭偵賊將竄泗安鎮，與毓芬夜率健卒八百冒雨疾走，潛渡觀音橋，賊不意兵至，棄糧械而走。追至泗安，降者數千，敍功擢知府。四年，調守揚州，移廬州。五年，回屯揚州。追論平浙西功，以道員選用。

六年，捻匪賴文光敗竄至揚州，爲毓蘭所獲，以道員記名簡放。七年，尋加布政使銜。十年，李鴻章調充海防營務處，筦天津機器局。光緒六年，授天津河間兵備道。濱海多盜，毓蘭按名捕置諸法。修南運河、子牙河隄，及千里隄灣，靜海、軍糧城河道，興水利。八年，卒，優卹，附祀曾國藩天津專祠，揚州建專祠。

論曰：金國琛爲羅、李舊部。黃淳熙後起，獨立一幟，雖非楚籍，並爲湘軍名將。淳熙戰勝殞身，國琛遭忌鎩羽，皆未盡其才。吳坤修、康國器起於令尉，功施爛然。李鶴章才績出衆，堪膺大用，後竟不出。吳毓蘭以擒獲巨憝顯名。功名之際，遭際固難測哉！

# 清史稿卷四百三十四

## 列傳二百二十一

沈棣輝　鄧仁堃　余炳燾　栗燿　朱孫貽　史致諤
劉郇膏　朱善張子之榛　黃輔辰子彭年

沈棣輝，字奏篪，浙江歸安人。少游淮上，爲河督麟慶司章奏。道光中，納貲爲廣東通判，補廣州永寧通判。擢黃岡同知，以功晉知府，補韶州。咸豐二年，調署廉州。時嶺嶠羣盜並起，李士奎、顏品瑤、黃春晚等分踞欽州之那彭，靈山之林墟，衆數十萬。棣輝至，出賊不意，率兵二千掩入那彭，殲之。急分千人趨林墟，賊空壁出鬬，棣輝已由間道入其巢，遂連克旁近諸賊壘。博白賊劉八伺隙襲廉州，馳還，遇賊五里亭，令列陣以待。賊疑有伏，稍引去，呼譟乘之，賊大潰。休兵十日而進，又殲賊靈山早禾涌，追至廣西橫州，斬劉八。廉州平。

總督徐廣縉駐梧州，剿艇匪，檄棣輝出鬱林，援潯州。賊舟數百圍城，攻甚急。遣卒梯而入，約期會戰，伏兵兩岸，縱火焚賊舟，與城兵夾擊，大破之。督諸軍窮追，梧州水師邀擊，沉賊舟無脫者。論功，加按察使銜。時廣西賊竄湖南，徐廣縉督師移剿，棣輝隨參軍事。廣縉罷，葉名琛督兩廣，調棣輝回廣東治軍需。先已授廣西左江道，至是調肇羅道。

四年，署廣東鹽運使。

陳開者，廣州匪首，倡亂踞佛山。羣賊何子海、豆皮春、李文茂等應之，踞石門金官窰爲犄角。連陷數十州縣，環省皆賊壘。賊渠陳光龍屯河南岸，何博奮海艇千餘踞省河，道路梗塞，外援皆絕。名琛悉以軍事付棣輝。選精銳四千人，以二千駐流橋、西山廟，爲兩翼；以千人伏城中，出小西門分布要害，多張旗幟爲疑兵。賊四面薄城，城內發礮中賊，陣亂，縱兵擊之，斬級千，賊自是不敢近城。至十一月，圍未解。棣輝謀於衆曰：「今外無援兵，內無積儲。聞賊中因爭食內攜，急擊不可失！」乃自將千人出攻小港橋賊壘。日晡未下，忽見賊營火起，大呼曰：「賊破矣！」士卒皆奮，克之。乘勝進攻佛山，值大霧，賊不虞其至，連戰皆捷，遂復佛山。

聞東莞水賊由石門犯省城，還軍救之。至黃竹岐，賊船數千，官軍僅數百艘，又居下風，勢甚危。棣輝禱於南海神，俄而反風，令裨將何高漢駕艨艟衝入賊陣，碎其乘舟，大破之，殺賊萬餘，俘數千，溺死者無算。危城獲全，又分兵殲賊酋黃福於潭州。五年，復順德、清遠、英德。賊圍韶州城已年餘，至是聞援兵至，遁。南北路悉平，擢按察使。六年，擢貴州布政使，未之任，卒。賜卹，贈內閣學士。

棣輝以文吏治軍，明賞罰，均甘苦，尤能知人。剿劉八時，招撫馮子材，後立大功爲名將。何高漢乃賊何博奮之弟，推誠馭之，賴以成省河之功。廉州、潯州、廣州三戰，皆履險犯難，卒得大捷，尤爲時稱云。

鄧仁堃，字厚甫，湖南武岡人。道光五年拔貢，以知縣用，發四川，歷署梁山、江油、洪雅。補綦江，調富順。薦卓異，以憂歸。服闋，入貲爲知府，補江西南安，調署廣信。所至皆有政聲。署督糧道。咸豐二年，粵匪趨湖南，仁堃請修省城，籌守禦。三年春，賊由武漢蔽江下，九江不守。巡撫出防，民爭遷徙，仁堃諭令安堵。上守江議，請增兵扼湖口，又條上城守事宜。實授督糧道。五月，賊犯江西，會江忠源師抵九江，仁堃請巡撫疏調，且遣使迎其師。忠源至，入任城守，與仁堃語合。巡撫張芾傾心倚任，曰：「戰問江君，守問鄧君！」地雷屢發壞城，皆以力戰獲完。仁堃欲出奇計焚賊舟，以鄱陽知縣沈衍慶忠果有謀，令率所部千人備草船藏火藥，約期襲賊，議阻未果。仁堃改糧船數十艘爲礮艇，募卒扼守進賢門以保餉道。自夏徂秋乃引去。仁堃曰：「賊未受大創去，禍未已也！」亟請大修城以備，乃督工建礮城、礮臺，城上官房、營棚、軍器庫、硝磺庫、瞭臺、望樓皆備，浚環城壕深廣各三丈，築臨壕礮臺，甃石爲隄閘，用銀十四萬有奇，守禦之具可恃。

五年，賊自湖北犯義寧，仁堃令道勇五百人往援。會贛州知府率勇二千至，仁堃請令駐義寧；巡撫陳其邁令防饒州，仁堃曰：「義寧扼三省要衝，官民頻年固守。團防爲江省最，若棄不救，後將不能責官以守城，責民以團練。」力請改援，不許，僅以二百五十人往助守。中道遇賊，潰，義寧尋陷。未幾，羅澤南師至，仁堃固請往攻義寧，爲措餉十萬濟之，澤南尋克其城。

十月，賊陷瑞州、臨江，圍吉安，下游賊復萃九江、湖口，南昌大震。仁堃添募捍衞、保衞軍，城備益嚴。會國藩令副將周鳳山率三千五百人規臨江、瑞州，戰勝樟樹鎮。時按察使周玉衡孤軍守吉安，仁堃請檄鳳山乘勝援吉安。衆議倚鳳山蔽省城，仁堃爭曰：「賊知城高池深難卒攻，必爲翦枝及本之計，先擾郡縣，使會城孤立，然後大舉而攻之。若懸賞二萬金，周軍必賈勇以解吉安圍，瑞、臨皆可復。吉安失，則撫、建必相繼不保，馴至全省糜爛，會垣且坐困矣。」終不聽。六年正月，吉安陷，周玉衡死之，鳳山軍潰於樟樹鎮，撫州、建昌亦陷，南昌屬縣並爲賊躪。仁堃兼署按察使、布政使。

子輔綸，偕同知林源恩同率平江勇三千餘人，益以寶勇、志同軍進規撫州，復進賢。國藩亦檄李元度率勇四千自湖口移師會之，復東鄉，兩軍合破賊河東灣。攻撫州久不下，援賊驟至，營陷，林源恩死之。學政廉兆綸劾輔綸臬司子，不應與兵事，並劾仁堃辦城工不實，事下國藩及巡撫文俊按治，坐修城時未先請勘估，降五級調用。國藩疏言：「仁堃所承修爲南數省第一名城。七郡並陷，省垣終保，不爲無功。」仁堃旣歸，輸穀三千石助軍。十年，協守武岡，以功議敍。同治五年，卒。

余炳燾，字吟香，浙江會稽人。道光元年舉人，充景山官學教習。期滿，以知縣用，分發陝西。補淸澗，調盩厔，又調渭南。回人馬得全等謀不軌，親入其巢捕之，置諸法，擢河南懷慶知府。咸豐三年，粵匪北犯窺開封，遂渡河圍懷慶。時郡城兵僅三百，炳燾選團勇三千人登陴固守，募敢死士縋城下砍賊營，又潛毒城外汲道使自斃。賊以地雷隳城者三，皆擊退。一日，雷雨中礮火蜎集，危甚，天忽反風，賊燔死者衆，勢頓沮。賊於近城樹木柵，以斷內外，爲久困計。山東巡撫李僡先赴援，旣而援軍四集，詔大學士訥爾經額督師。圍久，城中糧漸不支，炳燾素得民心，激以忠義，括糧節食，人心不渙。屢詔促戰，都統勝保、將軍托明阿等迭敗賊，賊始入山西竄，凡被圍五十八日乃解。特詔褒獎，賜花翎，以道員用，擢陝西鳳邠道。尋改授河南南汝光道。未幾，就遷按察使。大河南北以防匪倡聯莊會，遇警相救；及賊去，聚而不散，莠民恃衆抗官。四年，禹州、鄭州、密縣疊肇變，圍城、焚署、縱囚、掠紳民。巡撫英桂出防信陽，咸請兩司奏聞待命。炳燾曰：「賊雖衆，皆烏合，志在剽掠，無紀律。速臨以兵，必驚潰，解散其黨，不久魁渠可縛也。若請朝命，遲將蔓延！」遂親率兵七百、勇五百馳往，剿撫兼施，事卽定。尋署布政使。既而歸捻首張洛行擾歸德，命炳燾往剿，攻雉河集，解亳州圍，又潛入永城，擊走之。旣而歸德又有警，炳燾馳救，而他軍遽退，賊遂東逸。炳燾染病，特旨予假治理，不開缺。七年，卒。懷慶請祀名宦祠。

栗燿，字仲然，山西渾源人，東河總督毓美子。道光十五年舉人，以父卹廕，特賜進士。咸豐三年，授湖北漢陽知府，至則漢陽再陷，行省未復，督撫皆寄治軍中，委燿綜理營務。四年，從大軍復武漢，未幾，賊大至，城復陷，六年，始復。敍功，晉秩道員。燿以廉幹爲巡撫胡林翼所器，令筦釐稅糧臺。八年，署荆宜施道。尋加按察使銜，授武昌道，仍留署任，兼督鈔關。軍餉皆仰資鹽榷，燿綜核嚴密，稅入羨餘，悉籍入公。修戰艦，增軍屯，水陸戰守皆有備。

十一年，賊逼施南，燿請重兵，復集民團，守山險。賊合川匪分掠宣、咸諸縣，施南協副將禦之，遇伏，一軍盡沒。會劉嶽昭軍至，與郡兵夾擊，賊大創，竄歸。松滋人馬鉦者，挾左道惑人，衆至數千，密通賊，官軍擒斬之。燿料賊不知鉦死，必復至，集水陸軍密爲備。賊果趣夔州，遇官軍輒敗，及知馬鉦已誅，遂大潰。水陸合擊，俘斬萬餘，自是川匪無敢犯楚境。會大雨，荆江暴漲，齧攻萬城隄。燿督兵民備畚挶，儲土石，立泥淖間躬視板築，信宿隄上，事定乃還。

在荆州四年，政教大行。署按察使，兼攝布政使，甫踰月，授湖北按察使。燿以其父毓美曾任是職，乃顏其堂曰誦芬。同治元年，擢布政使，未任，卒。

朱孫詒，字石翹，江西清江人。入貲爲刑部主事。改知縣，發湖南，歷署寧鄉、長沙，皆有聲。道光三十年，署湘鄉。漕務積弊，屢釀巨獄，孫詒蒞任，鄉民方麕集環譟。孫詒令曰：「新漕限迫，驟改章，弗及。來年當爲若剔朘削弊，敢煽動浮言者罪之。會匪切近災也，亟縛獻！」衆唯唯散。疊捕盜魁陳勝祥、劉福田等寘之法。稔知邑士之賢者，舉羅澤南孝廉方正；縣試拔劉蓉冠其曹；延王錱襄幕；於康景暉、李續賓、續宜皆獎勗之。廣西匪熾，孫詒集衆曰：「賊勢未易殄，北竄，湖南當其衝，欲衞閭里，非團練鄉兵不可。」王錱等曰：「謹奉令！」

總督程矞采防衡州，孫貽以策干之，不省。會匪驟起，偕劉蓉、康景暉往捕。孫貽中彈，裹創戰於湖洞，擒賊目王祥二、熊聰一，王鑫復捕賊百餘，檻致總督行營，前後七百餘人。

咸豐二年，洪秀全連陷道州、江華、永明、桂陽、郴州。孫貽集團丁分三營，以羅澤南領中營，易良幹副之；王鑫領左營，揚虎臣、王開化、張運蘭隸焉；康景暉領右營。羅信南綜糧糈，謝邦翰治兵械。推古人陣法，制爲起伏分合，湘軍紀律自此始。長沙圍未解，王鑫、康景暉、趙煥聯分駐要隘；羅澤南、易良幹防縣城，伏莽蠢動，卽時捕滅，縣境肅然。三年，巡撫張亮基聞湘鄉團丁名，調防省城，孫貽令王鑫、羅澤南、羅信南、劉蓉率之往。四年，孫貽率團破安化藍田賊，擢郴州直隸州。

江忠源奉幫辦軍務之命，與曾國藩議援江西，令孫貽率湘軍赴之。羅澤南領中營，易良幹領前營，謝邦翰領右營，康景暉領左營，揚虎臣領後營，羅信南領親兵營，共三千人，至南昌，戰永定門外，大破賊。謝邦翰、易良幹、羅信東窮追被戕，孫貽哭之慟，以李續賓代領右營，羅信南兼領前營。吉安土匪鄒恩隆應賊，孫貽扼樟樹鎮，分軍令澤南、續賓及劉長佑剿平之。南昌圍解，凱旋，加知府銜，擢寶慶知府。諏才俊，嚴保甲，懲積匪，一如治湘鄉時。捐寺觀貲產製旗械軍火，募戰士千人，發義倉、常平儲穀充餉，親歷各鄉訓練，捕新寧山門團匪誅之。五年，粵匪陷東安，率千人偕副將聯霈馳扼五峰鋪，賊不敢犯。衡陽土匪起，出境平之。

六年，駱秉章疏薦人才，記名以湖南道員簡放。尋以治防功被優敍。八年，勞崇光調赴廣西，假滿未出，降一級調用，仍治湘、寶團防。十年，會劉長佑克廣西柳州，開復處分，賜花翎，加按察使銜。駱秉章赴四川督師，奏調孫貽總理營務。同治元年，擢授浙江鹽運使。秉章奏治川省團練，孫貽與秉章左右議不合，引疾請罷。命力疾赴陝西佐理多隆阿營務，以病辭，終不復出。光緒五年，卒。

史致諤，字士良，順天宛平人，原籍江蘇溧陽。道光十八年進士，選庶吉士，授編修。道光末，出爲江西廣信知府。咸豐元年，署南昌。三年，粵匪犯江南，九江戒嚴，南昌訛言四起，城門晝閉，致諤請開城以安人心。尋回廣信任。賊陷饒州，致諤募勇號信新軍，因險設防，與浙軍爲犄角。四年，調南昌。江西諸郡行淮鹽，惟廣信行浙鹽。軍興，淮鹽不至，致諤議借銷浙引，以餘息充餉，名曰「餉鹽」，從之，卽以致諤襄其事。年餘，銷引逾常額，江、楚及浙皆利之。賊陷武寧，致諤率信新軍赴剿，迭挫賊於紫鹿嶺、巾口、火爐坪、箬田，復武寧。是年冬，南昌戒嚴，援師大集，主客軍不相下。致諤協和將吏，客軍一卒持刀擾質庫，立斬以徇。五年，兼署鹽法道。尋以母憂去官，留襄軍事。九年，服闋，命赴浙江交巡撫王有齡差遣。

同治元年，署寧紹台道。寧波自前歲陷於賊，資洋兵之力復城，方謀畫曹娥江而守。尋以法總兵馬籌思所部與廣勇互鬭，廣勇潰，賊乘間竄慈谿、奉化。致諤至，慈谿已陷，激厲民團登陴固守。與英總兵呫樂克、稅務司法人日意格推誠相結；以美兵官華爾忠勇可用，介以相見，令攻慈谿，以駐餘姚之洋兵及同知謝采璋團勇應之。慈谿賊分擾鄞縣境，及半浦，而嵊縣、新昌賊復大舉犯陳公嶺。華爾克慈谿，中礮歿於軍。陳公嶺不守，奉化復陷，郡城又警。致諤乞餉於上海，令都司楊應龍募忠勇軍，紳士李諤招大嵐山義勇，又以廣勇潰散，慮爲賊用，招之回，令洋將布興有、布良帶，守備張其光分統之。部署甫定，賊由間道犯郡城，天雨陰霾，勒兵以待，伺賊懈出擊之，分兵兜剿，連捷於橫溪、石橋。進薄奉化，楊應龍率死士以梯登城，下之。時致諤已實授寧紹台道。奉化竄賊復勾結上虞賊分道犯慈谿、餘姚。致諤以賊衆兵寡，分援則力弱，議直擣上虞，賊必還救，因出師漸遠，郡城餉事不能兼顧，乃請巡撫疏免前署道張景渠罪，責其專任兵事。連復上虞、嵊縣、新昌，增軍萬人，進規紹興。二年，復之。進克蕭山，與大軍會於錢塘江，浙東以平。巡撫左宗棠奏減杭、嘉、湖三府漕賦，致諤上書言：「蠲賦惠政，減正額尤當革浮收，各縣情形各異。當擇大者奏咨，餘並著爲省例，以盡通變之宜。」三年，以籌餉功，加按察使銜，賜花翎。先以衰老乞歸，未允，至是原品休致，卒於家。

劉郇膏，字松巖，河南太康人。道光二十七年進士，江蘇卽用知縣。咸豐元年，署婁縣，有政聲。三年，粵匪陷江寧，揚州、鎮江相繼失守。會匪劉麗川倡亂踞上海，附近川沙、南匯、嘉定、寶山、青浦諸廳縣並陷。巡撫吉爾杭阿檄郇膏隨營剿賊，郇膏率漕勇三百復嘉定，權知縣事，選丁壯嚴守望，稽保甲，籍游民，民心大定。敍功，加同知銜，賜花翎。補青浦。

八年，調上海。租界華洋雜處，數搆釁，郇膏爭執是非，不爲撓屈。有招工誘逼出洋者，親登舟搜獲，並追回已去者，民感之，洋人亦帖服。蘇、杭旣陷，上海孤懸賊中，郇膏練民兵，四鄉設二十局，以資保衞。賊首李秀成陷松江，進犯上海。登陴堅守十餘日，賊不得逞而去。時大吏萃居上海，或議他徙。郇膏曰：「滬城據海口，爲餉源所自出，異日規復全省，必自此始。奈何舍而去之？」十一年冬，賊復陷浦東諸廳縣，大吏檄郇膏往援，郇膏曰：「賊勢張甚，宜守不宜戰。」弗聽，率練勇、鄉團出戰，果敗，乃專議守。治行上聞，加道銜，以知府用。擢海防同知，超署按察使。尋實授，命署布政使，異數也！

李鴻章督師至，命總理營務，饋運無缺，兼協濟江寧大營，兩軍月餉二十萬，悉取給於上海。濬吳淞江以通運道，招集流亡，通商惠工，善後諸事，次第舉行。尋命護理巡撫，丁母憂。同治五年，卒。贈右都御史，上海建專祠，祀蘇州名宦。

朱善張，字子弓，浙江平湖人。諸生。授桃南通判，升裏河同知。咸豐九年，擢淮徐揚海道。粵匪、捻匪時擾江北，姦民乘時蠭起。善張常在行間，剿幅匪於海州、沭陽，殲其渠，賜花翎，加鹽運使銜。捻首張隆據浮山，令水師伏臨淮焚其舟，又卻之小溪。粵匪陷天長，撲蔣壩，善張馳援，殪其酋，賜號庫木勒濟特依巴圖魯。善張方駐揚州，陳玉成來犯，攻城，發巨礮擊之，賊結堅壘爲久困計。援師集，敗之七里店，追越儀徵以西，揚州獲安。尋賊復麕至，連營至司徒廟。善張晝夜守陴，時出殺賊，賊卒不得逞，引去。十年，捻匪陷清江浦，率師克之，築圩寨爲善後計。

同治元年，調徐州道，兼筦糧臺，用堅壁清野法防捻匪。從僧格林沁攻孫疃老巢，破之棗溝。二年，苗沛霖叛，陷壽州，圍蒙城。善張知蒙城餉絕，輸粟助之。苗沛霖伏誅，湖團之亂起。湖團者，始議招流民開微山湖，自沛縣至魚臺，戶數萬，爭利亡命，遷跡其中。三年，新團奋匪殺掠沛縣劉民寨圩，善張會兵剿之，未竟，疽發背卒。贈右都御史，賜卹。

子之榛，以廕授官，補蘇州府總捕同知。歷以海運敍勞，晉秩道員。官江蘇凡四十年，筦鹺務最久。精於綜覈，以剔除中飽爲職志，地方利病，無不洞悉。署督糧道。歷署按察使十二次、布政使二次，大吏倚之。忌者衆，屢被彈劾，按治皆得白。光緒二十五年，淸鹺田賦，歲增漕糧十五萬石、丁銀二十萬兩。二十六年，海防戒嚴，省城獄囚謀變，之榛方署臬篆，出情實者駢誅之，事乃定。宣統元年，授淮揚道，未任，卒。

黃輔辰，字琴隖，貴州貴筑人，原籍湖南醴陵。道光十五年進士，授吏部主事，累遷郎中。遇事侃侃持正論，屢忤上官，不少屈，時稱「硬黃」。咸豐初，以知府分山西。會貴州亂作，遽歸倡團練，修碉堡，積穀省城二萬餘石，撫淸水江諸苗，平巴香亂，以功晉道員。尋赴山西，署冀寧道。餉絀，議加鹺捐，輔辰謂晉人皆賈於外，山多地瘠，非他行省比，不宜病民。爭之不得，則請蠲苛細，取大宗，及不切民生日用者。戶部設寶泉分局於平定州，就鑄鐵錢。滯不行，則令分銷諸郡縣，歲收息銀三萬解部。輔辰謂：「京師用鐵錢以濟銅幣之乏，山西勿便也。今行各縣，議令交納錢糧，以三萬之微利，妨數百萬之正供，利一而害百。即專行平定一州，日積日滯，其患滋大。」議上，遂罷之。九年，調赴直隸軍營，察海口形勢，請以重兵扼北塘，當事迂其言，不用。尋乞假去。至四川，依總督駱秉章。

陝西自回亂，地多荒蕪，巡撫劉蓉議興營田。輔辰書陳方略，采官私書爲營田輯要三卷，大旨在用民而不用兵，與民興利，不與民牟利，蓉疏薦之。五年，授陝西鳳邠鹽法道，任以西安、同州、鳳翔、延安、乾州、邠州、鄜州七屬營田事。輔辰建議謂：「關中土曠人少，非招徠客民，事末由濟。然耕牛、耔種、農具、棚舍，官不能給，民不樂趨也。莫若卽以地畀之，薄收其租，畝二斗爲差，六年後給券，使世其業。慮田無限制，賦無定則，吏得以意高下爲民患，當先正經界，略如古井田法，量地百畝爲區，編列次第，書賦額於券，視土肥瘠別等則上下授之。凡領墾者以先後爲次，十區爲甲，十甲爲里，置長焉。里長總十甲租課，歲輸之官，凡移徙更替事皆責之。別授田六畝，俾食其入，爲庶人在官者之祿，而官總其成。」令下，民皆便之。復定考課舉劾法，策奉行不力者。朞年，凡墾田十八萬餘畝。時軍事急，賴所入租麥以餉之。又撥產給書院、義學、養濟院、育嬰堂、種痘局及灞岸隄工、渠工，諸廢皆舉。尋卒，祀名宦。

子彭年，字子壽。舉道光二十五年會試，逾兩年，改庶吉士，授編修。咸豐初，隨父在籍治團練，後入駱秉章四川戎幕，數有贊畫功，不受保薦。同治初，劉蓉延主關中書院。久之，李鴻章聘修畿輔通志，兼主蓮池書院。當光緒中，法、俄邊事迭起，侍從近臣多慷慨建言，彭年雖不在朝，負時望，中外大臣密薦之。八年，擢授湖北襄鄖荊道，遷按察使。屛餽遺，禁胥吏需索，年餘，結京控案四十餘起，平反大獄十數。調陝西，署布政使。

十一年，遷江蘇布政使。連歲水旱，米踊貴，屬縣請加漕折，巡撫欲許之，彭年謂：「定例漕糧一石，隨徵水脚錢一千，所費僅數百，獨不可以有餘補不足耶？今增漕折，民間多出二十萬緡，與國計無關，盡歸中飽。」持不可。十五年，護理巡撫，請以賑餘三十萬緡濬吳淞江、白茆河、蘊藻浜，工未及舉，十六年，調湖北布政使，總督張之洞尤倚重之。然守正不阿，遇庫款出入，齗齗以爭，雖忤其意，勿顧也。未幾，卒。

彭年廉明剛毅，博學多通。所至，以陶成士類爲國儲才爲己任。主講蓮池及在吳時設學古堂，成就尤衆。著有陶樓詩文集、三省邊防考略、金沙江考略、歷代關隘津梁考存、銅運考略。子國瑾，光緒二年進士，官編修。嗜學能文，甚有時譽。父喪，以毀卒。

論曰：軍興以來，監司賢者，保障一方，其功與疆吏等。軍政財政，各行省多有專任之人。沈棣輝平廣匪，余炳燾守懷慶，其最著也。鄧仁堃殫心籌防，不盡見用。朱孫貽提倡團練，振興人材，實爲湘軍肇基。劉郇膏主守上海以待援軍。皆以一縣令有裨大局。史致諤用外兵定寧波，朱善張保障淮、揚，功皆可紀。粟耀窮湖北稅釐，黃輔辰興陝西營田，並爲兵食根本。黃彭年名父之子，久負時望，晚達未盡其用，時論惜之。

# 清史稿卷四百三十五

## 列傳二百二十二

華爾 勒伯勒東 法爾第福 戈登 日意格 德克碑 赫德 帛黎

華爾，美國紐約人。嘗爲其國將弁，以罪廢來上海，國人欲執之。會粵匪陷蘇州，上海籌防，謀練精兵。蘇松太道吳煦識其才，言於美領事，獲免，以是德之，願効力，俾領印度兵。既撤，自陳願隸中國。咸豐十年，粵匪陷松江，煦令募西兵數十爲前驅；華人數百，半西服、半常裝，從其後。華爾誡曰：「有進無止，止者斬！」賊迎戰，槍礮雨下，令伏，無一傷者。俄突起轟擊之，百二十槍齊發，凡三發，斃賊數百。賊敗入城，躡之同入，巷戰，斬黃衣賊數人。賊遁走，遂復松江，華爾亦被創。

先是煦與華爾約，城克，罄賊所有以予。至是入賊館，空無所得，以五千金酬之。令守松江，又募練洋槍隊五百，服裝器械步伐皆效西人。同治元年，賊又犯松江富林、塘橋，衆數萬，直偪城下。華爾以五百人禦之，被圍，迺分其衆爲數圓陣，陣五重，人四嚮，最內者平立，以次遞俯，槍皆外指。華爾居中吹角，一響衆應，三發，死賊數百。逐北辰山，再被創，力疾與戰，賊始退。遂會諸軍搗敵營，殺守門者，爭先入毀之。是役也，以寡敵衆，稱奇捷。時浦東賊據高橋，偪上海，華爾約英、法兵守海濱，而自率所部進擊，賊大敗，加四品翎頂。

會李鴻章帥師至滬，迺隸戲下，令立常勝軍，益募兵三千俾教練，參將李恆嵩副之，餉倍發。賊據王家寺，與英提督何伯等合攻。華爾賈勇先入，大斬虜首，進偪南翔，賊亦悉衆轟拒，何伯負傷。華爾冒烟直進，立毀其營，生獲八百餘人，遂復嘉定。規取青浦，華爾略東門，城潰；英、法兵自西入，華爾爲承。賊奔，爭赴水死。攻奉賢，法提督卜羅德遇害，詔賞貂皮綵緞，卹其家。時恆嵩扼趙屯港、四江口，屢失利，嘉、青復危。華爾方議直搗金山衞，聞敗，還守青浦。而富林、泗涇又相繼失，迺棄青浦，簡壯士五百襲天馬山，破之。入城挈守軍出，併力守松江，登陴轟擊兩晝夜不絕，賊宵遁，圍解。官軍圖青浦，華爾攻南門，駕輪船入濠，燬城十餘丈，麾衆登堞，賊鬬且走，追敗之白鶴江黃渡，復其城，晉副將銜，降敕褒賞。俄僞慕王譚紹光復來犯，薄西門，與總兵黃翼升各軍擊之，賊潰，奔北岸，華爾毀其七營。踰月，會西兵再復嘉定。

其秋，賊十萬復犯上海，華爾自松江倍道應赴，與諸軍擊卻之。時寧波戒嚴，巡道史致謬乞援，鴻章遣華爾偕往。值廣艇與法兵搆衅，引賊寇新城，從姚北紆道犯慈谿。華爾約西兵駕輪船三，一泊灌浦，一泊赭山，一自丈亭駛入太平橋、餘姚四門鎮，而自率軍數百至半浦。平旦薄城，方以遠鏡瞭敵，忽槍丸洞胸，遽踣地，舁回舟。餘衆悉力奮攻，賊啓北門走。華爾至郡城，猶能叱其下恤軍事，越二日始卒。以中國章服斂，從其志也。鴻章請於朝，優卹之，予寧波、松江建祠。初，喪歸，煦檢其篋，得金陵城圖，賊所居處及城垣丈尺方位纖悉畢具，論者頗稱其機密云。

勒伯勒東德加理尼阿爾伯依都額爾，法國加爾襪多人。初爲本國水師參將。咸豐十一年，來上海。時寇據寧波，西人惡之，益兵戍守，遣勒伯勒東乘輪泊三江口。同治元年，從官軍克府城，募壯丁千五百爲洋槍隊，自陳愿隸。明年，權授浙江總兵，受巡撫、寧波道節度。時上虞賊犯泗門、馬渚，勒伯勒東軍餘姚以待。尋與同知銜謝采嶂直搗賊屯，賊赴水死者千餘，乘銳毀其卡，薄城先登，擊殺守陴悍賊，餘宵遁，城克。赴蟶浦，略紹興，以賊遺土礟往，巡道張景渠止之，不聽，未幾，礟果裂，負傷而死，賜優卹。以法參將法爾第福爲江蘇副將，領其軍，退守百官。

法爾第福，又名買忒勒，頗讀華書。後攻紹興，焚西郭門。次日復戰，潰十餘丈，麾衆登城，賊殊死鬭，別有黑種人數十助之，遂遇害。優卹之。

戈登，英國人。同治二年，李鴻章檄領常勝軍二千攻常州、福山營。別遣呂宋兵乘小舟薄賊壘，支木橋，伏死士城牆下。日中，港東西賊營皆破，緣牆入，痛殲之，遂奪福山石城。圍解，權授江蘇總兵。進攻太倉，毀南門賊卡，戈登轟潰二石壘，官軍繼進，克之。規取崑山，與總兵程學啓度地勢，以環崑多水，惟西南通進義，策先斷其歸路。遂與駕輪船以偏師繞而西，賊不虞其至也，卽時敗奔，奪其四壘。譚紹光搆悍賊來爭，與諸軍大破之，薄崑城，偕李恆嵩夾擊，賊酋僞朝將先期逸去。踰月，學啓攻東城，戈登自果浦河奄至，扼守西路，分道疾攻。賊奪西門走，阻水，殲焉。遂留駐崑城，策應各路。移師攻花涇港，知賊必不誡，率衆擊北門，毀城外賊壘。次日，賊降，收吳江、震澤而還。

以事謁鴻章於上海。先是白齊文閉松城索餉，既撤，潛通賊，領二百人入蘇州。戈登詗知之，亟返崑山爲備。旋攻蘇城，率軍三千，與學啓俱力爭要害，稍剪城外賊壘。僞忠王李秀成聞警赴援，屢敗；而紹光所部每戰猶致死，自僞納王郜雲官以下，皆萌貳志，詣營乞降。迺與學啓乘單舸會雲官等於洋澄湖，令斬秀成、紹光以獻，學啓與誓，戈登證之。未幾，秀成遁，雲官殺紹光，開齊門迎降，賞頭等功牌、銀幣，並犒其軍。助攻宜興、溧陽，並擊退楊舍賊。進規常州，轟破南門，合諸軍掘壕築牆以敗之。敍功，賞黃馬褂、花翎，賜提督品級章服。

初，戈登與學啓爲昆弟交，每戰必偕。及誅降酋，頗不直其所爲，捧雲官首而哭，誓不與見。嗣聞學啓卒，悲不自勝，乞其戰時大旗二，攜歸國爲遺念。戈登歸後，埃及亂，督師討之，遇害。朝廷遣使往弔焉。戈登嘗言：「中國人民耐勞易使，果能教練，可轉弱爲强。」又曰：「中國海軍利於守，船礮之制，大不如小。」當時稱其將略云。

日意格，法國人。嘗爲其國參將，駐防上海。同治元年，改調稅務司。徙寧波，復郡城，與有功。官軍攻慈谿，遣法兵馳往策應。會餘姚四門鎮陷，遂與前護提督陳世章勒兵往討，踰月，直擣上虞。賊緣道築卡樹柵，悉奪毀之，薄城，併力轟擊，賊殊死戰，賈勇直前，被創，衆軍繼進，斬級千，賊始渡曹娥江去。進攻奉化，與諸軍克之。攻安吉思溪、雙福橋，駕小輪船赴荻港，燬袁家匯賊壘，浙江平。左宗棠令與德克碑討測西邦製造，仿造小輪船試行。五年，宗棠創福州船政局，充正監督，度地募工，殫心所事；復籌設繪事院、小鐵廠。七年，加提督銜，賞花翎。十三年，以船政教導勞賞銀幣。光緒年，卒。

德克碑，法參將。初，助攻奉化有功。旋奉其公使檄，將受代歸，謁左宗棠，宗棠撫諭之。德克碑感服，愿易服色受節度。令駐守蕭山。蔣益澧攻杭城，檄助戰，游擊何文秀攻雞籠山，德克碑從寶塔嶺登岸，攻倚城賊壘。會天大霧，賊搆嘉興援賊自萬松嶺偪都司張志公營，勢張甚。德克碑率衆助擊，敗之。益澧督水陸軍並進，連破九壘，令總兵高連陞據其五，德克碑據其二，屯饅頭山。轟潰城數丈，燬鳳山門，官軍爲承，城遂復。賊潰，奔湖州。攻安吉思溪，德克碑率所部助之，轟擊雙福橋，不克，駕小舟泊河汊，火八角亭，支木橋以濟。賊阻兵中流不得進，德克碑賈勇偪岸，所部遇伏卻走，改趨荻港，越壕入，克三壘。事寧，撤兵還上海。五年，充船政局副監督。七年，馬尾設船廠，督役興工，賞花翎。九年，宗棠平回亂，檄調甘肅，隸麾下。十三年，錄經始船政勞，膺獎賞。後卒。

赫德，字鷺賓，英國倍爾發司人。咸豐四年，來中國，充寧波領事署繙譯官，調廣州。又充香港督署書記官。九年，改任粤海關副稅務司。十一年，總稅務司李泰國奉令購戰艦，以赫德權代之，赴長江新開各口岸置新關。同治二年，李泰國去職，赫德實授，徙駐上海。三年，置臺灣南北新關。還駐京，加按察使銜。八年，晉布政使銜，赴緣海各地度置鐙樓塔表。光緒二年，佐定烟台條約。十年，赴金陵與法使議越南案。會巡船置鐙樓臺灣洋，爲法虜，迺遣駐英稅務司金登幹赴巴黎申理，乘機與議停戰草約，還。未幾，其國授爲清、韓駐使，不就。踰年，賞花翎、雙龍二等第一寶星。

十二年，赴香港、澳門，條議洋藥稅釐併徵，並置關九龍、拱北。十三年，葡使來華，與訂澳門草約。十五年，藏兵寇哲孟雄，英兵乘勢闌入，赫德遣其弟稅務司赫政馳往，與駐藏大臣會籌劃界諸事。十九年，賞三代一品封典。二十五年，與德使籌置膠海新關。明年，各國聯軍入京，贊襄和議，晉太子少保。二十八年，召入覲，賜「福」字。三十一年，與德使更議膠關章程，改行無稅區地法。尋與日使籌置大連灣新關，征榷一如膠海。三十三年，東三省度地置關。踰年，謝病歸，詔許之，加尚書銜。

赫德官中國垂五十年，頗與士大夫往還。嘗敎其子習制藝文，擬應試，未許。總署嘗擬請授總海防司，道員薛福成以其陰鷙專利，常內西人而外中國，上書鴻章力爭之，議始寢。辛亥後，病卒，賜優卹。

帛黎，法國人。同治八年，來中國，充福州船政學校敎員。十二年，賞五品銜，予雙龍獎牌。明年，調充江海關稅務幫辦，歷鎭江、北海、甌海、臨海、粤海諸關。光緒十九年，晉三品銜，調北京，遷稅務司。二十二年，朝議行郵政，以赫德兼領其事，帛黎實參治之。凡都會、省城、通商口岸，漸次置局，命曰「大清郵政」。尋徙拱北。二十六年，還京。明年，遷郵政總辦，晉二品銜。置代辦局於蕪湖。二十九年，河南、山東、山西、貴州復置副總局，自是內地城鄉村鎭，街郵徧設。時尚未入萬國郵政公會，卽已與日本及英屬印度、香港聯約試行。三十年，賞雙龍三等第一寶星。與法、德及英屬那達商定聯郵章程。先後成郵政六百餘局，代辦四千二百餘所。宣統三年，改隸郵傳部，設總局，尙書盛宣懷疏薦之，遂被命爲總辦，郵局置官自此始。越二年，乞病歸。未幾，卒。

論曰：華爾、戈登先後領常勝軍，立功江、浙，世稱「洋將」，時傳其戰略。日意格初亦參防戰，繼以船政著勞。赫德久總稅務，兼司郵政，頗與聞交涉，號曰「客卿」，皆能不負所事。茲數人者，受官職，易冠服，或願隸國籍。食其祿者忠其事，實有足多，故並著於篇。